dtv
premium

W0054607

Ausführliche Informationen über
unsere Autoren und Bücher
finden Sie auf unserer Website
www.dtv.de

Thomas Strobl

OHNE SCHULDEN LÄUFT NICHTS

Warum uns Sparsamkeit nicht reicher,
sondern ärmer macht

Deutscher Taschenbuch Verlag

Der schwäbischen Hausfrau und all ihren Fans

Originalausgabe
2010
Deutscher Taschenbuch Verlag GmbH & Co. KG,
München
© 2010 Thomas Strobl
Das Werk ist urheberrechtlich geschützt.
Sämtliche, auch auszugsweise Verwertungen bleiben vorbehalten.
Umschlagkonzept: Balk & Brumshagen
Satz: Greiner & Reichel, Köln
Druck und Bindung: CPI – Ebner & Spiegel, Ulm
Gedruckt auf säurefreiem, chlorfrei gebleichtem Papier
Printed in Germany · ISBN 978-3-423-24831-0

Inhalt

Einleitung

»Mach bloß keine Schulden!«, sagte meine Mutter zu mir. Vielleicht ist es Ihnen genauso ergangen. Schulden hat man nicht. Über den wohlhabenden Unternehmer aus der Nachbarschaft wusste man: Haus, Auto, Boot – das gehört doch in Wahrheit alles der Bank. Wer Schulden hat, lebt moralisch fragwürdig: So will es die populäre Alltagsethik. »Ein Mann ohne Schuld hat Jedermanns Huld«, lässt der Magdeburger Dichter Heinrich Zschokke anno 1817 den Schulmeister Oswald in seinem Roman ›Das Goldmacherdorf‹ sagen. Ein Motto, das auch heute noch den Nerv der Zeit trifft: Abendliches Insolvenz-Entertainment im TV verzeichnet Spitzenquoten; es gibt Dutzende Ratgeber zum Thema »Raus aus den Schulden!«; die sparsame schwäbische Hausfrau bildet das wirtschaftspolitische Credo der Bundeskanzlerin. All diese Menschen können nicht irren: Schulden waren und sind ein moralischer Makel.

Und dennoch: Wo wäre die Menschheit heute, wenn keiner je Schulden gemacht hätte? Erst die Erfindung des Kredits ermöglichte die großen Errungenschaften der Moderne, die selbst Karl Marx und Friedrich Engels ins Schwärmen brachten. Der Kredit ist der Wohlstandsmotor des Kapitalismus. Er treibt eine Zeitmaschine an, mit der wir in die Zukunft reisen. Dort pflücken wir die Früchte von morgen, um sie bereits heute zu genießen. Nur so entsteht Wachstum: Unser materieller Wohlstand ist im wahrsten Sinne des Wortes der Zukunft geschuldet.

Sind die Schulden aber erst einmal in der Welt, dann wollen sie bedient werden. Samt Zins und Zinseszins. Der Traum vom »Nullwachstum« wird da ganz schnell zum Albtraum. Stattdessen herrscht Wachstumszwang. Doch der birgt Risiken. Denn wer einen Kredit aufnimmt, wettet auf eine ganz bestimmte Zukunft: tritt sie ein, dann wird alles gut; tut sie's nicht, dann bricht die Welt zusammen. Und weil kein Mensch die Zukunft vorhersehen kann, passiert das häufig; weitaus häufiger jedenfalls, als man gemeinhin wahrhaben will. Der Kapitalismus wird damit zu einer paradoxen Angelegenheit: Einerseits bedarf er ständig neuer Schulden, um nicht unterzugehen; andererseits führen aber gerade diese Schulden immer wieder zur Krise. Die Wirtschaft befindet sich nie im ruhigen Fahrwasser, wie das die Ökonomie glaubt. Und wie die Politik gerne glauben möchte, weil sich nur so das liberale Credo aufrechterhalten lässt, dass freie Märkte zum Optimum führen. Die Wahrheit scheint vielmehr zu lauten: Freie Märkte mögen Millionen unwichtiger Aufgaben bestmöglich regeln – in den essenziellen Fragen versagen sie kläglich. Wie uns in der jüngsten Kreditkrise einmal mehr vorgeführt wurde. Wer hilft in solchen Fällen? Der Staat. Wer sonst? Wenn sich kein anderer mehr verschulden kann – der Staat kann immer. Es war noch nie anders. Und es wird auch nie anders sein.

Ich habe dieses Buch in vier Kapitel gegliedert:

Kapitel I zeigt die Entstehung und Entwicklung des Kapitalismus – als schuldengetriebenes System mit immer höheren Einsätzen, von den frühesten Anfängen bis zur Epoche der globalen Finanzmärkte. Zur Aufführung gelangen Heldensagen und Horrorgeschichten. Wir werden Zeugen zahlreicher Metamorphosen: der einer Rockband aus den Swinging Sixties in glorreiche Helden des Unternehmertums oder des Kaufmanns von Venedig in Hedgefonds-Legende George Soros. Letzterer brachte es zur Meisterschaft in einer Disziplin, von der die Buddenbrooks noch keine Ahnung hatten. Ihre Ignoranz mussten sie mit dem wirtschaftlichen Abstieg bezahlen.

Kapitel II geht der Frage nach, was die Ökonomie, die Wissenschaft von der Wirtschaft, zu leisten imstande ist und warum sie sich offenbar außerstande sieht, Krisen wie die jüngste vorherzusehen: Weil sie sich eine kapitalistische Welt zurechtgezimmert hat, der alles fehlt, was den Kapitalismus ausmacht: Geld, Kredit, Finanzmärkte und vor allem – Zeit. Die Zeit ist aber der entscheidende Faktor in einer Wirtschaft, die sich über immer neue Schulden reproduziert. Goethe hat im ›Faust II‹ die Ökonomie durchschaut, die moderne Wirtschaftswissenschaft dagegen kommt in der »Alchemie des Geldes« über die Rolle des Zauberlehrlings nicht hinaus.

In Kapitel III wird ein prüfender Blick unter die Motorhaube der Marktwirtschaft geworfen: Wann vergeben Banken Kredite und wann nicht? Und warum nicht? Und was hat das alles mit Wachstum zu tun? Wie kommt es überhaupt dazu? Die Antworten auf all diese Fragen finden sich bereits bei Karl Marx. Und bei Joseph Schumpeter: Seine »Ephoren« des Kapitalismus, die Banker, sind ihrer ursprünglichen Rolle entwachsen und verrichten heutzutage Gottes Werk. Zumindest glauben sie das. Wollen wir sie in diesem Glauben belassen?

Dieser Frage widmet sich Kapitel IV: Wenn unsere Wirtschaft tatsächlich ungerecht und instabil ist, und uns viel mehr von Banken und Finanzmärkten abhängig macht, als uns lieb sein kann – warum dann nicht etwas Besseres versuchen? Eine Wirtschaft, in der die Banker nicht mehr das Sagen haben. Wie müsste man sich das vorstellen? Werfen wir auf der Suche nach Antworten einen »Blick zurück in das Jahr 2000« – mit einem berühmten Roman aus dem späten 19. Jahrhundert. Zumindest in der utopischen Literatur ergibt sich eine bessere Welt bisweilen tatsächlich »im Schlaf«. Eine Utopie, in der Erich Fromms psychisch kranke Gesellschaft des Habens den Wandel in die Existenzform des Seins meistert. In der es kein Geld gibt – und damit logischerweise keine Investmentbanker.

Eine schönere Welt? Vielleicht. Aber sie bleibt utopisch. Wenn wir die bestehenden Verhältnisse auf die Leinwand der nächsten Jahrzehnte projizieren, bleiben wir im Bann der global operierenden Finanzmärkte. Gigantische Kapitalsummen befinden sich auf einem permanenten Kreuzzug über den Globus, um auch noch in seinem letzten Winkel die Menschheit zur Rendite zu missionieren. Die Politiker der Welt bilden die Nachhut. Sie können gar nicht anders: Denn für die Industriegesellschaften ist die Wachstumsoption längst zum Zwang geworden. Um sich davon zu befreien, müsste die Wirtschaft umgestaltet und renditehungriges Kapital auf Diät gesetzt werden. Keine leichte Aufgabe. Denn wer steht hinter dem Kapital? Niemand anders als – wir selbst.

KAPITEL I

Helden des Kapitalismus

Erinnern Sie sich noch an »The Who«? Nur dunkel? Falls Ihnen jetzt ›I can't get no satisfaction‹ durch den Kopf geht: Sorry, das waren die anderen: Mick Jagger & Co. Die Rolling Stones sind zwar auch Legende, aber hier ist von Roger Daltrey und Pete Townshend die Rede: Gemeinsam rockten sie mit den Kollegen John Entwistle und Keith Moon in den 60er- und 70er-Jahren, was der Stand der Tontechnik hergab. Genau genommen tun sie das heute auch noch – allerdings in einer Lautstärke, die ihrem Alter angemessen ist; und ohne die Eskapaden früherer Tage. ›My generation‹ war ihr ganz großer Hit damals, ein echter Knaller.

Die Story von The Who liest sich wie eine Kurzgeschichte des Kapitalismus. Im Ernst. Und zwar nicht des guten oder des bösen Kapitalismus – welcher Meinung Sie da auch immer sein mögen. Sondern des Kapitalismus in seiner Gesamtheit, seiner positiven wie auch seiner negativen Seiten. Des Kapitalismus, den wir für seine Innovationskraft schätzen; für den formidablen Lebensstandard, den er uns beschert hat. Den wir aber gleichzeitig für seine Exzesse und Ungerechtigkeiten hassen; für das ganze Elend, das er in der Welt verbreitet. Die Rede ist vom Kapitalismus, wie er uns alle betrifft: Weil wir unsere Existenz auf ihm aufbauen; ja, aufbauen müssen – ob uns das nun passt oder nicht.

Für uns und unsere Familien streben wir nach Harmonie, nach Planbarkeit und ein wenig Balance zwischen materiellen Zwängen und ideellen Überzeugungen. Jenseits der Ökonomie wollen wir auch noch Mensch sein. Ein bisschen wenigstens. Ist das zu viel verlangt? Offenbar schon: Der Kapitalismus macht uns andauernd einen Strich durch die Rechnung. Er kennt keine innere Ausgeglichenheit. Das Einzelschicksal spielt keine Rolle. Der Kapitalismus fällt mit Vorliebe von einem Extrem ins andere. Er ist launisch und ungerecht. Und dann wieder brillant. Das ist so ähnlich wie bei den vier Rockrabauken von The Who, über die das englische Fachblatt ›Melody Maker‹ im Juni 1965 schrieb:»Ihr Sound ist bösartig; ihre Charaktere und ihre Musik haben sadistische Züge.«[1]

Christoph Geisselhart veröffentlichte eine Chronik der Band mit dem Titel ›Maximum Rock‹. Weil es über die »verrückteste Rockband der Welt« einen ziemlichen Kessel Buntes zu erzählen gibt, füllt Geisselharts Geschichte imposante drei Bände; ein jeder an die 500 Seiten stark. Zweifellos eine Menge dicht beschriebenes Papier für eine Gruppe, die selbst bei großzügiger Auslegung keine zehn Jahre lang die vorderen Plätze der Charts behaupten konnte und höchstens die Hälfte dieser Zeit wirklich »heiß« im engeren Sinn war. Der erste Teil der Trilogie verkürzt die psychedelische Periode der Band auf folgende Schlagzeile:»Riesige Schuldenberge, Streitereien, Drogen- und Alkoholexzesse.«[2] Als ich diese Episode auf mich wirken ließ, diese emotionale, künstlerische und nicht zuletzt finanzielle Berg- und Talfahrt, den bizarren Cocktail aus Sex, Drogen, Genie und Gewalt, da wurde mir eines klar: The Who mit ihrer gleichermaßen produktiven wie zerstörerischen Anarchie sind die perfekte Verkörperung des Kapitalismus!

Zunächst einmal musste die Band sich selbst erfinden. Eine Metamorphose nach der anderen war nötig, um auch nur in die Nähe der Charts zu gelangen. Ganz so, wie es Karl Marx für die Verwandlungskünste der kapitalistischen Güterwelt feststellte:»Die Waren gehen zunächst unvergoldet, unverzuckert, wie der Kamm ihnen gewachsen ist, in den Austauschprozess ein«.[3] Mit diesem Satz aus dem ›Kapital‹ hätte er sicher auch die frühen Gehversuche von The Who kommentiert, wenn er das Vergnügen gehabt hätte, im London der Swinging Sixties zu wohnen. Aber das blieb ihm versagt, stattdessen lebte er dort Mitte des 19. Jahrhunderts und lag seinem Freund Friedrich Engels auf der Tasche. Und wie jeder Wochenendtourist weiß: London ohne genügend Geld ist einfach nicht »London«. Kein Wunder daher, dass Marx die Weltrevolution ausheckte – aus finanziellem Frust wahrscheinlich.

Die Transformation der Band fand ihren Ausdruck vor allem in der wechselhaften Erscheinung von Frontmann Roger

Daltrey: Dessen Look spiegelte zunächst die Überzeugung wider, dass »ein Mod mit Locken einfach unmöglich«[4] aussieht. (Für alle, die aus einer anderen »generation« sind: Mods, von Modernists, waren in der damaligen Subkultur Leute, die sich fein anzogen, kurze Haare hatten, einen Roller fuhren, und einen Parka trugen, um ihre Klamotten zu schützen.) Die anfängliche Skepsis verflog aber allmählich, bis sich schließlich 1969 der messianische Friedensengel »Tommy« materialisierte: Daltrey trat mit ungebändigter Lockenpracht vor sein Publikum und verkündete die Botschaft von Love, Peace and Harmony. Eine Ikone der Pop-Art war geboren.

Zwischen den Bandmitgliedern war es jedoch mit Liebe, Frieden und Harmonie nicht weit her. Ganz im Gegenteil: Das Verhältnis von Townshend, Daltrey und Moon litt unter Feindseligkeiten übelster Sorte. Wenn Sie wissen wollen, welche Formen der »Klassenkampf« annehmen kann, falls es einmal ganz böse kommt, dann lesen Sie in dieser Band-Biografie nach: Sie werden staunen. Die Zusammenarbeit unter den vieren war nur unter immensen Spannungen möglich, das Zerreißen der Band eine stets präsente Bedrohung. Die Gewalt war im wahrsten Sinne des Wortes mit Händen greifbar; die Antagonismen waren von einer Heftigkeit, wie sie sich kein noch so glühender Marxist ausmalen könnte, wenn er über die »inneren Widersprüche« des verhassten »Schweinesystems« doziert.

Andererseits: Gerade diese ständigen Eruptionen erzeugten die kreative Dynamik, die aus der erfolglosen Mod-Combo »The High Numbers« den massenkompatiblen Top-Act »The Who« formte. Der bandinterne Krieg war für The Who der Vater aller Dinge, er führte sie aus der Tristesse drittklassiger englischer Provinz-Clubs in das Rampenlicht der großen Konzertbühnen der Welt. Die plakative Routine ihrer Gewaltorgien war zum Schluss wohl eher der Image-Pflege als der authentischen Emotion geschuldet, aber dennoch begegnet uns in den radikalen Individualisten von The Who der Archetyp des kapitalistischen Unternehmers: der »kreative Zerstörer« des Ökonomen Joseph A. Schumpeter.

Für die Fans des Unternehmertums war Schumpeters kreativer Zerstörer immer schon der größte Held der Marktwirtschaft. Achilles und Jesus Christus in einer Person. Als Messias des Kapitals bringt er der Welt den Fortschritt, indem er sich mit dem Besseren verbündet und gegen das Gute einen Krieg anzettelt. Ein Krieg, der keine Moral kennt und in dem keine Gefangenen gemacht werden. Schumpeters Entrepreneure treiben die wirtschaftliche Entwicklung im Glauben an eine Welt voran, in der nur der Erste die großen Gewinne einstreicht, während auf den Zweiten und Dritten nur noch mitleidige Gesichter warten. Das spornt sie an. Diese Überzeugung drängt sie förmlich dazu, mit ihren Konkurrenten nicht bloß in Wettbewerb zu treten, nein: Die Regeln des Spiels zu verändern. Darin liegt für sie die Herausforderung. Indem sie den produktiven Verhältnissen ihren Stempel aufdrücken, den Wettbewerb durch Innovation zu ihren Gunsten verändern, sichern sich Schumpeters Unternehmer die Pole Position im Grand Prix der Marktwirtschaft. Ihre unablässige Jagd nach dem Neuen, der erbarmungslose Angriff der Imagination auf das ökonomische Establishment, verhalf der Menschheit zu ihren großen Errungenschaften: erreichbar nicht nur für Könige und Feudalherren, sondern auch das breite Massenpublikum.

Doch bevor sich unsere Unternehmer wagemutig in die Schlacht stürzen konnten, mussten sie sich erst einmal Kapital besorgen. Daher waren sie verschuldet bis zur Halskrause, noch bevor es richtig losging: »Ihr erstes Bedürfnis ist ein Kreditbedürfnis«, schreibt Schumpeter. Deutlicher kann man es nicht sagen. Der erste Unternehmer, der mittels Kredit zur Kaperfahrt durch die Marktwirtschaft aufbrach, stieß für die gesamte Menschheit das Tor zur Moderne auf: Kaufkraft war nicht mehr nur auf die Quellen der Gegenwart begrenzt, sondern floss ab sofort auch aus einer ideell verfügbaren Zukunft. Und zwar reichlich. Der alles entscheidende Unterschied. Entgegen einer weit verbreiteten Vorstellung handelt es sich beim Kredit nämlich nicht um »Leihe«: um die Überlassung von bestehendem Geld, das fleißige Sparer auf die Seite gelegt haben. Nein: Es geht um die Schaffung neuer, zusätzlicher Kaufkraft aus dem buchstäblichen »Nichts«. Ein alchemistischer Prozess. Ein moderner Stein der Weisen. Jeder Kredit ist ein Pakt über die Zukunft: Das Morgen wird im Heute verfügbar gemacht. Geld wird »gespeicherte Zeit«.[5] Ein teuflischer Pakt, denn die Zukunft ist unsicher: Sie kann so oder so eintreten, aber auch noch ganz anders. Doch wer bereits heute im Kredit über sie verfügen will, muss sich im Voraus festlegen: Pacta servanda sunt! Für welche Vereinbarungen würde dieser Rechtsgrundsatz, der die Gültigkeit von Verträgen zur Maxime erhebt, strenger gelten als für Kreditverträge? Welches öffentliche Amt mehr Furcht verbreiten als das des Gerichtsvollziehers?

Unzählige Male in der Geschichte der Menschheit ging der kühne Plan auf. Aber ebenso oft haben Schuldner ihre Wahl bereut; sind Unternehmer mit ihren ehrgeizigen Vorhaben gescheitert. Unternehmer, denen man schumpetersche Ideale gleichwohl nicht absprechen konnte: Erinnern wir uns zum Beispiel an den Apple Newton, den Vorläufer aller Blackberrys und Palm Pilots. Was für ein Reinfall das damals doch war: Mitte der 90er-Jahre, als eine verzweifelt gegen die Pleite ankämpfende Firma Apple sich mit einem revolutionären Computer-Konzept auf den Markt wagte. Apple lag auf dem Boden, das endgültige Aus vor den Augen. Der Newton ist längst Geschichte, doch wo steht die Firma heute? Was für ein sensationelles Comeback hat sie seither zuwege gebracht! Mit dem iPhone, einem wahren Wunderding mobiler Kommunikation, erobert Apple nun doch noch den Markt, denselben Markt, auf dem man mit dem Newton so kläglich gescheitert war. Das hat gute zehn Jahre gedauert. Womit bewiesen ist: Alle Innovation ist umsonst, wenn das nötige Quäntchen Glück ausbleibt. Die Zukunft ist ein Marxist: Sie schert sich einen Dreck um die Unternehmer.

Aus Beispielen wie diesem wird deutlich, dass es im Kapitalismus keine Harmonie gibt: Er ist geprägt von spontanen Veränderungen, schweren Verirrungen und radikalen Brüchen. Seine Geschichte wird völlig falsch erzählt, wenn von beschaulichen Kreisläufen die Rede ist, in denen sich die Dinge graduell und auf lange Sicht ändern. Etwa in der Art,

wie sich das Charles Darwin in seiner biologischen Evolutions-
lehre vorstellte. Der Kapitalismus ist kein gerader Highway,
auf dem man im fünften Gang gemütlich dahingleiten könnte;
mit entspannten Gesichtern auf Fahrer- und Beifahrersitz
und fröhlich spielenden Kindern auf der Rückbank. Stattdessen herrscht ständiger Spurwechsel, wie im Stadtverkehr;
fortwährendes Bremsen – Gas geben – Bremsen – Gas geben.
Es geht rauf und runter wie in der Achterbahn: mal steil nach
oben, dann wieder kerzengerade nach unten. Während der
Fahrt kreischen die Jungen wie die Alten, die Mädchen wie
die Jungs.

Schumpeter ermunterte seine Kollegen bereits zu Anfang
des 20. Jahrhunderts, sie mögen sich von der Idee statischer
Kreisläufe lösen und die Vorstellung einer »natürlichen Harmonie« aufgeben. Er war sich sicher: Das echte kapitalistische
Leben sieht dramatisch anders aus. Voller Brüche und Sprün-
ge. Woher er das wusste? Im Gegensatz zu den allermeisten
seiner Kollegen, die zwar dicke Bücher über die Wirtschaft
verfassten, aber nie auch nur eine Minute außerhalb ihrer
akademischen Lehrstühle anzutreffen waren, konnte Schumpeter sich unternehmerische Erfahrung ans Revers heften.
Als Präsident der privaten Biedermann-Bank in Wien legte er
1925 eine spektakuläre Pleite hin. Dabei verlor er nicht nur
sein gesamtes Privatvermögen, sondern musste auch noch
Jahre danach Schulden abstottern. Dem Spitzenpersonal der
damaligen Wirtschaftswissenschaft (und der heutigen wohl
auch) war er damit die entscheidende Nasenlänge voraus:
Die Weisheit seiner Kunst erschloss sich ihm nicht in theo-
retischen Modellen und dicken Büchern, sondern am lebenden
Objekt. Die am eigenen Leib gemachten bitteren Erfahrungen
sollten ihn zu einem der größten Ökonomen des 20. Jahrhunderts machen. Und als solcher wollte er auch gelten, das war
ihm wichtig. Abgesehen davon, dass er auch als »bester Lieb-
haber Wiens« und »herausragendster Reiter« Österreichs in
die Geschichte hatte eingehen wollen.
Wenn die Geschichte des kapitalistischen Fortschritts er-

zählt wird, dann heißt es üblicherweise: Aus purer Neugierde und wissenschaftlichem Spieltrieb hätten begabte Menschen tolle neue Dinge erfunden und wären dann beiläufig Unternehmer geworden. Bei Schumpeter geht das anders: Da ist die Entwicklung ein sozialer Prozess. Da setzt sich das Neue zielstrebig neben das Alte und konkurriert es zu Tode. Erbarmungslos. Schlechte Nachrichten für alle, die plötzlich nicht mehr »Stand der Technik« sind: Sie werden wirtschaftlich ausgemustert. Unangenehm. Ungerecht. Aber so ist das nun mal mit dem Fortschritt. Und bitte: Tun wir jetzt bloß nicht so, als ob uns das leid täte. Wir finden es doch alle ganz toll, dass wir unsere Bücher bequem per Mausklick kaufen können – oder etwa nicht? Dass wir Songs herunterladen und Reisen online buchen können; online – einfach so. Aber gleichzeitig machen wir damit Tausende von Angestellten im Buchhandel und diversen anderen Branchen arbeitslos. Wie uns sehr wohl bewusst ist. Der eine gewinnt, der andere verliert – aber was wäre die Alternative? Der kreative Prozess muss weitergehen. Schon deshalb, damit das ausgemusterte Alte seine Chance auf ein Comeback erhält: Die auf der Straße stehenden Buchhändler, die Mitarbeiter von Quelle und all den Reisebüros, Schallplattenläden und anderen Firmen, denen die kapitalistische Urgewalt den Boden unter den Füßen weggezogen hat: Sie brauchen neue, gute Jobs. Wo sollen die herkommen, wenn sie nicht durch innovative Ideen geschaffen werden? Die schumpeterschen Helden müssen wieder ran: Das kapitalistische Rad muss sich eine Runde weiterdrehen.Doch keine Medaille ohne Kehrseite: In ihrem Tatendrang begeben sich unsere Entrepreneurs mitunter auf trübe Pfade, versuchen das Spiel zu ihren Gunsten zu beeinflussen – aber mit unlauteren Methoden, mit krimineller Energie. Aus Habgier. Getrieben von ihren »animal spirits« diktieren sie die tragischen Kapitel in der Heldenchronik des Unternehmertums: Exzesse, Betrügereien, Kursmanipulationen, Umweltvergehen, Menschenrechtsverletzungen. Wenn der Fortschritt darin besteht, dass Grenzen überschritten werden, dann heißt das zwangsläufig, dass es mitunter die falschen Grenzen sind, diejenigen, die hätten nicht überschritten werden dürfen. Mit dem Kapitalismus per se hat das nichts zu tun: Es handelt sich vielmehr um »Menschliches, Allzumenschliches« – da hat Nietzsche wieder mal recht gehabt. In der Marktwirtschaft findet der Mensch für seine positiven wie negativen Seiten ein optimales Habitat. Hier kann er sich austoben: zum Wohle der Allgemeinheit oder aus niederträchtiger Habgier.

Weltökonom Schumpeter war selbst ein Getriebener seiner animal spirits und darin der von ihm erschaffenen Figur wie auch den Rockern von The Who recht ähnlich: Gerne lotete er in seinem Leben die moralischen Grenzen aus – meistens, um sie dann im Eklat zu überschreiten. Mit dem Bibliothekar der Universität von Czernowitz duellierte er sich wegen der Ausleihmodalitäten von Büchern, und zu Kollegiumskonferenzen in Harvard erschien er in Reitstiefeln und prahlte mit seinen zahlreichen Liebschaften. Wir lachen heute über solche Anekdoten. Aber damals? Unfassbar! Über Schumpeters legere Moralvorstellungen haben viele seiner Zeitgenossen die Nase gerümpft, sich mehr als einmal ein empörtes »Was erlaubt sich dieser Mensch?« zugeraunt. Auch die Marktwirtschaft kennt keine moralischen Grenzen. Vielmehr dringt sie erbarmungslos in die intimsten Lebensbereiche ein und holt sich von dort, was sie kriegen kann.

Die Geldwirtschaft begleitet uns von der Wiege bis zur Bahre. Die traditionelle Vorstellung, dass es in der Wirtschaft um die Bedürfnisse der Menschen geht, um deren bestmögliche Befriedigung sich kapitalistische Produzenten im Wettbewerb streiten, ist bestenfalls als gekonnter PR-Gag zu betrachten. Allein schon deshalb, weil der überwiegende Teil der modernen Bedürfniswelt durch die Unternehmen selbst erzeugt wird. »Sage mir, was du kaufst, und ich sage dir, wer du bist«: Diese oft gehörte, als Zynismus auf das Konsumzeitalter gemünzte Paraphrase des berühmten Satzes von Brillat-Savarin sollte in unseren Dauerwerbezeiten noch einmal umformuliert werden. Etwa so: »Ich sage dir, was du kaufen sollst, damit du so wirst, wie ich dir sage, dass du sein möchtest.« Damit kommen wir der Sache schon sehr viel näher: Werbung, Massenmedien und Lifestyle-Industrie geben dem zeitgenössischen Kapitalismus den letzten Schliff, und so hetzt der Verbraucher auf der lebenslangen Jagd nach Anerkennung Dingen hinterher, die er nicht braucht, und bezahlt sie mit Geld, das er nicht hat.

Wir leben in der Ära der kapitalistischen Generalmobilmachung. Sie erfasst die hintersten Winkel des menschlichen Daseins: Flatfee-Bordelle werben mit Parolen, die an notorische »All you can eat«-Slogans amerikanischer Fastfood-Ketten erinnern. Die dem Mann suggerieren, dass er mehr wollen darf, als er physisch überhaupt kann: Stehvermögen kennt keine Grenzen; Naturgesetze sind außer Kraft. Nein, Viagra ist nicht im Preis inbegriffen. Aber das wäre zweifellos eine gute Idee – für die nächste Abverkaufsaktion. Ein Bundle-Angebot, sozusagen. Bei Computern geht das ja auch.

Aus derselben reproduktiven Ecke kommt eine weitere Geschäftsidee mit Potenzial: Gewerbliche Leihmutterschaft erzielt Spitzenhonorare von zwanzigtausend Dollar und mehr pro Job. Ein Mehrfaches davon für Vermittlungsagenturen, welche die Ich-AGs in Sachen »Rent-an-Uterus« professionell vermarkten. Margen wie zu Pablo Escobars besten Zeiten im Kokainhandel. Die Branche ist noch jung. Aber Konkurrenz belebt das Geschäft, so heißt es. Und wenn erst durch effiziente Einbindung des Internets als Vertriebsplattform und »Global Sourcing« in der Produktion die Potenziale voll ausgeschöpft werden, dann sind dem Massengeschäft keine Grenzen mehr gesetzt: Globale Leihmutter-Agenturen für die im biologischen Sinne zu spät gekommenen Leistungsträger des Spätkapitalismus – ohne Zweifel ein Wachstumsmarkt. Sarah Jessica Parker, im echten Leben das Double von »Sex and the City«-Star Carrie Bradshaw, und ihr Mann sind schon begeisterte Kunden: Sie nutzten den neuen Service gleich im preisgünstigen »Nimm zwei«-Angebot und buchten kurzerhand Zwillinge. Genial!

Goldgräberstimmung auch am anderen Ende des menschlichen Produktlebenszyklus: Michael Jackson schreibt ein zweites Mal »History«. Ob er geahnt hat, wie viel Geld sein abruptes Ableben in die Kassen des Familienunternehmens spülen würde? Wie viele Millionen zusätzlich verkaufter Tonträger in so einer kleinen, letalen Überdosis Beruhigungsmittel stecken? Welche Tournee-Perspektiven sich da auf einmal für abgehalfterte Mitglieder des Jackson-Clans eröffnen, von denen man schon jahrzehntelang nichts mehr gehört hatte? The Show must go on. Ach, neue, unbekannte Songs von Jackson sind plötzlich im Internet aufgetaucht? Na, so ein Zufall.

Es scheint paradox, dass ein auf Liberalismus gründendes Wirtschaftssystem wie die Marktwirtschaft die bürgerliche Moral und damit genau jene Voraussetzung untergräbt, die ihre wortgewaltigen Anhänger als zentral für ihr Überleben angesehen haben. Karl Popper, Ralf Dahrendorf, Friedrich August von Hayek, Wilhelm Röpke: Sie alle vertraten einen Liberalismus, dessen moralische DNS auf einem bürgerlichen Konservativismus fußte. Der »Fluch der Kommerzialisierung« wurde von ihnen schon Mitte der 50er-Jahre mit Argwohn betrachtet. Wilhelm Röpke sah sich auf dem Höhepunkt des Kalten Krieges zu der Bemerkung veranlasst, dass »der Wettbewerb gegen den Kommunismus nicht mehr länger mit Radiotruhen, Kühlschränken und Breitwandfilmen gewonnen werden« könne.[6] Zur zunehmenden Zahl kommerzieller Feiertage hatte er auch ein pointiertes Urteil: »Im Muttertag«, so Röpke, »einer Erfindung amerikanischer Reklamespezialisten, wird die innigste und unantastbarste menschliche Beziehung zum Mittel der Umsatzsteigerung gemacht. Der Vatertag ist ihm gefolgt, und wenn wir nicht glücklicherweise das Gegenteil wüssten, würden wir nach den heutigen Formen des Weihnachtsfestes vermuten, dass auch diese Peitsche des Kommerzkreisels der modernen Werbungstechnik entstammt.«[7] Klingt in meinen Ohren sympathisch. Was hätte Röpke wohl über die heutige Kommerzkultur gesagt? Wie hätte er das schrill-bunte Reklame-TV empfunden, den Soft-Porno im Vorabendprogramm und die intellektuelle Reduktion des einstigen Landes der Dichter und Denker auf »Deutschland sucht den Superstar«?

Geld kennt keine Moral. Und um nichts anderes als Geld geht es im Kapitalismus. Machen wir uns da nichts vor. »Geld ist das Leben«, schrieb George Bernard Shaw. Mit der Aufklärung entdeckte die Gesellschaft das Individuum, mit der Ausbreitung der Geldwirtschaft die Schrankenlosigkeit. Der Zarathustra des dritten Jahrtausends ruft nicht mehr: »Gott ist tot!«, sondern: »Ich will mein eigener Gott sein!« Ein Schlachtruf, der die hohen Mauern der Moral zum Einsturz bringt, wesentlich effektiver als die lautesten Trompeten vor Jericho. Denn wer Gott sein will, der braucht keine traditionellen Bindungen. Der braucht nur Geld. Freunde, Ehe, Kinder, Gemeinschaft: Wozu das alles, wenn man in seinem perfekten Job aufgeht, seine Abende im Fitnessclub dem perfekten Body widmet und der perfekte Partner ohnehin als Anhalter bei Godot mitfährt – und deshalb einfach nicht auf der Bildfläche erscheint? Aber der Individualist lebt ohnehin besser als Single. Die Marktwirtschaft gibt ihm das, was er braucht. Das kann sie. Perfekt sogar. Denn einer ihrer Vorzüge ist die Überproduktion: Sie macht die Dinge »billig«. Dummerweise beschränkt sie sich dabei nicht auf die materielle Güterwelt, sondern greift aus ins Ideelle: Im Resultat haben wir jetzt billige Freundschaften, billigen Sex und billige Familien. Das Zauberwort der Geldwirtschaft heißt nicht mehr »Bitte« und auch nicht mehr »Danke«, sondern »Kontingenz«: Alles ist möglich – und das so oder auch noch ganz anders. Ich kann woanders einkaufen, mit einer anderen Frau ins Bett gehen und wieder mit einer anderen aufwachen. Selbst ganze Familien können ausgewechselt werden wie früher die Unterhemden. Der Zeitgeist hat es nicht so mit Verbindlichkeit.

Wohin das führen wird, fragt man sich. Die großen Vordenker des Liberalismus waren jedenfalls skeptisch. So lesen wir bei Popper von den Traditionen, dem moralischen Rahmen der Gesellschaft: Nichts sei gefährlicher als seine Zerstörung. Zynischer Nihilismus die Folge. Die Zersetzung jeglicher Gesellschaft. Die Auflösung aller menschlichen Werte.[8] Klingt schaurig. Schade, dass Popper längst tot ist und nicht mehr miterleben kann, was anno 2010 alles geht. Besorgt war seinerzeit auch Wilhelm Röpke: Wo sind sie, die Aristokraten des Gemeinsinns?, fragt er. Jene »nobilitas naturalis« der gesellschaftlichen Eliten, die den anderen zum Vorbild gereichen. Durch tugendhaftes Verhalten. Durch Engagement für das Gemeinwohl. Aber auch das erscheint uns ja heute eher lächerlich. 50er-Jahre-Ethik. Und überhaupt: Wer käme denn als leuchtendes Vorbild noch infrage? Ein Bundespräsident? Ein Bundespräsident, der in seinem früheren Leben als Weltbankpräsident genau jene Finanzmärkte mitgestaltete, die er später von der Kanzel herab als »Monster« bezeichnete, und der dann den Krempel einfach hinschmiss? Wer taugt noch zum Ideal, in einer Ära, in der Hedgefonds-Manager die neuen Rockstars sind, Politiker auf dem Markt für Witzfiguren brillieren und Jugendliche ein Lebensmotto darin finden, sich vor einer Fernsehjury aus abgehalfterten B-Promis zum Trottel zu machen? Umso mehr, als unsere auf Geld fixierte Erwerbsgesellschaft gerade jene Institutionen an den Katzentisch abgedrängt hat, die von den liberalen Vordenkern als essenziell für die moralische Bildung angesehen wurden, nämlich Familie, Schule und Kirche?

Die Marktwirtschaft und mit ihr die liberale Gesellschaft könnten nicht überleben, wenn nicht der moralische Rahmen intakt bliebe: So schrieb es Röpke 1956. Was er und all die anderen prominenten Liberalen nicht ahnten, war, wie sehr die Marktwirtschaft selbst zur Zerstörung des moralischen Fundaments beitragen würde; wie sehr das »diabolische Medium Geld«, wie es Soziologe Niklas Luhmann nannte, von den Menschen Besitz ergreifen und Traditionen negieren konnte. Alle diese großen Denker vermochten sich nicht vorzustellen, wie aktuell die Beobachtungen von Karl Marx und Friedrich Engels aus ihrem ›Kommunistischen Manifest‹ bleiben würden. Dort heißt es: »Die Bourgeoisie, wo sie zur Herrschaft gekommen, hat alle feudalen, patriarchalischen, idyllischen Verhältnisse zerstört. Sie hat die buntscheckigen Feudalbande, die den Menschen an seinen natürlichen Vorgesetzten knüpften, unbarmherzig zerrissen und kein anderes Band zwischen Mensch und Mensch übrig gelassen als das nackte Interesse, als die gefühllose ›bare‹ Zahlung. Sie hat den heiligen Schauer der frommen Schwärmerei, der ritterlichen Begeisterung, der spießbürgerlichen Wehmut in dem eiskalten Wasser egoistischer Berechnung ertränkt. Sie hat die persönliche Würde in den Tauschwert aufgelöst und an die Stelle der zahllosen verbrieften und wohl erworbenen Freiheiten die eine gewissenlose Handelsfreiheit gesetzt.«[9] Finden Sie nicht auch, dass das sehr nach heute klingt? Stammt aber aus dem Jahr 1847.

Sogar Joseph Schumpeter, selbst kein Kind von Traurigkeit, kam über die Frage der Moral heftig ins Grübeln: Die Werte verfallen – und nein, das könne der Kapitalismus nicht überleben, so sein Fazit. In einem evolutionären Prozess habe die Marktwirtschaft nicht nur die Institutionen der Feudalzeit beseitigt, den König, den Adel und den Klerus; sondern zunehmend zerstöre sie auch die eigenen Grundlagen. Allen voran die bürgerliche Familie. Und mit ihr die Ethik eines »Arbeitens für die Zukunft«: Mit fortschreitendem Kapitalismus hätten die Leute daran irgendwann kein Interesse mehr. Kleine, selbstsüchtige Utilitaristen seien sie stattdessen alle geworden – die im Heute leben wollen, nicht im Morgen; denen nicht der Sinn danach steht, das von den Eltern ererbte Vermögen unternehmerisch zu mehren und dann der nachfolgenden Generation zu überantworten. Sozialismus, wir kommen! So prognostizierte Schumpeter es 1942 in seinem Buch ›Capitalism, Socialism and Democracy‹. Doch keine Panik: Wo Marx und Engels noch die Revolution des Proletariats auf dem Zettel hatten, schwebte ihm ein friedlicher Abschied vom Kapitalismus vor: Weil irgendwann schließlich alle die Schnauze voll davon hätten – selbst die Kapitalisten.

Im Vergleich zu heute war die Kommerzialisierung in den Sixties vergleichsweise harmlos, doch The Who ließen es sich nicht nehmen, ihr schon damals ein Denkmal zu errichten: »The Who sell out« –, lautete der Titel ihres dritten Albums, das thematisch dem industriellen »Ausverkauf« der Popmusik gewidmet war. Pete Townshend verarbeitete in den 10 Songs seinen Frust über die zunehmende Verdrängung avantgardistischer Musik durch seichten Kommerz-Pop, nachdem die unabhängigen Piratensender vor der britischen Küste von der

Regierung versenkt wurden. Diese Sender hatten zuvor jene Vielfalt im Äther gewährleistet, welche Bands wie die Rolling Stones oder The Who so dringend benötigten: Von den öffentlichen Sendern, vor allem der BBC, wurde ihre Musik ja zunächst nicht gespielt. Das ganze Album war einer typischen, kommerziellen Radiosendung nachempfunden: In die Pausen zwischen den einzelnen Titeln platzierten Bands und Produzenten authentisch klingende, parodistische Werbejingles, die sie selbst eingespielt hatten. Um dem Ganzen noch die Krone aufzusetzen, hatte der Produzent anfangs sogar versucht, die Leerspuren als echte Werbeeinschaltungen zu vermarkten. Aber bis auf ein anfängliches Interesse von Coca-Cola war kein größeres Unternehmen für die Idee zu begeistern. Die Platte wurde ein kommerzieller Flop: Originalität allein vermag eben doch keine Wunder zu vollbringen. Vielleicht waren The Who mit dieser Idee aber auch einfach nur ihrer Zeit voraus; wie Apple mit dem Newton. Wie auch immer: Zumindest um die Erkenntnis waren sie nach dem Misserfolg des Albums reicher. Was ihnen sonst noch blieb, waren Schulden. Doch davon jede Menge.

In den Schilderungen typischer The Who-Konzerte aus den 60er-Jahren wird man immer wieder auf ein Muster stoßen: Neunzig Minuten lang herrscht bombastische Stimmung, die Euphorie des Publikums steigert sich zur kollektiven Ekstase – und am Schluss werden in einer riesigen Schlägerei alle Instrumente zertrümmert. Wo aber dieser brachiale Ritus, der zum Markenzeichen von The Who werden sollte, seinen Ausgang nahm und was die genauen Gründe dafür waren, weiß heute keiner mehr so genau. Aus Geisselharts Schilderung eines besonders heftigen Konzertcrashs ergibt sich folgender Hergang: »Während des furiosen Finales von My Generation stieß Keith wie gewohnt sein Schlagzeug um; dabei stürzte ein Beckenständer in Townshends Richtung und das Becken verletzte den Gitarristen am Bein. Was darauf geschah, wurde von den Kontrahenten unterschiedlich bewertet. Pete meint, dass er im Schwung seiner über den Kopf gewirbelten Gitarre das Gleichgewicht verlor und Keith unglücklich und unbeabsichtigt am Kopf traf. Keith dagegen war überzeugt, dass Pete ihn gezielt angegriffen hatte.« Und schon nahm das Verhängnis seinen Lauf. Ein Zeuge berichtete:»Ich stand an der Seite der Bühne und erinnerte mich nur noch, dass sie blitzartig in die größte Schlägerei gerieten, die ich je auf einer Bühne gesehen habe. Gitarren wurden durch die Luft geschleudert, und jeder schien im Taumel der Ekstase.«[10]

Wie war das noch mal? Zuerst frohe Erwartung, dann allgemeine Euphorie und am Schluss brutale Zerstörung? Einen solchen Verlauf kennen wir mittlerweile nur allzu gut aus der Wirtschaft. Bis unmittelbar vor dem Crash herrschte doch auch an den Märkten beste Stimmung. So wie beim Konzert. Und was dann passierte, lässt sich nicht mehr genau sagen, da gehen die Meinungen weit auseinander. Ähnlich weit, wie die Aussagen der Herren Townshend und Moon zum Anlass ihrer Handgreiflichkeiten auf offener Bühne: Aus dem Gleichgewicht sei er geraten, unabsichtlich, so die Entschuldigung des Gitarristen; weil Moons Schlagzeugständer ihn jäh am Bein getroffen habe. Kleine Ursache, große Wirkung also. Eine Kettenreaktion sozusagen. Und dann verstummten die Mikrofone, und es sprachen nur noch die Fäuste. Und das alles nur, weil einer das Gleichgewicht verloren hatte.

Wer auf dem Höhepunkt der Bankenkrise die Wirtschaftspresse verfolgt hat, der wird auch viel vom »Gleichgewicht« gelesen haben. Von einem besonderen Gleichgewicht, aus dem unsere Wirtschaft jetzt angeblich geraten sei. Bis Mai 2008 war alles im Lot, nach manch anderer Darstellung auch bis September, aber dann plötzlich: Peng! Und schon war der Aufschwung Geschichte. Frau Merkels Aufschwung. Oder war es noch der von Gerd Schröder? Wer weiß das schon so genau. Aber beide können jedenfalls nichts dafür. Die Amerikaner waren vielmehr schuld. Oder die Chinesen. Beide zusammen vielleicht – auch möglich. Aber um ehrlich zu sein: So genau wissen wir das nicht. Ziemlich sicher jedoch waren es die »globalen Ungleichgewichte«. Heißt im Klartext: Die Chinesen und die Deutschen sparen zu viel, dafür die Amerikaner gar nicht und alle anderen jedenfalls zu wenig. Und diese Un-

gleichgewichte stießen die Welt aus dem Gleichgewicht. Urplötzlich. Irgendwann zwischen Mai und September 2008. Die
ganze Zeit davor lief hingegen alles glatt: Da bestanden diese
Ungleichgewichte auch schon, aber der Weltwirtschaft war es
herzlich egal: Sie brummte. Was die Frage aufwirft: Warum
jetzt und nicht schon viel früher? Warum überhaupt? Und
prinzipiell: Kann in der Wirtschaft ernsthaft von so etwas wie
einem Gleichgewicht die Rede sein?

Mit dem Gleichgewicht ist das ja so eine Sache: Soweit es
die Musiker von The Who betrifft, standen die nach Geisselharts Ausführungen bei ihrem denkwürdigen Auftritt ziemlich
kräftig unter Alkohol- und Drogeneinfluss. Der an und für sich
präzise Begriff des Gleichgewichts verkommt unter solchen
Umständen schnell zu einer diffusen Größe. Eine interessante
Parallele zur Weltwirtschaft: Auch die stand im Vorfeld der Finanzkrise merklich unter Drogen. Nur putscht sich eine Ökonomie nicht mit Alkohol und Kokain auf. Sondern mit Kredit.
Schulden sind die Droge der Ökonomie. Die berauschende
Wirkung ist exakt die gleiche, man fühlt sich rundherum so
richtig gut drauf, aber wer sich in einem solchen Zustand im
Gleichgewicht wähnt, der leidet an hoffnungsloser Selbstüber-
schätzung. Und wie Heroin und Kokain haben auch Schulden
eine verhängnisvolle Nebenwirkung: Sie machen süchtig.

Die Droge der Ökonomie

Eine Wirtschaft, die unter Drogeneinfluss steht, erkennt man sofort: Alle sind total happy. Nichts, was die gute Laune stören könnte. Die Atmosphäre verströmt zwar nicht diesen süßlichen Duft, der einen in Amsterdamer »Coffee-Shops« begrüßt, aber ansonsten liegt Glückseligkeit in der Luft: Die Unternehmen florieren, die Gewinne steigen, die Aktienkurse schießen nach oben, vom Himmel regnet es Tausende neue Arbeitsplätze, die Steuereinnahmen sprudeln. Allseits beliebte Politiker bereiten sich auf ihre Wiederwahl vor. Die zur reinen Formsache verkommt – versteht sich. Denn Politiker, die sich »ihren« Aufschwung an die Brust heften können, wählt man gerne. Aber das natürlich nur, wenn vor der Wahl nicht plötzlich der »Cold Turkey« einsetzt, weil die Schuldendroge von einem Moment zum nächsten ausbleibt und schwere Entzugserscheinungen das Leben zur Hölle machen. Jeder Drogenjunkie weiß: So was geht schneller, als man glaubt. Die Ökonomen wissen das, soweit es die Weltwirtschaft betrifft, mittlerweile auch. Und die Beschäftigten, die zu Tausenden entlassen werden, bekommen die Folgen des Entzugs so richtig hart zu spüren. Mit ihnen allen sollten wir uns über eines im Klaren sein: Die Misere ist kein Unfall und kein Ungleichgewicht. So funktioniert der Kapitalismus!

Wo Chronist Geisselhart Schulden und Exzesse in Szene setzt, erzählt er eine weitaus größere Geschichte als die einer Rockband: Seit der Erfindung von Geld und Kredit kann man seine Story eins zu eins auf die menschliche Gesellschaft übertragen. Auf ihre fantastischen Errungenschaften und ihre grandiosen Fehlschläge gleichermaßen. Die Formel »Schulden und Exzesse« ist der kürzest mögliche Hinweis auf das wahre Movens hinter all unseren beeindruckenden Leistungen auf den Gebieten der Wissenschaft, Technik und Kultur, von den Spitzenplatzierungen in der Disziplin »Materieller Wohlstand« ganz zu schweigen. Wenn man die Erfolge der kapitalistischen

Gesellschaft als alleinigen Maßstab einer evolutionistischen Ausdeutung der Welt betrachtet, kann man mit Fug und Recht behaupten, dass Schulden und Exzesse die Menschheit zur »Krone der Schöpfung« gemacht haben.

»Wie bitte?«, höre ich Sie sagen, »Errungenschaften? Krone der Schöpfung? Haben uns Schulden und Exzesse nicht gerade eben erst an den Rand des Ruins getrieben? Ist nicht die schwerste Finanzkrise seit der Großen Depression die direkte Folge ebensolcher Exzesse?« Natürlich haben Sie recht: Auch hinter dieser anderen, der schmutzigen Seite des Kapitalismus stehen Schulden, ganz klar. Schulden bis zum Exzess. Und das ist nicht erst seit gestern so, sondern bereits seit Jahrhunderten. Um nicht zu sagen, Jahrtausenden. Einige der frühesten menschlichen Aufzeichnungen, die uns erhalten geblieben sind, stammen aus dem antiken Königreich Ur. Sie sind rund viertausend Jahre alt, haben die Form von Tontafeln und dokumentieren was? Liebesprosa? Gotteslob? Heldengesänge? Nein: Schuldscheine! Zum Beispiel den hier: »Amil-Mirra schuldet dem Inhaber 330 Sila Gerste, zahlbar nach der nächsten Ernte.«[11] Und ein paar Hundert Jahre später, als man schon von Getreidegeld auf Silber umgestiegen war: »10 Minen Silber, Forderung des Iddin-Marduk zu Lasten von M und S. Ende des Jahres werden sie dieses Silber, 10 Minen, zahlen. Pro Monat wächst auf eine Mine 1 Schekel Silber zu ihren Lasten hinzu.«[12] Wächst hinzu? Aha: Der Zins war also offenbar auch schon mit im Spiel, wie sich aus dieser Formulierung deutlich erkennen lässt. Und das keineswegs zu knapp: Da geliehenes Geld von denen, die sowieso nichts hatten, meist nicht pünktlich zurückgezahlt werden konnte, entwickelte sich im Babylonien des zweiten Jahrtausends vor Christus ein ausgedehntes Kreditwesen. Mit Zinssätzen zwischen 20 und 33 Prozent. Wer soll das bezahlen? Wer hat so viel Geld? Das dachten sich die damaligen Schuldner auf ihrem Weg in die Knechtschaft vermutlich auch. Die drohte ihnen und ihren Familien nämlich, wenn sie mit ihren Zahlungen in Rückstand gerieten. Klar, dass damit Schuldenkrisen vorprogrammiert waren. Die dann auch prompt politische Interventionen provozierten: So erklärte zum Beispiel König Rim-Sin im Jahr 1788 vor Christus alle Schulden in seinem Reich für null und nichtig. Weil sie wie Blei auf der Wirtschaft lasteten.[13] Damit trieb er zwar einige der frühesten, dokumentierten Geldverleiher geradewegs in den Bankrott, aber der Wirtschaft soll es danach wieder richtig gutgegangen sein. Auch das antike Rom war vor Kreditexzessen nicht gefeit: Geschichtsschreiber Tacitus weiß von einer Schuldenkrise um 33 nach Christus zu berichten, die ihren Ursprung in zwielichtigen Geschäften der damaligen Geldhäuser nahm, zu einem »Bankrun« führte und in einer allgemeinen »Kreditklemme« zu enden drohte. Bis sich Kaiser Tiberius schließlich einschaltete und einen »Rettungsschirm« in Höhe von einhundert Millionen Sesterzen errichtete.[14] Klingt vertraut? Hätten Sie neulich erst darüber gelesen, aber in dem Artikel ging es nicht um das Jahr 33, sondern vielmehr 2009 nach Christus? Tatsächlich: Die Ähnlichkeiten sind keineswegs zufällig! In der Kreditwirtschaft gilt seit eh und je die gleiche Regel wie für Drogen: In der richtigen Dosierung ein Elixier – doch wehe dem, der zu viel davon einnimmt! Dann verwandelt sich das Tonikum blitzschnell in Gift, der stimulierende Trank mutiert zum tödlichen Schierlingsbecher. Kurzum: Schulden sind weder Fluch noch Segen unserer Gesellschaft, sondern beides zugleich: Ohne Schulden läuft einfach gar nichts!

Betrachtet man die Dinge nüchtern und ohne moralische Voreingenommenheit, wird man schnell feststellen: Erst die Möglichkeit zu massenhafter, systematischer Verschuldung hat den Menschen wirklich zu Reichtum verholfen. Der materielle Wohlstand verdoppelte sich in vormodernen Gesellschaften etwa alle 500 bis 1000 Jahre – in den letzten beiden Jahrhunderten hat er sich hingegen alle 40 Jahre verdoppelt. Woran das liegt? An der massenhaften Verbreitung des kommerziellen Kredits. Einen Kredit aufzunehmen bedeutet, dass man mehr investieren kann als das, was man zuvor gespart hat. Erst die Erfindung der systematischen Schuldenwirtschaft ermöglichte es, aus Geld mehr Geld zu machen. »Denken in Geld erzeugt Geld: Das ist das Geheimnis der Weltwirtschaft«, schrieb Oswald Spengler.[15] Natürlich erfolgt das nicht zwangsläufig: Manche Investoren scheitern bei ihren Vorhaben, was auch für die finanzierenden Gläubiger bedeutet: Das Geld ist weg. Verloren. Aber auf Ebene der gesamten Volkswirtschaft gilt, so paradox sich das anhören mag: Schulden machen reich.

Schon die ehrbaren Kaufleute des 18. und 19. Jahrhunderts wussten: Man kann sich nicht reich sparen, sondern nur reich investieren. Und dafür braucht es nun einmal Kredit. Wie schließlich auch Thomas Manns ›Buddenbrooks‹ einsehen müssen, deren Motto seit jeher lautete:»Sey mit Lust bey den Geschäften am Tage, aber mache nur solche, daß wir bey Nacht ruhig schlafen können.« Konsul Johann Buddenbrook,»diesen Grundsatz heilig haltend bis an sein Lebensende«, kann daher nur ungläubig mit ansehen, wie Konkurrent Hagenström kreditfinanziert an ihm vorbeizieht, während seine eigenen Geschäfte einen»allzu ruhigen Gang gehen«.[16] Als schumpeterscher Unternehmer ist der alte Buddenbrook damit bereits auf dem absteigenden Ast: Weil er eher darauf bedacht ist, das Erreichte zu bewahren als es in der aggressiven Auseinandersetzung mit der Konkurrenz zu mehren, stagniert sein Geschäft. Das mag das Geld nicht. Hilflos muss er deshalb zusehen, wie Hagenström sich geschickt der neuen Finanztechniken bedient und ihm die Butter vom Brot stiehlt.

Nachfolger Thomas Buddenbrook ist da aus anderem Holz geschnitzt: Schon bald nach seiner Geschäftsübernahme zeigt sich, dass»ein genialerer, ein frischerer und unternehmenderer Geist den Betrieb beherrscht«. Die Möglichkeit des Kredits, »der unter dem früheren régime eigentlich bloß ein Begriff, eine Theorie, ein Luxus« gewesen ist, wird jetzt selbstbewusst ausgenutzt. Wie auch die»Herren an der Börse« zustimmend anerkennen: Buddenbrook will nunmehr auch mit Hilfe des Kredits Geld verdienen.[17] Was aber ja keineswegs bedeutete, dass der Junior nach dem Tod seines alten Herren alle kaufmännischen Grundsätze über Bord warf; vielmehr musste er mit Augenmaß dafür sorgen, dass sein traditionsreiches Handelsunternehmen nicht den Anschluss an eine neue Ära – im

Roman verkörpert durch die Familie Hagenström – verpasste und durch allzu große Vorsicht seine Zukunft verspielte. Dass er dabei nicht immer eine glückliche Hand hatte und den Niedergang des Hauses Buddenbrook letztlich nicht verhindern konnte, steht auf einem anderen Blatt.

Den drohenden Niedergang abwenden: Eine Herausforderung, der sich aktuell auch die Staaten der Welt gegenübersehen. Gerade jetzt, wo unter dem Eindruck der Finanzkrise die Privaten in ihrer Kreditaufnahme zögerlich sind, feuern die Regierungen aus allen Rohren. Auf Pump. Und das müssen sie auch: Die Sorge über die Schuldenlast von morgen sollte sie nicht allzu sehr kümmern, wenn im Hier und Heute die Gefahr droht, dass der kapitalistische Schuldenmotor einen Kolbenfresser erleidet. Denn die Folge wäre Totalschaden! Eine derartige Situation gab es in der Geschichte der zivilisierten Menschheit schon öfters: Sie endete jedes Mal mit lautem Lärm auf den Straßen und einer Menge Blutvergießen, zum Beispiel, als sich das panische »Verkaufen!« an den Börsen in das dumpfe »Heil!« der Massenkundgebungen verwandelte. Es gibt eine Reihe prominenter Ökonomen, für die das Ende der Großen Weltwirtschaftskrise nur einem Ereignis geschuldet war: dem Zweiten Weltkrieg! Nobelpreisträger Paul Krugman spricht in diesem Zusammenhang frech vom »Konjunkturprogramm«: Nur durch Rüstung und Krieg sei das Elend überwunden worden. Daran sollten sich die Regierungen also besser kein Beispiel nehmen. Jetzt zu sparen, wäre deshalb grundverkehrt. Und es bringt in Wahrheit auch nichts. Schrumpft die Wirtschaft im Zuge der Krise weiter, dann steht uns mit Sicherheit eine Deflation bevor, ein nachhaltiger Fall des allgemeinen Preisniveaus: Die Staatsschuld würde dann zwar nominell nicht mehr wachsen, aber dafür real. Und das ist kaum vorteilhafter. Im Gegenteil: Alle Schuldner hätten dann plötzlich das Problem, ihre nominal fixierten Kreditschulden aus Umsatzerlösen zu tilgen, die stetig sinken. Wer das einmal erlebt hat, der weiß: Das ist für viele Unternehmen unwiderruflich der Tod. Massenarbeitslosigkeit wäre die Folge, soziale Unruhen, wenn es ganz schlimm kommt, und die Staatskasse würde mit der Bewältigung der Folgen erst recht belastet.

Das beherzte Eingreifen des Staates zur Bewältigung der Krise macht uns deshalb nicht ärmer, sondern hält unseren Wohlstand stabil. Wie wir noch sehen werden, ist die Absicherung durch die öffentliche Hand aber nicht umsonst zu haben: Wir bezahlen sie einerseits mit Inflation und andererseits mit einer unerwünschten Umverteilung »von unten nach oben«. Diese ergibt sich daraus, dass Zins- und Tilgungszahlungen auf die Staatsschuld einerseits von allen Bürgern aufgebracht werden müssen, auch den Einkommensschwachen, aber andererseits nur an die Vermögenden fließen, die Staatsanleihen in ihren Wertpapierdepots halten. Die wenigen, die haben, beziehen also unter dem Strich Einkommen von denen, die nichts haben. Kann man das wollen? Nein. Doch das Problem lässt sich lösen. Über Steuern. Auf Einkommen und Vermögen. Fast hat es den Anschein, als habe der Staat vergessen, was das ist. Zugegeben: Höhere Steuern einzuführen ist politisch nicht leicht. Aber sicherlich leichter, als die sozialen Folgen einer massiv eingebrochenen Volkswirtschaft zu bewältigen. Ein deutscher Kanzler namens Heinrich Brüning ist bei einem solchen Versuch zu Beginn der 30er-Jahre schon mal gescheitert – die politischen Folgen lassen sich in jeder Chronik des 20. Jahrhunderts nachlesen.

Und wie wird ein Durchstarten nach der Flaute ermöglicht? Durch neue Kredite. Die US-Börsenanalystin Meredith Whitney, die ihren Ruhm mit der präzisen Vorhersage des ganzen aktuellen Elends der Banken begründet hat, schrieb kürzlich im ›Wall Street Journal‹: »Wer mit einer nennenswerten wirtschaftlichen Erholung rechnet, wird auf das Schlimmste enttäuscht werden. Woher ich das weiß? Ich beobachte die Kreditvergabe – und die schrumpft.«[18] Warum ist Frau Whitney skeptisch bezüglich der wirtschaftlichen Erholung, obwohl die von den Aktienbörsen schon größtenteils vorweggenommen wurde? Weil die Neukredite ausbleiben, deshalb. Ohne die kann es kein Wachstum geben.

Die Logik unserer kapitalistischen Wirtschaft ist im Grunde sehr einfach zu verstehen: Die Ausgaben des Müller sind das Einkommen des Maier, die Ausgaben des Maier das Einkommen des Schulze, und so weiter. Bis wir schließlich zu demjenigen in der Reihe gelangen, dessen Ausgaben wiederum die Einnahmen des Müller sind und das muntere Spiel von Neuem beginnen kann. So gesehen funktioniert die Wirtschaft tatsächlich wie ein Kreislauf. So lange keiner der Beteiligten auf die Idee verfällt, einen Teil seines Einkommens zu »sparen« und damit die Kette zu unterbrechen, läuft alles problemlos. Falls doch, dann »fehlt« das einbehaltene Geld plötzlich: Schon der Nächste in der Reihe wird feststellen, dass er weniger an Einkommen zurückbekommt, als er zuvor an Ausgaben in den Kreislauf abgegeben hat: Eine deflationäre Depression ist die Folge. Das Einkommensniveau aller in der Kette sinkt um den Betrag der Ersparnis. Natürlich auch desjenigen, der als Urheber des Debakels gelten muss: der Sparer. Er mag für sich genommen die ehrenhaftesten Absichten und die nachvollziehbarsten Gründe dafür haben, einen Teil seines Einkommens auf die hohe Kante zu legen: Auf das Wohlstandsniveau des Gesamtsystems wirkt sich sein Verhalten negativ aus.

Verdeutlichen wir uns das anhand eines Beispiels aus der aktuellen Politik: Von der Vorteilhaftigkeit der kapitalgedeckten Rente ist ständig die Rede, nicht wahr? Spielen wir diesen Fall einmal anhand unseres kleinen Geldkreislaufs von eben durch: Nehmen wir an, Herr Müller verfügt über 100 an Geld und bezahlt damit Herrn Maier, von dem er eine wie immer geartete Leistung in Anspruch nimmt. Herr Maier will jetzt aber 10 für die Rente zur Seite legen und spart sie sich deshalb auf. Bei Herrn Schulze kann er somit nur noch für 90 einkaufen. Der will aber seinerseits auch 10 für die Rente zur Seite legen und kauft deshalb bei Herrn Müller nur noch für 80. Müller muss enttäuscht feststellen: Er selbst hat für 100 Ausgaben getätigt (»investiert«), erhält aber jetzt nur 80 an Rückflüssen. Falls er sich die 100, mit denen er den Kreislauf in Gang setzte, geliehen hat, dann ist er jetzt pleite. Falls es sein eigenes Geld war, dann denkt er vielleicht, er habe beim ersten Mal nur Pech gehabt und versucht es erneut. Aber wie viel kann er beim zweiten Mal in den Kreislauf abgeben? Wieder 100? So viel hat er nicht mehr – er hat nur noch 80. Die schickt er wieder auf die Reise. Und der Maier behält davon wieder 10 ein und der Schulze auch.

Was denken Sie: Werden die Teilnehmer dieser Mini-Wirtschaft durch Sparen reicher werden? Werden sie wirklich Kapital für die Rente zur Seite legen und darauf auch noch einen Zuwachs erzielen können? Womöglich lautet Ihre Antwort »Ja« – insbesondere dann, wenn Sie klassische Volkswirtschaftslehre studiert haben. Dann wird nämlich die Antwort förmlich aus Ihnen heraussprudeln: »Aber mit diesen Ersparnissen könnte man ja investieren, und so zusätzliche Einkommen erzielen.« Das stimmt schon. Aber es können unter diesen Umständen unmöglich *alle* sparen. Einige müssten genau umgekehrt verfahren und sich verschulden: Sie müssten sich die Ersparnisse aller Teilnehmer leihen (in der Praxis über die Zwischenschaltung einer Bank) und diese in ihren Geschäftsbetrieb investieren. Dann würden die zuvor nicht ausgegebenen Einnahmen tatsächlich wieder zu Ausgaben und der Kreislauf bliebe intakt. Nur: Wer wird in einem solchen Szenario, in dem die laufenden Einkommen stetig sinken, verrückt genug sein und sein Geld für Investitionen riskieren? Oder sich gar dafür verschulden? Investiert wird letztlich immer für den Konsum. Aber wenn der genauso stetig sinkt, weil alle für die Rente sparen? Wir werden diesen Fragen später im Text noch genauer auf den Grund gehen. An dieser Stelle sei vermerkt: Eine Gesellschaft als Ganzes kann nicht fortlaufend sparen und gleichzeitig ihr Wohlstandsniveau beibehalten. Das geht nur, wenn einzelne Mitglieder eben nicht sparen, sondern sich verschulden. Und wenn sich niemand findet, der dazu bereit ist, dann muss es der Staat oder das Ausland tun. Sollten letztere beiden aber auch nicht gewillt sein, ins Obligo zu gehen, dann gibt es in diesem Spiel alsbald nur noch Verlierer: Die Wirtschaft einer solchen Welt von Nur-Sparern würde sich mit großer Geste verabschieden und in die Tiefe stürzen.

Was würde das für die kapitalgedeckte Rente bedeuten?

Sie würde zur Chimäre. Das Modell, wonach wir alle für unser Alter sparen sollen, baut ohne Wenn und Aber darauf auf, dass einige eben genau das nicht tun. Dass sie nicht sparen. Sondern sich im selben Umfang verschulden. Entweder die heimischen Unternehmen, das Ausland oder der Staat. Haben die Unternehmen aber überhaupt Bedarf für all die deutschen Ersparnisse? Offenbar nicht: Die heimischen Investitionen sind dafür viel zu niedrig. Also wandert das Geld ins Ausland. In die USA zum Beispiel – um den dortigen Sozialschwachen Subprime-Kredite zu finanzieren. Eine überaus riskante Anlage, wie wir mittlerweile wissen. Oder wir leihen das Geld dem deutschen Staat. Das sind wir alle. Heißt im Klartext: Wir müssen zukünftig Geld an uns selbst zurückzahlen – mit Zinsen –, das wir uns heute leihen, um für die Rente vorzusorgen. Sie werden zugeben müssen: Eine verquere Logik – die Bürger von Schilda erblassen vor Neid.

Noch etwas können wir aus unserem einfachen Kreislauf-Beispiel ersehen: Selbst wenn niemand spart, sondern alle ihre Einnahmen in voller Höhe ausgeben, ist Wachstum auf diese Art nicht möglich. Die Wirtschaft verharrt vielmehr in Statik. Wohlstandsmehrung ist ausgeschlossen. Zumindest für alle Teilnehmer als Gesamtheit. Einzelnen mag sie gelingen, aber dafür haben dann die Übrigen entsprechend weniger. Ein höheres Einkommen für alle Beteiligten ist in einem derartigen Arrangement, einem simplen Kreislauf aus Einnahmen und Ausgaben, nicht möglich. Wo sollte es denn herkommen, wenn immer nur gleich hohe Beträge im Kreis herumlaufen?

Was ist die Lösung des Problems? Es muss jemand die Berufung zum schumpeterschen Unternehmer in sich spüren, einen Kredit aufnehmen und damit zusätzliches Einkommen in den bestehenden Kreislauf einschießen. Dann wird Wachstum zur Realität. Der Rest ist nur noch eine Verteilungsfrage: Die Beschäftigten kriegen etwas davon ab über Lohnzuwächse, und der Staat holt sich seinen Anteil über Steuern. Das ist »Wohlstand für alle«! Idealerweise finanziert der Unternehmer mittels dieses Kredits eine ökonomisch sinnvolle Investition, aus der sich wiederum weitere Beschäftigung und

Einkommen ergeben, sodass der Aufschwung selbst tragend und das Wachstum nachhaltig wird: ein schönes, kleines Wirtschaftsmärchen. Und wenn sie nicht gestorben sind, dann ... Zur Gruselgeschichte mutiert das Ganze allerdings dann, wenn das mittels Kredit geschaffene, zusätzliche Einkommen eine Eintagsfliege bleibt; wenn das Geld aus dem Kredit nicht dafür verwendet wird, Wachstum zu schaffen und damit gleichzeitig die Mittel, aus denen der Kredit wieder getilgt werden kann, einschließlich Zinsen.

In einem modernen »Fiat money«-Geldsystem wie dem unsrigen entsteht neues Geld immer nur zeitgleich mit neuen Schulden. Wenn Sie zur Bank gehen, um einen Kredit aufzunehmen, dann leiht Ihnen die Bank nicht die Ersparnisse eines anderen Kunden. Sondern sie »produziert« das Geld, das sie Ihnen auf Ihr Konto überweist. Mit einem simplen Buchungssatz: »Per Kreditforderung gegenüber Herrn/Frau Sowieso an Girokonto von Herrn/Frau Sowieso« – und schon ist neues Geld im Umlauf. Die Bank »verlängert« also ihre Bilanz, wie wir Buchhalter das nennen. Das aber hat dramatische Konsequenzen: Sobald der Kredit einmal in der Welt ist, wird man ihn unter dem Strich nicht mehr los. Und schlimmer noch: Um bestehende Kredite tilgen und die auf sie entfallenden Zinsen zusätzlich leisten zu können, sind immer neue, weitere Kredite erforderlich. Nicht durch die immer gleichen Personen, das natürlich keineswegs. Einzelne Individuen mögen ihr Leben lang nicht einen einzigen Cent Kredit in Anspruch nehmen. Aber allen zusammen ist die Schuldenfreiheit verwehrt: Wenn ein Mehrprodukt geschaffen werden soll, das die Gesellschaft auf ihre Mitglieder verteilen möchte (Stichwort »Wohlstand für alle«), dann braucht sie mehr Geld. Mehr Geld entsteht aber nur durch mehr Kredit. Ein stetig wachsendes Wirtschaftssystem, das zudem darauf angelegt ist, nicht jegliche Produktion unmittelbar zu konsumieren, sondern einen Teil davon als »Vermögen« zu akkumulieren (umgangssprachlich: »zu sparen«) ist auf Gedeih und Verderb darauf angewiesen, dass die Schulden ebenfalls wachsen. Kurzum: Der Kapitalismus ist ein einziger, großer

Kettenbrief.[19] Er bleibt so lange intakt, wie neue Schuldner hinzutreten, um alte Schuldner auszulösen; er reißt aber in dem Moment, wo Neuschuldner ausbleiben. Die Folge? Eine Pyramide aus wechselseitigen Kreditverhältnissen stürzt mit einem lauten Krach in sich zusammen – genauso, wie wir es in der jüngsten Finanzkrise gesehen haben; und noch wesentlich dramatischer erlebt hätten, wenn die Regierungen nicht beherzt eingegriffen und damit ihre Volkswirtschaften vor dem sicheren Chaos bewahrt hätten.

In der Realität unseres modernen Finanzsystems hat der moralische Makel, der den Schulden seit Jahrtausenden anhaftet, daher keinen Platz mehr: Wer streng nach dem Motto verfährt, selbst keine Schulden haben zu wollen, zwingt damit andere, sich umso stärker zu verschulden. Das gilt im Kleinen wie im Großen, auch auf der Ebene ganzer Staaten, wie der Ökonom Heiner Flassbeck betont. So lautet seine polemische Einschätzung zum deutschen Exportboom zwischen 2003 und 2007: »Der deutsche Aufschwung resultierte zum überwiegenden Teil aus der Tatsache, dass die deutsche Wirtschaft zu Lasten anderer Länder Marktanteile am Weltmarkt gewonnen hatte und diese Länder sich verschuldeten, um deutsche Waren zu kaufen. Der Rückgang der Staatsverschuldung in Deutschland fand also zu einem erheblichen Teil seinen Niederschlag in der Zunahme der Auslandsverschuldung anderer europäischer Länder und der USA.«[20] Dass ein solcher Zustand in Zeiten schwerer Rezession von den betroffenen Ländern nicht einfach toleriert werden kann, ist klar: Internationale Spannungen und diplomatische Kontroversen sind die Folge, wie seit geraumer Zeit zwischen den USA und China. Wer wie Präsident Barack Obama seine Bevölkerung vor der Massenarbeitslosigkeit bewahren will und muss, der hat kein Interesse daran, dass Länder wie China und Deutschland alles dafür tun, um ihre Exportüberschüsse und damit ihre Gläubigerposition gegenüber den USA aufrechtzuerhalten. Stattdessen sucht er potenzielle Schuldner, die bereit sind, amerikanische Waren einzuführen, um so der US-Wirtschaft dringend benötigte Einkommen zu verschaffen.

Aber in Krisenzeiten sind Schuldner spärlich gesät; zumindest solche, auf die es ankommt, um Beschäftigung und Jobs zu schaffen und damit die Volkswirtschaft wieder aus ihrer destruktiven Starre zu befreien, die Unternehmer. Darauf wies Wilhelm Röpke unter dem Eindruck der Weltwirtschaftskrise bereits im Jahr 1932 hin: »Es taucht ein ganz neues Problem auf, nicht das Problem: Wie machen wir das Banksystem eines Landes zur Kreditgabe bereit?, sondern das Problem: Wie machen wir die Unternehmer eines Landes bereit, Kredite zu nehmen? Zu jedem Kredit gehören zwei Parteien. Das Seltsame ist, dass in solchen Zeiten äußerster Zuspitzung der Vertrauenskrisis die Frage auftaucht, ob man für produktive Kreditverwendung noch unternehmungslustige Unternehmer findet. Und man findet sie nicht.«[21] Halten wir nochmals fest: Ständig neue Schulden sind für eine Wirtschaft, die wachsen soll, das A und O. Ohne sie geht es nicht. Geld und Kredit entfalten ihre Wirkung im sensiblen Kern unserer Wirtschaft, dort, wo über Wohlstand oder Armut entschieden wird. Wohlstand ist gleich Kreditwachstum.

Man tut sich intuitiv schwer mit dieser Formel. Das passt irgendwie nicht zu dem, was die Eltern einem immer erzählt haben; die besorgte Mutter; die Nachbarn; die Freunde. Zumal die simple Schwarz-weiß-Sicht hier auch nicht zutrifft, denn es geht ja nicht um »irgendwelche« Schulden. Sondern die richtigen. Die vernünftigen. Die, bei denen Unternehmer und Bank Weitsicht beweisen. Sich von langfristigen Überlegungen leiten lassen. Einkalkulieren, dass so ein Kredit ja auch irgendwann wieder zurückbezahlt werden muss. Aber das Dumme ist: Was vernünftig ist und was nicht, weiß man oft erst im Nachhinein. Selbst wenn man nüchtern kalkuliert. Nicht leichtsinnig ist. Wer sich den Kredit zunutze macht, der operiert im sensiblen Maschinenraum unserer Ökonomie. Über dessen Tür prangt ein Warnschild mit der Aufschrift: Shit happens! Und zu Recht: In der Kreditwirtschaft ist dieser Slogan aus systemimmanenten Gründen ein Dauerbrenner.

Die Finanzgeschichte des Abendlandes ist deshalb eine von Licht und Schatten: Kolumbus konnte Amerika entdecken und ein neues Kapitel in der Menschheitsgeschichte aufschlagen, weil ihm seine gefährliche Fahrt von risikofreudigen Investoren vorfinanziert wurde. 500 Jahre später scheiterten europäische Banken bei dem Versuch, ihn nachzuahmen: Erneut wollten sie den amerikanischen Kontinent erobern, diesmal über den Umweg des Hypothekenkreditmarktes. Die smarten Eliteabsolventen in den Bankentürmen von London, Frankfurt und Paris, die »Masters of the Universe«, wie sie sich selbst gerne nannten, unterscheiden sich nur unwesentlich von den Kaperfahrern des 15. und 16. Jahrhunderts. Investoren werden heute wie damals mit großartigen Versprechungen geködert, dank ihrer Finanzierung wird das riskante Unternehmen in Angriff genommen. Entweder endet die Sache mit einem Erfolg und lauter strahlenden Siegern (inklusive daytradender New Yorker Taxifahrer und Börsenhotlines betreibender Friseusen); oder sie schlägt fehl, und es gibt jede Menge Ärger. Und wo sich zu viele Erfolgshungrige gleichzeitig zu sicher sind, ist es nur ein kurzer Weg vom ersten, schüchternen AAA-Rating einer synthetischen Schuldverschreibung, in der Immobilienkredite an einkommensschwache Amerikaner gebündelt sind, bis zur Mutter aller neuzeitlichen Finanzkrisen. Subprime – alleine schon der Name ist ein Abenteuer. »Unterhalb von erstklassig«, so die wörtliche Übersetzung. Alles lässt sich in dieser Formulierung unterbringen: von »halt nicht ganz perfekt« bis »das Allerletzte«. Ein Ozean der unliebsamen Überraschungen, so groß wie jener, der vor Kolumbus und Co. lag, als sie in See stachen. Der genuesische Seefahrer wollte im Auftrag der spanischen Krone ja eigentlich nach Indien, wie wir wissen. Die Subprime-Investoren wollten risikolose Renditen. Falsch lagen sie also letztlich alle miteinander. So weit ab vom Schuss zu landen und trotzdem auf sagenhafte Reichtümer zu stoßen wie Kolumbus: Dieses Glück hat ja schließlich auch nicht jeder.

Schulden sind Leistungsversprechen in der Zukunft. Wer sie eingeht, muss das berühmte Quäntchen besser sein, um sie wieder loswerden zu können. Dieser Vorgang bringt das kapitalistische Herz zum Schlagen. Und faszinierte große Autoren aller Epochen:»Schuld ist die höchste Kategorie der Weltgeschichte«, schrieb zum Beispiel Walter Benjamin in seinem berühmten Fragment ›Kapitalismus als Religion‹. Und:»Der Kapitalismus ist vermutlich der erste Fall eines nicht entsühnenden, sondern verschuldenden Kultus. (…) Ein ungeheures Schuldbewusstsein, das sich nicht zu entsühnen weiß, greift zum Kultus, um in ihm diese Schuld nicht zu sühnen, sondern universal zu machen …«.[22] Kapitalismus als Religion, die alle in ihren Bann zu schlagen versucht? Ein verschuldender Kult, der die universelle Unterwerfung verlangt? Benjamin hat offenbar das Wesen der modernen Wirtschaft richtig erkannt: Ihre Reproduktion durch immer neue Schulden; die verzweifelten Versuche der bereits Verschuldeten (= Unternehmer), Neuschuldner (= Konsumenten) zu rekrutieren, die ihnen die Last von ihren Schultern nehmen. Nicht mehr mit Gewalt, so wie früher. Nein: mittels Werbung! Sehr viel effektiver. Und obendrein legal.

Eine ähnliche Darstellung wie bei Benjamin findet sich auch bei Peter Sloterdijk:»Im Herzen der gewöhnlichen Wirtschaftsweise entdeckt der von Nietzsche inspirierte Kritiker der Allgemeinen Ökonomie die Umwandlung moralischer Schuld in monetäre Schulden. Kaum nötig zu sagen, dass die kapitalistische Wirtschaftsweise kraft dieser pragmatischen Verschiebung erst ihren Siegeszug beginnen konnte. Die Zeit der Schuld ist geprägt von der Verfolgung eines Täters durch die Konsequenzen seiner Taten – sie endet folgerichtig mit der Verbüßung der Tatfolgen. Indessen heißt Schulden haben nichts anderes als eine Zeit des Tilgungszwangs durchleben. Während aber Schuld deprimiert, machen Schulden munter, solange sie im Bündnis mit unternehmerischer Energie auftreten.«[23] Auch Sloterdijk trifft es exakt: Wie die moralische Schuld den Täter an seine Tat und die religiöse Schuld den Sünder an den Sündenfall fesseln, so bindet die Geldschuld den Kreditnehmer an den Verschuldungsakt.

Im Unterschied zu Täter und Sünder kann sich der Schuldner aber aus eigener Kraft von seiner Fessel befreien: durch erfolgreiche Bewirtschaftung der im Kredit erhaltenen Ressourcen, die ihm eine fristgerechte Rückzahlung des ursprünglichen Schuldbetrags wie auch eines Mehrprodukts namens »Zins« ermöglichen. Diesem Mehrprodukt fällt die entscheidende Rolle zu: Denn es ist zunächst ja nicht da. Durch reine Tauschtransaktionen kann es unmöglich aufgebracht werden. Arbeitsteilung allein vermag daran gar nichts zu ändern. Vielmehr müssen die ökonomischen Leistungsströme zwingend die einfache Kreislaufform verlassen und die Form einer Spirale annehmen. Einer »Wachstumsspirale«[24], in der sich der Wirtschaftsprozess mit jeder neuen Runde ausweitet. Hinter dieser Ausweitung steht indes nichts Metaphysisches, sondern etwas sehr Reales: Eine Erhöhung des Kapitaleinsatzes, mittels dem das auf jeder Stufe jeweils nötige Mehrprodukt erwirtschaftet werden kann, um die an Kredite gefesselten Schuldner wieder auszulösen. Das ist in der Marktwirtschaft nicht anders als beim Pokern: Steigen die Einsätze, steigen die Gewinne; und wo höhere Gewinne winken, riskiert man gerne ein wenig mehr. Diese Spirale drehte sich die Jahrhunderte hindurch ohne größere Unterbrechungen; und mit jeder Umdrehung entfernten wir uns weiter von den agrarischen Feudalgesellschaften des Mittelalters und bewegten uns hin zu den rauchenden Schloten der Industriellen Revolution und schließlich den Finanzmarkt-Ökonomien des anbrechenden dritten Jahrtausends. Da die Drehungen der Wachstumsspirale aber nicht nur den Kapitalstock ausweiteten, sondern auch die Notwendigkeit seiner Finanzierung, kann man sie ebenso »Schuldenspirale« nennen, auch wenn einem diese Bezeichnung gewiss nicht gefallen wird. Über Wachstum reden alle gerne, Wachstum gehört zum Pflichtprogramm jeder Parteitags- und jeder Sonntagsrede; aber Schulden? Schulden sind im öffentlichen Diskurs nach wie vor ein moralischer Makel.

In der unbewussten Gleichsetzung von Täter, Sünder und Schuldner findet dieser Makel seinen reinsten und ursprünglichsten Ausdruck. Mit dem realen Leben hat das allerdings nicht mehr viel zu tun. Die moderne Unternehmensfinanzierung hat die zentrale Rolle des Kredits als ökonomischer Anreizmechanismus seit langem verinnerlicht. Bis vor kurzem galt es sogar als Maxime, »teures Eigenkapital« gegen »billigen Kredit« zu ersetzen, um die Gesamtkosten des im Unternehmen arbeitenden Kapitals zu senken. Eine Disziplin, in der es deutsche Großbanken offenbar zur Meisterschaft gebracht haben, mit Eigenkapitalquoten (gemessen an der Bilanzsumme) von mickrigen 10 Prozent und darunter. Deutlich weniger aggressiv, aber dennoch nach identischem Schema verfuhren die Industriekonzerne, die in den Jahren vor der Krise im großen Stil eigene Aktien von der Börse zurückkauften, um damit das Verhältnis von Eigen- zu Fremdkapital zu optimieren. Offenbar sahen die Manager trotz Globalisierung keinen besseren Verwendungszweck, als das Geld den eigenen Aktionären zurückzuüberweisen. Ein Vorgehen, das im Hinblick auf langfristige Wachstumsaspekte schon damals hätte stutzig machen sollen.

In der jüngsten Bankenkrise zeigte sich in aller Deutlichkeit, dass Eigenkapital eben nicht nur Kosten verursacht, sondern vor allem eines verschafft: Sicherheit. Sicherheit hat bekanntlich ihren Preis. Während sie in den Jahren vor der Krise weit unter Nennwert gehandelt wurde, darf man gespannt sein, wie sich von nun an ihr Kurs entwickeln wird. Im bisherigen Verlauf der kapitalistischen Geschichte hat der Reiz des Kredits jedenfalls noch immer die Oberhand behalten. Sicherheit scheint daher auch zukünftig prädestiniert für einen »Short-Sale«. Insbesondere jetzt, nachdem die westlichen Regierungen ihren Großbanken de facto eine staatliche Überlebensgarantie ausgestellt haben und dem »Moral-Hazard« Tür und Tor geöffnet wurde. Der kann bekanntermaßen dazu führen, dass erheblich höhere Risiken eingegangen werden, weil die negativen Folgen anderen aufgebürdet werden können.

Wo wir schon mal bei der Moral sind: Weil der Druck, seinen Schulden und Renditeversprechen nachzukommen, bisweilen auf höchst unchristliche Pfade führt, produziert der Kapitalismus neben all seinen herausragenden Leistungen auch Exzesse am laufenden Band. Und taucht den zivilisatorischen Prozess damit oft genug in ein schreckliches Licht: Müllberge, leer gefischte oder ölverseuchte Ozeane, abgeholzte Regenwälder, menschenunwürdige Zustände in den Entwicklungsländern. Die eiternden, nicht heilen wollenden Wunden am Körper der Menschheit sind zahlreich und schwer. Bereits heute könnten wir mit den Mitteln, die uns zur Verfügung stehen, all dem ein Ende setzen, binnen kürzester Zeit. Wenn wir es wollten. Aber die kapitalistische Weltgesellschaft setzt andere Prioritäten: »Rettet die Banken!«, erschallte es auf dem Höhepunkt der Finanzkrise. Kaum zu überhören. Die Lautstärkeregler voll am Anschlag. Viel lauter jedenfalls als zu irgendeinem Zeitpunkt davor und danach »Helft den Hungernden der Welt!«. Oder »Stoppt die globale Erwärmung!«. Politische Entscheidungen wurden im Rekordtempo gefällt, als es um Rettungsschirme für die globalen Geldkonzerne ging, während wichtige Beschlüsse für das Überleben des Planeten immer wieder vertagt werden.

Die monetären Aspekte der Geldgesellschaft sind längst zur eigentlichen Realität unseres Lebens geworden. Einer Realität, deren Forderungen viel absoluter und dringlicher sind als die elementaren Bedürfnisse unseres sozialen und natürlichen Lebens.[25] Auf der einen Seite stehen die rund 1000 Milliarden Dollar, die weltweit von Regierungen mobilisiert worden sind, um die an ihrem eigenen Kreditmüll erstickenden Banken wiederzubeleben, auf der anderen die rund 20 Milliarden Dollar, welche die reichen G-8-Nationen den ärmeren Staaten im Zeitraum 2008–2010 an Nahrungsmittelhilfen zur Verfügung stellen wollten, um die verheerenden Folgen der Wirtschaftskrise auf die dortige Bevölkerung abzumildern: Mickrige 6 Milliarden Dollar pro Jahr, von denen ein Großteil bereits vorher zugesagt worden war und daher in Wahrheit keine zusätzliche Hilfe bedeutet.[26] Und das, obwohl die Ernährungskrise in den Entwicklungsländern in dem Fall nicht auf Korruption, Ineffizienz oder unfähige Regierungen in der Dritten Welt zurückzuführen ist, sondern als direkte Folge der Globalisierung der Landwirtschaft angesehen werden muss. Für die sich der Westen seit den 1980ern starkgemacht hat.

Darauf hat kein Geringerer als der ehemalige US-Präsident Bill Clinton hingewiesen, als er am Welternährungstag 2008 eine Rede vor der UN hielt. Um Missverständnisse von vornherein auszuschließen, eröffnete Clinton seinen Vortrag mit dem erstaunlich offenherzigen Titel »We blew it (Wir haben's verbockt)« und bekannte, dass »wir – mich eingeschlossen, als ich noch Präsident war – es vergeigt haben; indem wir nämlich zugelassen haben«, so Clinton, »dass Nahrungsmittel als Waren behandelt werden und nicht als etwas, worauf die Armen dieser Welt ein prinzipielles Recht haben«. Die Schuld suchte er ausdrücklich nicht bei einzelnen Staaten und Regierungen der Dritten Welt, sondern bei der langfristigen Politik des Westens: Sie zwang die afrikanischen und asiatischen Regierungen, ertragreiche Böden für die Weltmarktproduktion umzuwidmen. Mit der Folge, dass diese Länder nicht mehr länger in der Lage waren, sich selbst mit Nahrungsmitteln zu versorgen. Das Ergebnis dieser Anpassung war die Integration lokaler Landwirtschaften in die globalen Agrarmärkte. Während die Ernte exportiert wurde, mussten die Bauern ihr Land aufgeben und in Gettos abwandern. Wo sie fortan als Billigarbeiter ihr Leben fristeten. Gleichzeitig sind diese Länder nunmehr auf Lebensmittelimporte und internationale Hilfen angewiesen.[27]

Dabei haben wir die materielle Voraussetzung für die Lösung aller ökonomischen Probleme der Welt längst geschaffen. Zumindest theoretisch: Wären die 48 Billionen Dollar des weltweiten Bruttosozialprodukts über die rund sechseinhalb Milliarden Bewohner des Planeten gleichmäßig verteilt, dann käme jeder von ihnen auf ein jährliches Einkommen von rund 7000 Dollar. Mehr als genug, um jedermann aus der absoluten Armut zu holen. Aber natürlich ist das Welteinkommen nicht gleich verteilt; es bestehen extreme Asymmetrien zwischen den Industrie- und den Entwicklungsländern, sodass bei allem Wohlstand des Westens noch immer 50 Prozent der Weltbevölkerung von weniger als 2 Dollar am Tag leben müssen und rund 1 Milliarde Menschen sogar von weniger als 1 Dollar. Für diese Menschen haben wir trotz aller ökonomischen Fortschritte noch keine Antwort parat, wie ihr tagtäglicher Kampf um das nackte Überleben beendet werden könnte.[28] Die mögliche Lösung hat der peruanische Ökonom Hernando de Soto aber gleichwohl vor Augen:»Die Armen der Welt bewohnen Immobilien im Gesamtwert von 9300 Milliarden Dollar, das entspricht in etwa der Marktkapitalisierung aller börsennotierten Unternehmen in den 20 größten Volkswirtschaften der Erde. Das Problem ist aber, dass die Armen in den Entwicklungsländern keine titulierten Eigentumsrechte an ihren Häusern und Wohnungen halten, und diese daher nicht als Kreditsicherheit nutzen können.«[29] Wer nicht kreditfähig ist, kann aber auch kein Kapital aufbringen, um sich unternehmerisch zu betätigen: Dem Schuldenmotor des Kapitalismus fehlt somit schlicht das Benzin.

Doch nicht nur zwischen den reichen Industriestaaten und den Ländern der Dritten Welt ist das Einkommen extrem ungleich verteilt. Auch innerhalb der westlichen Gesellschaften macht sich eine immer krassere Einkommens- und Vermögensspreizung bemerkbar. Sie wird nicht nur als ungerecht empfunden und stellt somit ein politisches Problem dar, sondern entwickelt sich zunehmend auch zu einem ökonomischen. Warum? Weil nur diejenigen als Konsumenten infrage kommen, die über entsprechende Kaufkraft verfügen. Die Wirtschaft interessiert sich nur für eins – und das ist Geld. Wer zahlungsfähig ist, der muss nicht erklären, warum.»Geld stinkt nicht«, das wusste schon der römische Kaiser Vespasian, als er eine Latrinensteuer erhob. Weder im Supermarkt noch beim Autohändler interessiert sich jemand dafür, wie Sie das Geld erworben haben, das Sie gerade dort ausgeben wollen. Hauptsache, Sie tun es. Die Wirtschaft liebt Sie – solange Sie zahlungsfähig sind. Bedürfnisse haben kann jeder; aber sich diese auch leisten zu können: das trennt die Spreu vom Weizen; macht den Kunden zum König. Wenn das aber auf immer weniger Leute zutrifft, dann wird es auch für den Kapitalismus eng: Luxusartikel sind kein Massengeschäft. Der dritte Porsche macht ja auch bei weitem nicht mehr so viel Spaß wie der erste. Selbst dann nicht, wenn er mit Schwarzgeld angeschafft und auch noch frech von der Steuer abgesetzt wird. Nur mit einer Hand voll Superreicher wird sich eine Marktwirtschaft deshalb nicht betreiben lassen – so viel steht fest.

Die ungleiche Einkommensverteilung führt aber noch zu einem anderen Problem: Hohe Einkommen werden zu großen Teilen gespart. Vermögen werden so immer größer. Vermögen, die Rendite suchen. Welche sie aber nur erzielen können, wenn investiert und damit weiter akkumuliert wird. Damit ist der Wachstumszwang auf der Welt. Dieselbe Dynamik, die uns so viel Gutes gebracht hat, wird zur Geißel. Das Kapital will ein immer größeres Stück vom Kuchen: So lange er selbst größer wird, ist alles in Ordnung. Dann kann das Kapital seine Rendite aus den Zuwächsen erzielen. Findet das nicht mehr statt, dann wird das Kuchenstück der anderen kleiner werden müssen: der Arbeitnehmer und des Gemeinwesens. Haben die Arbeitnehmer als Konsumenten aber weniger Geld in der Tasche, dann werden sie ihre Einkäufe reduzieren müssen. Damit fehlt der Wirtschaft wiederum die Nachfrage. Womit sie erst recht instabil wird. Denn ausbleibende Nachfrage bedeutet sinkende Gewinne; sinkende Gewinne aber bedeuten mangelnde Solvenz. Schulden können nicht mehr bedient werden. Die Pleite droht und mit ihr der große Kollaps – der »Kladderadatsch«, wie August Bebel zu sagen pflegte. Er ist dem Kapitalismus gleichsam eingebaut. Wir können ihm nur entgehen durch weiteres Wachstum. Durch die permanente Flucht nach vorne. Dadurch können wir den Einbruch zwar nicht verhindern, aber zumindest so lange wie möglich hinausschieben. So lange, wie es nennenswertes Wachstum gibt.

Natürlich könnte das Kapital sich auch mit einem kleineren Stück bescheiden; könnte auf Rendite verzichten. Aber das tut es nur sehr ungern. Üblicherweise nur, wenn man es zwingt. Volkswirtschaften mit hohen Ersparnissen haben daher zwei Perspektiven: Wirtschaftswachstum oder Verteilungskampf. Eine dritte Option gibt es nicht.

Für die Marktwirtschaften des Westens werden die wachsenden Einkommensunterschiede deshalb zu einer echten Herausforderung werden. Eine Wirtschaftspolitik wie die deutsche, die sich dem Motto »Wohlstand durch Wachstum« verschrieben hat, wird sich dieses Problems in absehbarer Zeit annehmen müssen. Sie wird es nicht wollen, klar, aber ihr wird gar keine andere Wahl bleiben. Zumindest dann, wenn sie ihr politisches Versprechen auch nur annähernd einlösen will. Was sowieso schwer werden wird – machen wir uns da nichts vor.

Wie sich der Kaufmann von Venedig
in George Soros verwandelte

Mögen Sie Shakespeare? Im ›Kaufmann von Venedig‹ erleben wir auf großer Bühne die ersten Kapitel aus der Schuldnerbiografie des Kapitalismus. Wenn der ehrbare venezianische Überseehändler Antonio sich der Hinterhältigkeit des Wucherers Shylock aussetzt, nur um dem teuren Freund Bassanio das Brautwerben um die liebliche (und vor allem vermögende) Portia zu ermöglichen. Doch um welchen Preis: Gelingt es Antonio nicht, das geliehene Geld zum Termin zurückzuzahlen, dann fordert der elende Shylock nichts weniger als ein Pfund Fleisch – aus Antonios Körper! Skandalös. Grausam. Unmenschlich. Aber wie unzählige junge Start-up-Unternehmer Jahrhunderte später ist Antonio frohen Mutes: Er willigt in den riskanten Deal ein. Denn seine Handelsschiffe sind auf großer Fahrt und werden schon bald reich beladen nach Venedig zurückkehren – so denkt er jedenfalls.

Doch es kommt, wie anno 2001 am Frankfurter Neuen Markt, alles ganz anders: Antonios Business-Plan platzt, ähnlich denen von Comroad, Biodata und EM.TV. Die Schiffe gehen verloren, der Schuldner gerät in Verzug, der alte Shylock wetzt die Messer. Nacktes Entsetzen. Panik. Das Stück rast seinem dramatischen Höhepunkt entgegen. Soll das wirklich das Ende sein? Wird Antonio der Verstümmelung anheimfallen, weil er selbstlos seinem Freund helfen wollte? Zu dessen Liebesglück? Kann das Schicksal wirklich so gemein sein? Natürlich nicht, wie wir Shakespeare-Fans wissen: Neuzeitliche Start-ups mögen zwar das Kapital ihrer Investoren restlos verbrannt haben; aber das heißt noch lange nicht, dass ein Schauspiel, das als »Komödie« angekündigt war, einfach so als Tragödie enden darf. Da sei der Kampf um die Quoten vor. No Business like Showbusiness – das wusste auch schon Shakespeare. Daher greift er tief in die dramaturgische Trickkiste und lässt die als Advokat verkleidete Portia eine Gesetzeslücke entdecken; eine, mit der sie nicht nur den armen Antonio aus den Fängen von Shylock befreit, sondern diesem gleich noch die Hälfte seines Vermögens abknöpft. Und so heißt es am Schluss, wenn der Vorhang fällt: Ende gut, alles gut.

Außer für Wucherer Shylock, den Juden: Der erlebt aus Shakespeares Feder eine antisemitische Schmähung. In ihr kommt einmal mehr der moralische Makel zum Ausdruck, der Schulden bis in die Neuzeit anhaftete. Die Juden waren bekanntlich die Einzigen, die Jahrhunderte hindurch Geldgeschäften nachgehen konnten, nachdem es Christen in mehreren Konzilien auf das Schärfste verboten worden war. Wer sich also im Venedig jener Zeit, in der Shakespeares Stück spielt, Geld leihen musste, dem blieb tatsächlich nur der Weg zu den jüdischen Geldverleihern. Das von der Kirche geächtete Geschäft mit den Schulden konnte nur von den nicht weniger verachteten Juden betrieben werden. Deshalb zieht sich der Topos des jüdischen Wucherers und Halsabschneiders, der die Not ehrbarer Kaufleute parasitär ausbeutet, wie ein roter Faden durch die Weltliteratur. Und begegnet uns auch bei Thomas Mann: Thomas Buddenbrook ist zunächst entrüstet angesichts des Vorschlags, dem Gutsbesitzer von Maiboom seine Ernte zu geringem Preis »auf dem Halm« abzukaufen, um ihm aus seinen Geldschwierigkeiten zu helfen: »Auf dem Halm? Oh, o der arme Kerl! (…) Ich habe von solchen Geschäften hauptsächlich aus Hessen gehört, wo ein nicht kleiner Teil der Landleute in den Händen von Juden ist … Wer weiß, in das Netz welches Halsabschneiders der arme Herr von Maiboom gerät …«[30] Wie schon Shakespeare war auch Thomas Mann ein Kind seiner Zeit – und daher von antisemitischen Ressentiments nicht frei. Von »Herablassung« und einem »Hang, die Juden in minderwertige Positionen abzuschieben«, spricht die Literaturwissenschaftlerin Ruth Klüger im Zusammenhang mit Manns Werk.[31]

Kehren wir zurück zu den venezianischen Handelskapitalisten des 13. und 14. Jahrhunderts: In der Realität wird ihnen bei Bankrott zwar nur selten ein solch glückliches Ende vergönnt gewesen sein wie Shakespeares Antonio, aber immerhin: Bei Zahlungsunfähigkeit blieb ihnen die körperliche Zerstückelung in der Regel erspart. Abgesehen davon enthält Shakespeares Stück schon alles, was wir für das Verständnis des Frühkapitalismus brauchen: Handelsgeschäfte über weite Distanzen, mit langen Transportzeiten, auf höchst unsicheren Routen – das verlangt nach Sicherheiten. Schließlich will der venezianische Kaufmann Gewissheit haben, dass seine Lieferung ordnungsgemäß und vollständig ist, wenn die Schiffe im Hafen einlaufen. Andererseits erwartet sein weit entfernter Handelspartner pünktliche und korrekte Bezahlung; von jemand, den er weder persönlich kennt noch im Fall des Verzugs wirklich belangen kann. Was also tun? Wie arrangiert man sich da, wenn der eine in Venedig und der andere irgendwo in Syrien sitzt? Oder in Nordafrika?

Die Lösung: die Zwischenschaltung von Mittelsmännern. Und zwar solchen Mittelsmännern, die sowohl in der eigenen Gemeinde wie auch der des Geschäftspartners bestens vernetzt sind und über ihre Kontakte in der Fremde die Rechtschaffenheit der dort ansässigen Händler einschätzen können. Insider sozusagen. Leute, mit denen man später sogar vereinbaren wird, dass Lieferung und Zahlung gar nicht mehr direkt zwischen den Kaufleuten, sondern über sie abgewickelt werden; dergestalt, dass der Mittelsmann vor Ort seinem Korrespondenten in der Ferne erst dann die Zahlung an den dort ansässigen Exporteur freigibt, wenn der hiesige Importeur ihm bestätigt, dass mit der Lieferung alles in Ordnung ist. Gleichzeitig erhält der Exporteur die Zusicherung, dass der Importeur erst dann auf die gelieferte Ware zugreifen kann, wenn auch die Zahlung einwandfrei abgewickelt wurde. Mit anderen Worten: Die beiden weit entfernten Händler, die zunächst keinen Grund haben, sich gegenseitig zu vertrauen, delegieren die Antwort auf diese »Vertrauensfrage« einfach an andere: An Akteure, die sich vertrauen können. Auf welcher Grundlage auch immer, sei sie professioneller, organisatorischer oder konfessioneller Natur. Und damit betreten die Banken die Bühne der neuzeitlichen Wirtschaftsgeschichte und die Ära des Handelskapitalismus wird eingeläutet.[32]

Aller Anfang ist bescheiden, und deshalb ging die Rolle der ersten Handelsbanken zunächst nicht wesentlich über das Akzeptanzgeschäft für Kaufleute im Fernhandel hinaus. Irgendwann kam dann auch die Vorfinanzierung der unterwegs befindlichen Ware hinzu, um die sich auch in Shakespeares Komödie alles dreht. Geschäftsvolumina und daraus erzielbare Gewinne schwankten in einer solchen Wirtschaft mit dem Wert der umgeschlagenen Waren, waren mal größer und mal kleiner, aber insgesamt blieb doch alles recht statisch. Wer im Groß- und Fernhandel sein Vermögen machen wollte, war meist gezwungen, schon am Start über nennenswertes Eigenkapital zu verfügen. Gleichwohl war der Kredit unter Kaufleuten omnipräsent. So schreibt der französische Staatsmann und Ökonom Jacques Turgot im 18. Jahrhundert:»Kein Handelsplatz auf Erden, wo die Unternehmen nicht mit geborgtem Geld laufen; offenbar gibt es keinen einzigen Kaufherren, der nicht auf die Börse seines Nächsten zurückgreifen muss.«[33] Das galt aber natürlich nur für diejenigen, die »dazugehörten«. Und dafür war eine schöne Stange Geld als Startkapital wichtiger als alle Empfehlungen und guten Kontakte. Nur dem Reichen wird gegeben, so das Motto schon damals, und so rückte der Kredit zusehends zum unerlässlichen Werkzeug der Kaufleute auf.[34]

Es sollte sich bald herausstellen, dass diejenigen, die mehr an eigenen Gütern exportierten, als sie einführten, stärker vom Handel profitierten, als andere, bei denen der Import überwog. Übersetzt in das Denken der damaligen Zeit: Mehr Gold strömte ins Land, als hinausging. Fürsten und Stadtherren waren entzückt. Es dauerte daher nicht lange, bis sie sich die aktive Handelsbilanzpolitik auf ihre Fahnen schrieben. Soll heißen: Ausfuhren wurden gefördert und Einfuhren erschwert, verteuert oder gleich ganz verboten. Erfinderische Kämmerer ersannen Zölle, Quoten und andere Beschränkungen des freien Warenhandels: Der Merkantilismus erlebte seine Geburtsstunde. Der Staat war ab jetzt immer mit im Boot. Aber nicht nur der Staat: Bereits im 16. und 17. Jahrhundert gab es ein Publikum aus Kleinsparern, die zum langsam, aber stetig erblühenden Kapitalismus ihr Scherflein beitrugen. So zum Beispiel in den Hafenstädten, wo sich Sparer mit kleinen Darlehen am Risiko beteiligten und als »Mikro-Befrachter« ein paar Güter mit den Handelsschiffen auf große Fahrt schickten. Das Vermögen der Augsburger Familie Höchstetter, die 1529 beim Versuch, das Quecksilbermonopol unter ihre Kontrolle zu bringen, in die Pleite schlitterte, setzte sich zu einem guten Teil aus den Spargroschen von Kleinbürgern zusammen. Zu den kleinen Anlagebeträgen gesellten sich ab und an auch größere: Genuesische Kaufleute, die Philipp II. von Spanien Mitte des 16. Jahrhunderts kurzfristige Darlehen verschafften, refinanzierten sich über spanische und italienische Privatinvestoren. Insgesamt betrachtet war der Geldanleger der Renaissance aber ähnlich auf Sicherheit bedacht wie dreihundert Jahre später der deutsche Sparer. So heißt es in einem beliebten Ratgeber der damaligen Zeit, ›Il Dottor vulgare‹ von 1673: »Heute rühmt sich keiner, sein Geld untätig und unfruchtbar (bei sich zu Hause) liegen zu haben … Stets bietet sich Gelegenheit, es mit vollen Händen zu investieren, zumal neuerdings mit Pacht, Wechseln und jenen Renten oder öffentlichen Anleihen … die man in Rom als ›luoghi de monte‹ bezeichnet, mehr Möglichkeiten geschaffen wurden.« Was der Geldführer hier empfiehlt, sind mündelsichere, also vor Wertverlusten geschützte Anlagen.[35] Schon damals gesucht, weil sie Rendite mit Sicherheit verknüpften.

Derlei Geschichten sollten aber über eines nicht hinwegtäuschen: Der Kredit steckte in dieser Phase nach wie vor in den Kinderschuhen. Die Finanzkraft einzelner Akteure blieb beschränkt, große und teure Produktionsanlagen gab es nicht. Soweit bedeutende Infrastrukturinvestitionen anstanden, wurden sie nicht von den Banken finanziert, sondern von den Gilden, Zünften oder den Herrschern selbst. Letztere gingen mit ihrer finanziellen Potenz aber nicht immer weise um, sondern jagten oft nur ihren imperialen Träumen hinterher. Auf Kredit. Der Habsburger-Kaiser Maximilian I. zum Beispiel – der konnte Schulden machen wie kein Zweiter: Bereits kurz nach Antritt seiner Regentschaft war er so dermaßen pleite, dass Machiavelli, das große machtpolitische Genie der Renaissance, über ihn spottete: »Auch wenn sich die Blätter der Pappeln ganz Italiens in Gold verwandelten, für Maximilian würde es trotzdem nicht reichen.« Aber auch Goethe setzte den Haushaltskünsten des Habsburgers, dessen Leibspruch »Leb, weiß nit wie lang, und stirb, weiß nit wann, muss fahren, weiß nit wohin, mich wundert, dass ich so fröhlich bin« lautete, ein literarisches Denkmal: Im ›Faust II‹ erfinden der Doktor und Mephistopheles in seinem Auftrag das Papiergeld und erlösen Maximilian damit aus seinen Finanznöten. Der Trick war simpel: »Zu wissen sei es jedem, der's begehrt: Der Zettel hier ist tausend Kronen wert. Ihm liegt gesichert, als gewisses Pfand, Unzahl vergrabnen Guts im Kaiserland.«[36] Und schon fanden die hübsch verzierten Noten mit des Kaisers Unterschrift reißenden Absatz. Alle wollten sie haben: die Handwerker, die Soldaten und sogar die Dienstmädchen. Natürlich könnte man als moderner Mensch über so viel Einfältigkeit jetzt lachen: »Dummes Volk, begreift ihr denn nicht, dass …?!« Aber bitte: Nur nicht überheblich werden! Denn wie viel mehr Substanz als »Unzahl vergrabnen Guts« stand denn eigentlich hinter diesen Subprime-Papieren, die 2007 die Krise auslösten? Oder ähnlichen Angeboten aus den üppig gefüllten Regalen des rund um die Uhr geöffneten Zertifikate-Supermarkts? So viel schlauer als das gemeine Volk in ›Faust II‹ scheinen die Geldanleger des beginnenden dritten Jahrtausends offenbar auch nicht zu sein.

Im realen Leben ließ sich Maximilian nicht mit dem Teufel ein, sondern mit den Fuggern. Was aber unterm Strich auf dasselbe hinauslief. Der Augsburger Kaufmannsclan finanzierte Maximilians Eskapaden bereitwillig, überwies ihm anstandslos immer höhere Beträge für seine kostspieligen militärischen Abenteuer. Mit so etwas windigem wie der menschlichen Seele als Gegenleistung gaben sich die Fugger indes nicht zufrieden. Was Handfesteres musste es schon sein: die Tiroler Silberminen zum Beispiel. Die überaus lukrativen Bergwerke waren bald ganz in ihrem Besitz, der Kaiser hatte das Nachsehen. Er wurde mit einer jährlichen Pacht abgespeist, während sie Millionen scheffelten. Böse Zungen behaupten ja, dass dieses Modell als Vorlage für zahlreiche Privatisierungsdeals des späten 20. Jahrhunderts diente – aber das ist eine andere Geschichte. Mit dem ungarischen Kupferbergbau war es alsbald das Gleiche. Auch hier brauchte Clanchef Jakob »der Reiche« Fugger unter der schützenden Hand des Kaisers nur zu warten, bis es hieß: »3–2-1-meins.« Am Ende der Regentschaft Maximilians waren die Fugger dann bereits so mächtig, dass ohne sie in der Monarchie nichts mehr ging. Nur so lässt sich erklären, dass Jakob Fugger es sich erlauben konnte, Maximilians Nachfolger Karl V. eine für damalige Zeiten unerhörte Zahlungserinnerung zu präsentieren. Darin schreibt er: »Es ist auch wissentlich und liegt am Tag, dass Eure Majestät die Römische Krone ohne mich nicht hätte erlangen mögen, wie ich dann solches mit aller Euer Kaiserlichen Majestät Kommissarien Handschriften anzuzeigen kann. [...] Dem allen nach, so ist an Eure Kaiserliche Majestät mein untertäniges Bitten, die wolle solche meine getreuen, untertänigen Dienste, die Eurer Majestät zu hoher Wohlfahrt erschlossen sind, gnädiglich bedenken und verordnen, dass mir solch mein ausliegend Summa Geld samt dem Interesse ohne längeren Verzug entrichtet und bezahlt werde.«[37]

Karl V. erging es also auch nicht besser als seinem Vorgänger. Und dabei waren die Fugger nicht die Einzigen, die Ansprüche an ihn stellten: Der Clan der Welser wollte ebenfalls Geld sehen. Und das nicht zu knapp. Hatten sie Karl V. doch seine Wahl zum Kaiser finanziert. Was waren da schon die Silberminen in Spanien und ganz Venezuela als Schuldpfand? Wohl doch nicht der Rede wert.[38] In seinem Reich gehe die Sonne niemals unter, sagte man über den Habsburger: Von seinem finanziellen Stern konnte man das leider nicht behaupten – der ging erst gar nicht auf. Die Lösung: Tu, felix Austria, nube! Eine Strategie, welche dem Habsburgerreich trotz aller Schulden zu imperialer Größe verhelfen sollte. Gott sei Dank hatte man einen großen Vorrat an heiratsfähigen Söhnen und Töchtern.

Erst im Anschluss an die großen bürgerlichen Revolutionen in Frankreich und Amerika bahnte sich die ökonomische Evolution ihren Weg. Und brachte gegen Ende des 18. Jahrhunderts eine neue Organisationsform hervor: den Finanzkapitalismus. Der Begriff mag an dieser Stelle irritieren, da er sich in unserer zeitgenössischen Rhetorik für die aktuelle Phase der ökonomischen Globalisierung eingebürgert hat und als Synonym für die damit einhergehende Liberalisierung der Finanzmärkte. Wie wir aber gleich sehen werden, steht uns für das kapitalistische Heute ein wesentlich besser geeigneter Begriff zur Verfügung, sodass wir der Epoche des beginnenden 19. Jahrhunderts ihren Namen ruhig belassen können. Sie trägt ihn zweifellos zu Recht.

Mit dem Finanzkapitalismus wurden die großen Projekte der Neuzeit endlich realisierbar: Eisenbahnen, Kraftwerke, Stahlwerke, Bergwerke, Staudämme – am fehlenden Kapital sollten sie nicht mehr länger scheitern. Im alten Europa wurden die gewaltigen Geldsummen, die dafür erforderlich waren, von Großbanken aufgebracht. Sie waren aus Zusammenschlüssen, Zukäufen und Übernahmen der früheren Handelsbanken hervorgegangen und in ihrer Verquickung von familiären und geschäftlichen Interessen durchaus dynastisch geprägt. In der Neuen Welt hingegen entdeckte man schon recht früh das ungeheure Potenzial der Finanzmärkte und nutzte sie als primäre Quelle bei der Aufbringung großer Kapitalsummen. Diese Entwicklung förderte die weitere Spezialisierung im Kreditgeschäft und führte zum Entstehen von Investmentbanken: Wie der mythische Höllenhund Zerberus bewachten sie den Zugang zu den Finanzmärkten. Wer einfach nur »Geld« brauchte, der konnte nach wie vor zum lokalen Geldverleiher laufen; wer aber »viel Geld« brauchte, sprich: auf das ganz große Kapital angewiesen war, der kam an den Investmentbankern fortan nicht mehr vorbei. Sie bildeten daher schon bald das Zentrum der ökonomischen Macht: Die Stunde der Morgans, Mellons und Rothschilds hatte geschlagen.[39]

Die Finanzkapitalisten dominierten das Jahrhundert zwischen Waterloo und dem Ersten Weltkrieg. Vor allem ein Name

ist untrennbar mit der Epoche verbunden: jener der Rothschilds. Sie stiegen im 19. Jahrhundert auf zu »The World's
Banker«, wie der Untertitel von Niall Fergusons Chronik der
Finanzdynastie lautet. Die Französische Revolution legte dafür den Grundstein, indem sie die Familie von den Fesseln
des Gettos befreite. Damit wurde ihr phänomenaler wirtschaftlicher Aufstieg erst möglich. Vor 1789 sah sich Clanchef
Mayer Amschel Rothschild behindert durch diskriminierende
Judengesetze, die seinen geschäftlichen Spielraum stark ein-
schränkten: So war es ihm verboten, sich landwirtschaftlich
zu betätigen und bestimmte Handelsgeschäfte zu betreiben;
zum Beispiel in Waffen, Wein, Getreide oder Gewürzen. Juden unterlagen zudem einer prohibitiven Besteuerung. Egal
wie sehr sich Mayer Amschel daher auch anstrengte, seinem
Erfolg waren immer Grenzen gesetzt. Und zwar recht enge
Grenzen. Mit dem Überschwappen der Revolution von Frankreich nach Deutschland änderte sich das schlagartig: Die Einschränkungen, denen die Frankfurter Juden bis dahin unterlagen, wurden weitestgehend aufgehoben, nachdem der Stadt
die Reichsunmittelbarkeit aberkannt wurde und sie sich der
Souveränität des Staates unterwerfen musste. Eine Entwicklung, die auch dem finanziellen Einfluss geschuldet war, den
Mayer Amschel Rothschild auf Napoleons Vertrauten Karl von
Dalberg ausübte.

Und obwohl sich die diskriminierenden Einschränkungen
danach teilweise wieder einbürgerten, hatten die Rothschilds
nun also Spielraum – und den nutzten sie zu ihrem Vorteil.
Die größeren und kleineren Revolutionskriege mit dem übrigen Europa, in die Frankreich bald darauf verwickelt war,
eröffneten ihnen ungeahnte Gewinnmöglichkeiten. Denn je
länger die Auseinandersetzungen dauerten und je heftiger
sie waren, umso dramatischer stieg der Geldbedarf der beteiligten Parteien. 1815 finanzierten die Rothschilds Wellington
und die britischen Verbündeten auf dem europäischen Kontinent, 1820 die einsetzende Restauration. Metternich, König
Georg IV. von England, sein Schwiegersohn Leopold von Sach-
sen-Coburg, späterer König von Belgien – sie und zahlreiche

andere Vertreter des europäischen Hochadels zählten zu Rothschilds Klientel. Was den Dichter Heinrich Heine zu der Bemerkung veranlasste, die Rothschilds seien die »Bankiers der Könige« und »fürstliche Säckelmeister«. Der öffentliche Kredit war die Spezialität des Hauses, die Rothschilds waren überall dort involviert, wo Staatsanleihen im großen Stil emittiert und gehandelt wurden. Interessanterweise erblickte Heine aber genau darin auch eine revolutionäre Seite ihres Wirkens, durch welche der europäischen Aristokratie der Boden unter den Füßen weggezogen würde. So schrieb er in der für ihn typischen Art der Polemik:

»Richelieu, Robespierre und Rothschild sind für mich drei terroristische Namen, und sie bedeuten die graduelle Vernichtung der alten Aristokratie. Richelieu, Robespierre und Rothschild sind die drei furchtbarsten Nivelleurs Europas. Richelieu zerstörte die Souveränität des Feudaladels und beugte ihn unter jene königliche Willkür, die ihn entweder durch Hofdienst herabwürdigte oder durch krautjunkerliche Untätigkeit in der Provinz vermodern ließ. Robespierre schlug diesem unterwürfigen und faulen Adel endlich das Haupt ab. Aber der Boden blieb, und der neue Herr desselben, der neue Gutsbesitzer, ward ganz wieder ein Aristokrat, wie seine Vorgänger, deren Prätensionen er unter anderem Namen fortsetzte. Da kam Rothschild und zerstörte die Oberherrschaft des Bodens, indem er das Staatspapieresystem zur höchsten Macht emporhob, dadurch die großen Besitztümer und Einkünfte mobilisierte und gleichsam das Geld mit den ehemaligen Vorrechten des Bodens belehnte. Er stiftete freilich dadurch eine neue Aristokratie, aber diese, beruhend auf dem unzuverlässigsten Elemente, auf dem Gelde, kann nimmermehr so nachhaltig misswirken wie die ehemalige Aristokratie, die im Boden, in der Erde selber, wurzelte. Geld ist flüssiger als Wasser, windiger als Luft, und dem jetzigen Geldadel verzeiht man gern seine Impertinenzen, wenn man seine Vergänglichkeit bedenkt ... er zerrinnt und verdunstet, ehe man sich dessen versieht ...«[40]

Neben dem Geschäft mit Staatskrediten, engagierten sich die Rothschilds im Wechseldiskont, als Edelmetallhändler, in

Währungsgeschäften und im Rohstoffhandel. Den Großteil ihrer Gewinne steckten sie umgehend wieder ins Geschäft, dessen Umfang wuchs und wuchs. Bereits im Jahr 1825 betrieben sie die größte Bank weltweit – zehnmal so groß wie der größte Wettbewerber, die englischen Baring Brothers. Und auch privat galten sie spätestens um 1850 als reichste Familie der Welt.[41]

Just zur selben Zeit kam es aber zu einer bedeutenden Neuerung im Bankgeschäft, welche sich mehrere Jahrzehnte später durchsetzen und die traditionelle Hochfinanz in den Hintergrund drängen sollte: die Gründung der ersten Aktienbanken. Seit 1826 gesetzlich erlaubt, sprossen sie zunächst in England und Wales aus dem Boden und wenig später auch auf dem europäischen Festland. Um 1850 gab es in Großbritannien bereits an die hundert derartiger Publikumsbanken – zweimal mehr als Privatbanken in der City of London. Ihre Konkurrenz machte den Rothschilds in den Folgejahren durchaus zu schaffen, im Geschäft mit Staatsanleihen wie auch bei der Finanzierung von Eisenbahn- und Industrieprojekten. Gleichwohl gelang es den Rothschilds aber, bis zum Ende des Jahrhunderts ihre dominante Stellung in den meisten Geschäftsfeldern zu behaupten.

Nach dem Ersten Weltkrieg gab der Finanzkapitalismus noch mal eine kurze, rund zehn Jahre dauernde Abschlussgala, um schließlich im Börsenkrach von 1929, der anschließenden Großen Weltwirtschaftskrise und dem Zweiten Weltkrieg zu verglühen. Die Vermögensvernichtung auf breitester Front, die durch die Große Depression ausgelöst wurde, wie auch die negativen Folgen der Rüstungs- und Kriegspolitik auf die Unternehmen in den Industriestaaten der Welt, entzogen ihm die Geschäftsgrundlage. Die Bankiers, denen nach 1918 noch eine bedeutende Rolle im Wiederaufbau der kapitalistischen Weltordnung zuteil wurde, traten auf der politischen Bühne in den Hintergrund: Zu den Verhandlungen im amerikanischen Bretton Woods im Jahr 1944, wo das internationale Währungssystem neu geordnet wurde, waren sie nicht einmal mehr eingeladen.[42]

Die Volkswirtschaften, die der Zweite Weltkrieg hinterließ, waren durch einen hohen Staatsanteil am Volkseinkommen gekennzeichnet, durch riesige Haushaltsdefizite und entsprechend hohe Staatsschulden. Aufgrund der Rationierungsmaßnahmen während des Krieges bzw. der Nichtverfügbarkeit von Konsummöglichkeiten waren die privaten Haushalte überaus liquide, vor allem natürlich auf Seiten der siegreichen Nationen USA und Großbritannien. Dieses Zwangssparen hatte zur Folge, dass die allgemeine Verschuldung recht gering war, seitens der privaten Haushalte wie auch der Unternehmen. Die prinzipiellen Kreditforderungen der Banken richteten sich gegen den Staat und konnten damit als absolut sicher gelten (eine Einschätzung, der man sich heutzutage nicht mehr ohne weiteres anschließen wird). Mit einem Wort: Das Finanzsystem befand sich in einem sehr robusten Zustand, die allgemeine Kreditqualität der gesamten Volkswirtschaft auf einem historisch hohen Niveau. Kapitalsuchende Unternehmen bewegten sich in einem Nachfragermarkt und waren gegenüber Banken und Investoren in einer starken Verhandlungsposition: Die hohe Zeit der Industriekapitäne brach an.

Es folgten goldene Jahre für Unternehmer und Manager: Sie konnten weitaus unabhängiger agieren als früher, als sie noch auf die Kapitalkraft ihrer Bankiers angewiesen waren. Und dementsprechend unter ihrer Kontrolle standen. Sie hatten darüber hinaus auch freie Hand gegenüber ihren Aktionären, meistens jedenfalls, weil die sich mit dem regelmäßigen Empfang der Dividende zufriedengaben. »Shareholder Value« war zu dieser Zeit ein Fremdwort, Kleinanleger-Aktionismus so gut wie unbekannt. Banken, Versicherungen und industrielle Großkonzerne waren über Beteiligungen wechselseitig verflochten und bildeten eine fast uneinnehmbare Festung. Die gegenseitige Besetzung von Aufsichtsorganen sicherte den von externen Interessen ungetrübten Kurs. Kurz: Die Firmenlenker wurden zu den dominierenden Akteuren des wirtschaftlichen Geschehens. Die üppigen Gewinne ihrer Unternehmen ermöglichten ihnen allerlei Extravaganzen: Sie konnten in unterschiedliche Richtungen denken, zum Teil auch wider-

sprüchliche Ziele verfolgen, Visionen entwickeln und lang-
fristig planen. Ja, mitunter sogar ihre »soziale Verantwortung«
wahrnehmen. Riesige Firmenkonglomerate wurden zusam-
mengeschmiedet, oft aus Monopolisten und Oligopolisten, die
Machtkonzentration in den Händen der industriellen Elite
erreichte noch nie da gewesene Ausmaße. Die Entwicklung
hatte bereits nach dem Ersten Weltkrieg begonnen, als sich
die großen Industriemagnaten in Syndikaten und Interessen-
gemeinschaften zusammenschlossen und sich ein »organisier-
ter Kapitalismus« herausbildete.

In Deutschland steht vor allem der Name Hugo Stinnes
stellvertretend für die Epoche: Er regierte nicht nur über sein
eigenes Industrie-Imperium, sondern verschaffte sich über
Bündnisse mit Thyssen, Siemens und weiteren Großindus-
triellen Macht und Einfluss weit über die Grenzen seines eigenen Unternehmens hinaus. Im Laufe der nächsten Jahrzehnte
entwickelte sich aus diesen ersten Anfängen eine Struktur, für
die unterschiedliche Kommentatoren unterschiedliche Namen
fanden, die aber jedenfalls unter der Überschrift »Deutschland
AG« in die Geschichtsbücher einzog. Die großen Unterneh-
menslenker dieser Zeit ließen sich tatsächlich noch mit selbst-
bewussten Äußerungen vernehmen, die einem heutzutage exo-
tisch vorkommen. Wie zum Beispiel diese hier: »Wir treiben
unsere Dividendenpolitik so, dass wir unsere Aufgaben in
erster Linie darin sehen, die Gesellschaft gesund zu erhalten.
(…) Ich sehe eine viel größere moralische Verpflichtung darin,
den 125 000 Menschen, die unsere Firma mit den indirekt zu-
gehörigen Firmen jetzt beschäftigt, eine gesicherte Existenz
zu gewährleisten, als der schwankenden Konjunkturpolitik
oder den schwankenden Einnahmen folgend, einfach immer
die Dividende auszuschütten, soweit das möglich ist.«[43] Man
stelle sich vor, ein heutiger Vorstandsvorsitzender eines börsennotierten Konzerns würde Ähnliches in der Öffentlichkeit
von sich geben: Finanzanalysten und Wirtschaftspresse würden ihn in der Luft zerfetzen, seine Aktionäre ihn vermutlich
kurz danach feuern.

Aber natürlich hatte das Arrangement einen gewaltigen

Schönheitsfehler: Es konnte nur so lange funktionieren, wie sich der Wettbewerb beschränken ließ und alle Beteiligten sich an die Spielregeln hielten. Und das geht bekanntlich nie lange gut. Vor allem die einsetzende Internationalisierung der Geschäftswelt verursachte erste, gröbere Risse im Mauerwerk. Die Vergänglichkeit alles Irdischen tat ein Übriges: So dauerte es nicht lange, bis sich das »Old Boys Network« der Patriarchen nach und nach auflöste, was die Erosion nur noch weiter verstärkte. An ihre Stelle traten jetzt anonyme Unternehmensbürokratien, die keine Handschlag-Geschäfte mehr abschlossen, sondern auf Verfahren und Kontrolle als Organisationsprinzip setzten. Die Identifikation der Manager mit ihren Unternehmen änderte sich: Sie hafteten jetzt nicht mehr als »ehrbare Kaufleute« mit eigenem Namen und Vermögen, sondern verdienten ihr Geld schlicht als »leitende Angestellte«. Damit war der Nährboden für die vorerst letzte Stufe kapitalistischer Evolution bereitet: Die Konzernbürokratien verbrüderten sich mit den gewaltigen Ersparnissen, die eine zu Wohlstand gekommene Mittelschicht bei Pensions- und Investmentfonds, Lebensversicherungen und sonstigen institutionellen Investoren deponierte. Dieses Kapital war ständig auf der Suche nach Rendite und wurde zu diesem Zweck in immer kürzeren Zeitabständen und immer größeren Summen um den Globus gejagt. Zugleich löste es sich von den traditionellen Formen und Beziehungen, wurde mit zunehmender Macht immer anonymer. Wenn man so will, dann wurde es »demokratisiert«. Aber es blieb nichtsdestoweniger hungrig nach Rendite: Der Finanzmarktkapitalismus war geboren. Er sollte die Weltwirtschaft des ausgehenden 20. und des beginnenden 21. Jahrhunderts prägen.

Nun kam eine neue Kaste von Geldmanagern zum Zug: Sie begnügten sich nicht mehr mit der Rolle des passiven Investors, sondern begannen schon bald, ihren Einfluss auf Unternehmensleitungen und – wie im Fall von George Soros' legendärer Milliardenwette gegen das britische Pfund – auch ganze Regierungen geltend zu machen. Das Renditedenken trat in den Vordergrund, einzelne Unternehmen und ganze Gesellschaften wurden ihm unterworfen. Einmal mehr erwies sich der Kapitalismus als äußerst innovationsfähig: Schumpeters legendäre Entrepreneurs zogen den Blaumann aus und verließen ihre Fabrikhallen, um in Nadelstreifen die holzgetäfelten Büros des Geldadels zu erobern. Schon bald hielten sie Einzug in die traditionsreichen Vorstandsetagen der wichtigen Finanzzentren der Welt: New York, London, Frankfurt, Tokio. So wie die legendären Übernahmespezialisten Kohlberg, Kravis und Roberts, besser bekannt unter dem Kürzel »KKR«, begannen sie ihre Karrieren als zwielichtige »Barbarians at the Gate« und waren schon kurze Zeit später die neuen Fürsten des internationalen Finanzestablishments. Sie brachten neue, revolutionäre Kredittechniken auf den Markt; vermarkteten in maßgeschneiderten Anzügen maßgeschneiderte Anlagekonzepte; erschlossen dem Kapital immer neues Gewinnpotenzial. Zu den konventionellen Fonds, die ausschließlich in ertragsstarke Bluechip-Unternehmen, Aktiengesellschaften mit hohem Börsenwert, investierten, gesellten sich risikofreudige »Boutiquen« – Kapitalsammelstellen, die sich auf bestimmte Nischen spezialisierten: die einen auf Unternehmensneugründungen, die anderen auf Übernahmen; wiederum andere entdeckten die Pleite als lukratives Geschäftsmodell und machten mit Firmenzusammenbrüchen ein Vermögen. In den 80er-Jahren eroberten Private-Equity und Hedgefonds die Spitze der Rendite-Pyramide, und ab den 90ern rollte eine gigantische Verbriefungswelle heran, auf der nach und nach alle großen Finanzhäuser der Welt dahinsurften. Bis sie ein rundes Jahrzehnt später unter ihr begraben wurden.

Aber gerade jetzt sollte sich die wahre Macht der Finanzmarkt-Mogule offenbaren. Eine Macht, die es ihnen gestattete, die jahrhundertealten Gesetze des Kapitalismus außer Kraft zu setzen: Sie überlebten. Sie wurden gerettet. Vom Staat. Einfach so. Ohne größere Auflagen oder Einschränkungen. Statt kollektiv in einem gewaltigen Insolvenz-Tsunami unterzugehen und für immer im finsteren Schlund der Schulden-Ozeane zu verschwinden, schwimmen sie plötzlich wieder obenauf; gehen weiter ihren Geschäften nach. Unbekümmert – gerade so, als wäre nichts gewesen. Nach kurzer Schamfrist schütten sie wieder Boni in Milliardenhöhe aus, die an die Rekorde aus Vorkrisenzeiten heranreichen. In einem erneuten Beweis seiner Wandlungsfähigkeit hat der Kapitalismus einen überaus potenten Beschützer wiederentdeckt: den Staat. Den Regierungen weltweit die eigene Existenz als unabdingbar zu verkaufen, sie nicht nur dazu zu bringen, den hilflos im Wasser treibenden Geldmanagern milliardenschwere Rettungsringe zuzuwerfen, sondern sie darüber hinaus davon abzuhalten, zukünftigen Kreditabenteuern einen Riegel vorzuschieben: ein Meisterstück der Geldmagie, das die Alchemisten vergangener Epochen vor Neid hätte erblassen lassen.

Gut möglich daher, dass wir soeben Zeugen der Geburt einer neuen Ära kapitalistischer Evolution wurden, in der Staat und Großkapital zusammenwachsen. Wie es von prominenten ökonomischen Autoren ja auch immer wieder vorhergesagt wurde – von Rudolf Hilferding und Lenin über Schumpeter bis zu John Maynard Keynes; zwar jeweils mit unterschiedlicher Begründung, aber das Grundmotiv bleibt letztlich dasselbe: Einem Himalaja an Finanzkapital stehen zu wenig lukrative Anlagemöglichkeiten gegenüber. Sei es aufgrund ausbleibender unternehmerischer Initiative, sei es aufgrund zu hoher Renditeerwartungen seitens der Investoren. Wie auch immer: Die Gefahr einer derartigen »Anlagestarre« ist jedenfalls nicht von der Hand zu weisen, wenn wir uns an unseren Kreislauf-Gedanken von oben erinnern: Die Vermögen der einen sind die Schulden der anderen. Die Schulden müssen bei Drohung des wirtschaftlichen Untergangs inklusive Zinsen erarbeitet und fristgerecht zurückgezahlt werden. Wenn aber eine Gesellschaft einen steigenden Anteil ihres Wohlstands in Form von Finanzvermögen anhäuft, wie zum Beispiel in Deutschland, wo die privaten Geldvermögen seit den 60ern doppelt so stark zulegten wie das Bruttoinlandsprodukt, dann heißt das im Gegenzug, dass auch die Investitionen entsprechend steigen müssen. Zumindest dann, wenn das System nicht implodieren soll. Wie es in unserer Einnahmen-Ausgaben-Kette passiert ist, und das nur, weil einer auf die Idee kam, zu sparen. Das aber wiederum bedeutet, dass immer mehr unternehmerische Energien mobilisiert werden müssen und ein wachsender Bedarf an schumpeterschen Entrepreneurs besteht, die sich für ihre Vorhaben verschulden und damit zusätzliche Einkommen schaffen. Genau jene Einkommen, aus denen die Renditeerwartungen bestehender Finanzanlagen erfüllt werden können. Was die Frage aufwirft: Gibt es tatsächlich genügend unternehmerische Energie, um im Heute und Morgen die finanziellen Ansprüche der Ersparnisse von gestern zu erfüllen?

Der Soziologe Christoph Deutschmann hält das für ausgeschlossen: Zwar sei es in Armutsregionen vorstellbar, dass eine junge, wachsende und zugleich arme Bevölkerung ihre unternehmerischen Chancen sucht, weil sie nach sozialem Aufstieg strebt. »Aber kann die Dynamik schöpferischer Zerstörung auch dann weiter zunehmen, wenn der Wunsch nach Wohlstand und Aufstieg sich für breite Schichten erfüllt hat, wenn es – mit anderen Worten – immer mehr Menschen gibt, die durchaus zu verlieren haben und dem Neuen gegenüber daher nicht mehr per se aufgeschlossen sind? Kann die kapitalistische Dynamik anhalten, auch wenn die Bevölkerung nicht mehr wächst, sondern altert und schrumpft?« Nein, kann sie nicht, stellt Deutschmann fest: Das dazu notwendige Ausmaß an Innovation würde jede Gesellschaft überfordern.

In einer solchen Situation sah der marxistische Ökonom Rudolf Hilferding das »Finanzkapital« mit einer autoritären politischen Herrschaftsstruktur verschmelzen. Keynes, der für diese Entwicklung den Begriff von der »Euthanasie des Rentiers« prägte, setzte auf eine rationale, staatliche Investitionssteuerung unter prinzipieller Beibehaltung des kapitalistischen Systems, verbunden mit der Beendigung jeglicher privaten Spartätigkeit. Warum sollten die Leute auch sparen, wenn es auf Geldanlagen keine Zinsen mehr zu verdienen gäbe, so seine Überlegung. Alles würde sich quasi ganz von selbst in Wohlgefallen auflösen. So viel Optimismus vermag Deutschmann nicht aufzubringen. Er sieht den bürgerlichen Geldanleger im Dilemma: »Der gut bezahlte Mittelstandsbürger ist (...) Opfer und Täter, Gewinner und Verlierer zugleich.«

Der Befund mag zwar im Nachgang zu Krisen weniger drastisch ausfallen, bleibe aber der gleiche. Und da das Bewusstsein fehle, werde sich auch absehbar nichts daran ändern: »Solange die Einsicht in den Zusammenhang zwischen der eigenen Opfer- und Täterrolle so gering ist wie in der Gegenwartsgesellschaft, wird auch politisch über das Kurieren der Krisensymptome des Finanzmarktkapitalismus hinaus wenig getan werden können. Die Politik bleibt Getriebene der Finanzmärkte.«[44] Hat Deutschmann recht? Muss man den Sparer an die Kette legen – zum Schutz der Allgemeinheit?

Die dunkle Seite der Macht

»Sauerstoff, schnell!«, schrie jemand, während ein Bundesmarschall losrannte, um Hilfe zu holen. Der eben Verurteilte war auf einem Stuhl zusammengebrochen, in einem kleinen Warteraum für Zeugen, in den er sich mit seiner Frau zurückgezogen hatte. Der Prozess war gerade zu Ende gegangen, unter reger Anteilnahme der Öffentlichkeit. Das Urteil war eine Überraschung. Und es war vernichtend: 10 Jahre Haft. 10 volle Jahre! Und dabei hatte er sich doch auf einen Deal mit der Staatsanwaltschaft eingelassen, hatte sich in 6 von 98 Anklagepunkten schuldig bekannt. Er verstand die Welt nicht mehr. Der Spruch von Richterin Kimba Wood hallte noch in seinen Ohren nach: »Wenn ein Mann von Ihrer Macht innerhalb der Finanzwelt, der an der Spitze der bedeutendsten Abteilung einer der größten Investmentbanken dieses Landes steht, sich wiederholt zur Verletzung der Wertpapier- und Steuergesetze verschwört und sie selbst verletzt, um für sich selbst und seine reichen Klienten mehr Macht und Reichtum zu erwerben, und weitere Finanzverbrechen begeht, die besonders schwer zu entdecken sind, ist eine erhebliche Gefängnisstrafe erforderlich, um andere von solchen Taten abzuschrecken.« Beim Prozessauftakt klang das noch ganz anders. Da lag sogar ein Hauch von Heiterkeit in der Luft. Als die Richterin ihm routinemäßig erklärte, dass das Gericht ihm einen Verteidiger stellen würde, falls er sich keinen eigenen Rechtsbeistand leisten konnte; ihm, ausgerechnet ihm – von dem im Vorfeld des Verfahrens bekannt wurde, dass er sich in einem einzigen Jahr eine Vergütung von 550 Millionen spendiert hatte; und von dem man mutmaßte, dass sein Gesamtvermögen rund zwei Milliarden Dollar betrug. Ja, da musste der Hinweis der Richterin in der Tat ein Kichern im Gerichtssaal auslösen.

Aber nun war der Spaß vorbei: »Mister Milken, bitte erheben Sie sich.« Die Aufforderung der Richterin war höflich, aber bestimmt. Wall-Street-Ikone Michael Milken stand auf.

Der König der Junk-Bonds, wie er genannt wurde. Wenige Sekunden noch, dann würde diese Sache für ihn vorbei sein. So dachte er jedenfalls. Dieser Prozess, den die New Yorker Staatsanwaltschaft mutwillig gegen ihn angestrengt hatte, wie er fest glaubte. Seiner Überzeugung nach war er unschuldig. Hatte er nicht dafür gesorgt, dass auch kleine und mittlere Firmen Zugang zu den Anleihemärkten erhielten? Dass sie Kapitalquellen anzapfen konnten, die ihnen bis dahin verschlossen waren? Hatte er damit nicht zur Wohlfahrt der Gesellschaft beigetragen? Sein Rechtsanwalt ergriff vorsorglich seinen Ellbogen, um ihn zu stützen. »Sie sind fraglos ein begabter und befähigter Mann, und Sie haben stets Mitgefühl mit jenen bewiesen, die es weniger glücklich getroffen haben als Sie«, fuhr die Richterin fort. »Ich hoffe, dass Sie im weiteren Verlauf Ihres Lebens an das anknüpfen werden, was Ihre frühere Karriere zu versprechen schien. Trotz alledem verurteile ich Sie aus den vorher genannten Gründen zu einer Haftstrafe von insgesamt 10 Jahren. Die sich aus jeweils zwei Jahren für die Anklagepunkte zwei bis sechs zusammensetzen. Die Strafe ist sofort anzutreten.«[45]

Ja, auch das ist Kapitalismus: Kaum bricht er seine eigenen finanziellen Rekorde, machen auch schon die ersten Skandalgeschichten die Runde. Bilanzfälschung, Anlagebetrug, Insidergeschäfte. Die Tonlage ändert sich, insbesondere dann, wenn dem Boom allmählich die Luft ausgeht und die Krise um sich greift. Statt weiterhin die Hymne auf die Helden der Marktwirtschaft zu singen, bläst man zur Treibjagd auf ihre fiesen Schurken. Interessanterweise sind die Macher des Aufschwungs schnell wieder vergessen, aber die großen Betrüger und Börsenschwindler bleiben lange im Gedächtnis haften. Oder wüssten Sie noch zu sagen, welche Persönlichkeiten den Boom der 20er-Jahre prägten? Aber der Name Charles Ponzi, den haben Sie vielleicht schon mal gehört. Im Zusammenhang mit einer betrügerischen Praxis, die man landläufig als Kettenbrief, Pyramidenspiel oder Schneeballsystem bezeichnet: Ponzi war in den »Roaring Twenties« – einer Epoche, in der das Börsengeschehen durch alle möglichen größeren und kleineren Betrügereien gekennzeichnet war – der unerreichte Meister in der Disziplin »Anlagebetrug«; der Urvater aller modernen Großbetrüger vom Schlage eines Bernhard L. Madoff. Letzterer aber stellte als Schüler wiederum seinen Lehrer in den Schatten – allein schon wegen der schier unglaublichen Dimension seines Verbrechens: 65 Milliarden Dollar hat er sich ergaunert, geklaut von den Reichen und Schönen, aber auch den Witwen und Waisen Amerikas; mittels eines als Vermögensverwaltung getarnten Schneeballsystems. Der von Charles Ponzi seinerzeit verursachte Schaden belief sich auf rund 150 Millionen Dollar (nach heutigem Geldwert) und wirkt damit im Vergleich zu Madoffs Übeltat fast wie ein Dummer-Jungen-Streich.

Der vor allem bei Großverdienern und wohltätigen Stiftungen hoch angesehene und als äußerst vertrauenswürdig geltende Madoff setzte in der Disziplin »Finanzvergehen« neue Maßstäbe. Bei aller Verwerflichkeit: Das muss man auch erst mal schaffen. Oder, um es im Stil von Oscar Wildes Lady Bracknell zu sagen: 150 Millionen zu erschwindeln mag man als Betrügerei verurteilen; aber 65 Milliarden zu veruntreuen, sollte wohl eher als das Werk eines Genies bezeichnet werden. Das Vermögen von Microsoft-Gründer Bill Gates, eines der reichsten Männer der Welt, liegt in etwa auf gleicher Höhe. Wir reden also wirklich über das ganz große Geld, das da auf den Investment-Konten der Madoff-Investoren verpuffte.

Madoff und Ponzi sind aber nicht die einzigen Namen in der langen Skandalchronik des Kapitalismus. Denken Sie nur ein paar Jahre zurück, dann werden Ihnen zweifellos die Namen Enron und Worldcom in den Sinn kommen, Megabankrotteure aus der Zeit der New Economy und der alle Rekorde brechenden US-Technologiebörse NASDAQ. Beide Firmen galten unmittelbar vor Aufdeckung ihrer betrügerischen Bilanzmanipulationen als grundsolide Unternehmen, ihre CEOs wurden an der Wall Street als Helden vergöttert. Insbesondere der Vorstandsvorsitzende von Worldcom, ein Mann namens Bernie Ebbers. Er galt in den 90ern als Genie. Mittels waghalsiger Akquisitionen und einer todesmutigen Bilanzierungspraxis (wie sich im Nachhinein herausstellte) hatte er binnen kürzester Zeit aus einer mickrigen Telefon-Klitsche das drittgrößte Telekommunikationsunternehmen der Welt zusammengezimmert. »Bernie pulls it off«, jubelten ihm die Analysten der Wall Street zu seinen besten Zeiten zu: »Der Bernie, der bringt das!« 12 verlorene Milliarden Dollar später wurde Ebbers im Juli 2005 zu 25 Jahren Gefängnis verurteilt. Ob seine Knastbrüder womöglich auch mit Worldcom-Aktien ihr Geld verzockt haben? Wünschen wir es ihm lieber nicht.

Kehren wir noch einmal zurück in die 80er-Jahre, die »Greedy Eighties«: Das Jahrzehnt, das Michael Milkens Karriere als Regenmacher krönen, aber auch seinen tiefen Fall erleben sollte. Einen ganzen Investmentmarkt hatte er aus dem Boden gestampft, fast im Alleingang, indem er minderwertige Unternehmensanleihen von drittklassigen Firmen salonfähig machte und so ein gigantisches Karussell aus schuldenfinanzierten Firmenübernahmen (»Leveraged Buyouts«) zum Leben erweckte. Sein Arbeitgeber, die Investmentbank Drexel Burnham Lambert, schaffte es dank seiner Hilfe an die Spitze der Wall Street. Sie feierte sich alljährlich auf dem »Predators Ball« – einem Woodstock für Finanzhaie und Firmenplünderer; und für das Team von Drexel Burnham Lambert gleichzeitig die wichtigste Verkaufsveranstaltung. Und verkaufen mussten sie ihre Schrottanleihen, immer und immer wieder – auf Teufel komm raus. Denn wie die Bank irgendwann zu ihrem Entsetzen feststellte, verbarg sich hinter Milkens hoch dotierten Finanzkünsten nur unwesentlich mehr als ein gigantisches Schneeballsystem: Wenn Drexels große Junk-Bond-Emittenten in Zahlungsschwierigkeiten zu geraten drohten, dann hatte Milken ihre Schulden durch neue Emissionen einfach umstrukturiert – wodurch sich zwar für den Moment die Lage entspannte, längerfristig aber nur noch verschlimmerte. Als Milken dann wegen des Strafverfahrens ausfiel, brach das Kartenhaus zusammen: Mehrere Drexel-Klienten schrammten in die Pleite, das Investmenthaus saß auf einem Berg wertloser Schrottpapiere. Die Bezeichnung

»Junk« war ab nun wortwörtlich zu nehmen. Im Februar 1990 musste Drexel Burnham Lambert schließlich Konkurs anmelden. Bestseller-Autor James B. Stewart lässt in ›Club der Diebe‹ einen der Vorstände der Firma konsterniert erkennen, dass er sich in der ethischen Grundeinstellung seiner wichtigsten Angestellten gewaltig getäuscht hatte:»Drexel war nichts als ein gemeinsames Vehikel zur persönlichen Bereicherung der Mitarbeiter.«[46] Die gleiche Erfahrung mussten seit 2007 zahlreiche Aktionäre von Wall-Street-Banken machen: Auch ihre Top-Trader interessierten sich nur für ihre Millionen-Boni und sonst nichts. Was in den 80ern noch als Einzelfall Aufsehen erregen konnte, erscheint heute alltäglich.

Milken geriet aber nicht deshalb ins Visier der Behörden. Vielmehr stolperte er über den bis dahin größten Insider-Skandal der amerikanischen Börsengeschichte: eine Verschwörung mehrerer Börsenhändler, Investmentbanker und Großanleger, die Stewart zu einem packenden Thriller verarbeitete. Im Zentrum des Geschehens: Ivan F. Boesky, an der Wall Street auch »Ivan der Schreckliche« genannt. Ein ganz charmanter Zeitgenosse: Er war Milkens Geschäftspartner in mehreren konspirativen Deals. Und lieferte außerdem die Vorlage für die Figur des Gordon Gekko im Blockbuster ›Wall Street‹ von Oliver Stone. In den Hauptrollen: Michael Douglas als Finanzhai Gordon Gekko und Charlie Sheen als Zauberlehrling Bud Fox. Douglas erhielt später einen Oscar als bester männlicher Hauptdarsteller. Als Gordon Gekko hält er im Film eine packende Rede vor Aktionären, aus der das legendäre Zitat stammt:»Gier ist gut. Gier ist richtig. Gier funktioniert.« Eine solche Rede hat Boesky tatsächlich einmal gehalten. Damals in den 80ern. Und zwar vor Absolventen der Universität von Berkeley. Da sagte er wörtlich:»Es ist gut, wenn man habgierig ist. Ich glaube sogar, dass es gesund ist, habgierig zu sein. Sie können habgierig und trotzdem mit sich im Reinen sein.«[47] Sehr schön. Und so ehrlich. Boesky kultivierte neben seiner Offenherzigkeit noch eine ganze Reihe anderer Spleens, zum Beispiel den, Tag für Tag immer im gleichen schwarzen Dreiteiler mit weißem Hemd aufzutreten. Darauf angesprochen, zischte er: »Ich treffe auch schon so genügend Entscheidungen.« Stimmt, das Problem kennt man. Doch zum Glück für Boesky: Wenigstens 1000 Tage lang nahmen ihm die Strafvollzugsbehörden des Lompoc Prison Camp die schwierige Entscheidung hinsichtlich der passenden Garderobe ab. Statt schwarzem Dreiteiler stand jetzt der orange Overall auf dem Programm. Täglich. Und dabei kam er noch glimpflich davon, aufgrund eines Deals mit der Staatsanwaltschaft. Wie auch Milken. Der saß zwar deutlich länger ein als Boesky, ist aber mittlerweile längst wieder dick im Geschäft. Und nach wie vor Milliardär.

Ponzi, Madoff, Ebbers, Boesky, Milken – nur einige Beispiele aus der langen Reihe von gefallenen Helden des Kapitalismus; Männern, die als schumpetersche Entrepreneurs gestartet waren, sich aber auf der Höhe ihres Erfolges in Gangster verwandelten. Dabei hatte man hohe Erwartungen in sie gesetzt; man glaubte, sie würden die Gesellschaft voranbringen, das Tor in eine bessere ökonomische Zukunft aufstoßen. Wohlstand für alle schaffen. Doch sie dachten nur an sich selbst. Welch eine Enttäuschung!

Science-Fiction-Fans werden sich bei derartigen Geschichten an ›Star Wars‹ erinnert fühlen: Der junge Anakin Skywalker war ja eigentlich auch dazu auserkoren, die Macht wieder ins Gleichgewicht zu bringen und das Universum zu retten. Bis er sich in den bösen Darth Vader verwandelte und fortan genau das Gegenteil von dem machte, was man so sehnlich vom jungen Anakin erwartet hatte. Von der Lichtgestalt zum Erzbösewicht – in läppischen drei Episoden: Was für eine Karriere! Skywalker hätte auch als Investmentbanker eine grandiose Figur abgegeben. Aber immerhin: Noch bevor aus dem edlen Jedi der dunkle Lord wurde, zeugte er einen Sohn namens Luke; und der bescherte der Saga dann doch noch das Happy End. Was nicht nur beweist, wie herrlich dialektisch das Universum doch sein kann (Hegel wäre bestimmt ein Star-Wars-Fan gewesen), sondern auf den Kapitalismus gemünzt zu ein wenig Hoffnung berechtigt: Vielleicht können wir seinen Schattenseiten letztlich doch etwas Positives abgewinnen und aus vergangenen Pleiten und Pannen lernen. Ja, vielleicht begreifen wir endlich, dass freie Märkte keineswegs die Dinge bestmöglich regeln, sondern anfällig für Krisen und Skandale sind. Wenn das schändliche Treiben von Madoff & Co. irgendeinen tieferen Sinn haben soll, dann den, dass wir die Finanzmärkte wieder stärker reglementieren und eine ganze Reihe destabilisierender Praktiken kurzerhand verbieten: Das tödliche Gift muss wieder auf Dosen begrenzt werden, in denen es als gute Medizin wirken kann.

KAPITEL II

Die Titanic meldet: Kein Eisberg in Sicht

Als ich anfing, an diesem Buch zu arbeiten, war öffentliche Kritik an der Ökonomie noch kaum zu hören. Vereinzelt, ja, das schon: Da gab es durchaus die eine oder andere skeptische Stimme, die sich kritisch mit dem auseinandersetzte, was uns tagtäglich in Zeitungen, Politikerreden und Talkshows als der Weisheit letzter Schluss verkauft wurde. Mittlerweile ist das anders: Da gehört es fast zum guten Ton, wüst auf die Ökonomenzunft zu schimpfen. Man könne sich in Wirtschaftsdingen genauso gut an Radio Eriwan wenden, sagte neulich jemand zu mir – die seien zuverlässiger. Auch der milliardenschwere Finanzmogul George Soros scheint der Profession nicht mehr so recht zu trauen: Er hat gar eine Stiftung gegründet, die eine »alternative Ökonomie« hervorbringen soll. Mit ihrer Hilfe mögen wir die Wirtschaft endlich verstehen und so zu einer besseren Welt gelangen, so Soros über seine Motive.

Die Wirtschaftswissenschaft hat es dieser Tage nicht leicht. Keine Frage. Und zugegeben: Es ärgert einen schon sehr, dass diese Finanzkrise so spontan über uns hereingebrochen ist; dass die Prognosen noch auf Aufschwung lauteten, als in den USA die Dominosteine bereits munter purzelten und Vermögenswerte in Milliardenhöhe vernichtet wurden. Das Kuriose ist ja: Es hätte sie eigentlich gar nicht geben dürfen, diese Krise. Schon gar nicht in so verheerenden Ausmaßen. Keiner der vielen Experten, die aus den Redaktionen und den Talkshow-Fauteuils immer zu uns sprechen, hatte sie auf dem Zettel. Und dabei sind es doch gerade sie, die üblicherweise alles sofort durchschauen. Aber nicht dieses Mal. Da überraschte die Krise auch sie aus dem Hinterhalt: Zack! Plötzlich war sie da. Ansatzlos. Ohne jegliche Vorwarnung. Keine Sirenen und keine schnatternden Gänse. Kein Hundegebell. Nirgends. Die Katastrophe kam im Schlaf. Was ist da schiefgelaufen?

Eindeutig beantworten konnte diese Frage bis heute keiner, auch wenn es natürlich Dutzende von Erklärungen gibt.

Alle nach dem Motto: Wir waren es nicht – die da waren's. Und so sind mal die Banken schuld und dann wieder die Regierungen; die Zentralbanken oder die amerikanischen Häuslebauer; die Hedgefonds oder die chinesischen Wanderarbeiter. Ganz wie's beliebt. Recht unbefriedigend verläuft die Aufarbeitung des Debakels auch im Lager derer, die es eigentlich wissen müssten: der Ökonomen. Die Profession gibt ein uneinheitliches Bild ab: Der eine Teil der Disziplin wurde umgehend kleinlaut und zog sich zurück in sein Schneckenhaus; der andere wagte die Flucht nach vorn. So schrieb die Corona der britischen Wirtschaftswissenschaft einen offenen Brief an die Queen, um sich ihr und der Welt gegenüber zu erklären. Die Monarchin hatte zuvor etwas entnervt angefragt, warum keiner ihrer hochdekorierten Untertanen die Krise vorhergesehen habe. Die professorale Antwort: »Zusammenfassend, Eure Majestät, lässt sich das Versagen, Timing und Ausmaß der Krise vorherzusehen und entsprechende Gegenmaßnahmen vorzuschlagen, damit begründen, (…) dass die kollektive Vorstellung vieler intelligenter Personen, sowohl im In- wie auch im Ausland, nicht dazu ausreichte, die Risiken des Systems als Ganzes zu begreifen.«[48]

Interessante Feststellung, oder? Was das wohl bedeuten soll? Das System als Ganzes war nicht zu begreifen? Dass Heerscharen bestens ausgebildeter Menschen zwar Tag für Tag der Weltwirtschaft den Puls fühlen, aber trotzdem nicht mitbekommen, wie es knackt und knirscht, bis schließlich in einem Ruck alles auseinanderbricht? Die Frage drängt sich auf, womit sich die Experten den lieben langen Tag beschäftigen, wenn ihnen das System als Ganzes ein Mysterium geblieben ist. Offenbar ergeht es ihnen nicht viel besser als dem forschen Studenten, der in Friedrich Schillers Ballade vom ›Verschleierten Bild zu Sais‹ der Gottheit auf die Schliche kommen wollte: Er war zwar sehr gescheit, doch das Geheimnis des verhüllten Bildes sollte er nie erfahren. Als er schließlich den Gottesfrevel beging und den Schleier lüftete, fiel er auf der Stelle tot um. Was sich hinter dem Schleier verbarg? »Die Wahrheit«, so die Überlieferung. Aber niemand sollte sie schauen. Und nach gleichem Muster bescheiden uns die ökonomischen Gelehrten unserer Tage: »Wir erkennen eine Krise, wenn sie da ist.« Ein schwacher Trost. Weil dann ist es leider zu spät.

Einige kritische Stimmen wollen sich mit diesem ernüchternden Befund nicht zufriedengeben: Paul Krugman zum Beispiel. Der Nobelpreisträger für Ökonomie des Jahres 2008 ist Professor an der Universität von Princeton, davor lehrte er in Yale und am MIT; in der Wirtschaftswissenschaft also nicht gerade ein Leichtgewicht. »Wie konnten die Ökonomen nur so danebenliegen?«, fragte er in seiner Kolumne in der ›New York Times‹. Und macht den Kollegen prompt zum Vorwurf, dass sie sich von der mathematischen Eleganz ihrer Modelle blenden ließen und darüber die Realität aus den Augen verloren hatten: »Nur wenige Ökonomen sahen die Krise kommen, aber dieser Fehler in ihren Vorhersagen ist das geringste Problem der Wirtschaftswissenschaft. Viel wichtiger ist der Umstand, dass die Profession gegenüber der bloßen Möglichkeit einer solchen Krise der Marktwirtschaft blind war. Während der Goldenen Jahre verfielen ihre Vertreter auf die Idee, dass Märkte inhärent stabil seien – ja, dass Aktien und andere Vermögenswerte immer korrekt bewertet seien. Die etablierten Modelle enthielten nichts, was auf einen Kollaps hindeuten hätte können, wie wir ihn letztes Jahr erlebt haben.« [49]

Aber nicht nur Krugman ist sauer. In das gleiche Horn stößt auch der renommierte Londoner Professor Willem Buiter, ein ausgewiesener Experte für das Kreditwesen. In seinem Blog auf der Website der ›Financial Times‹ schrieb er unter der zornigen Überschrift »Die unglückselige Nutzlosigkeit des überwiegenden Teils der modernen monetären Makroökonomie« [50]: »Die meisten makroökonomischen Innovationen seit den 1970ern (…) entpuppten sich bestenfalls als selbstreferenzieller, introvertierter Zeitvertreib. Die Forschung war tendenziell durch ihre interne Logik motiviert, versenkte intellektuelles Kapital und beschäftigte sich mit ästhetischen Puzzle-Spielen (…) statt mit dem dringenden Bedürfnis, zu verstehen, wie die Wirtschaft funktioniert – ganz zu schweigen davon, wie sie in Zeiten der Krise und der finanziellen Instabi-

lität funktioniert. Deshalb traf es die Wirtschaftswissenschaft
völlig unvorbereitet, als die Krise zuschlug.«

Introvertierter Zeitvertreib? Ästhetisches Puzzle-Spiel?
Das klingt heftig. Krugman und Buiter geht es nicht mehr
nur um Haltungsnoten, sondern bereits ums Grundsätzliche.
Die Botschaft, die uns hier aus berufenem Munde übermittelt
wird, ist eindeutig: Die Ökonomie hat versagt! Auf ganzer
Länge. Man sollte ihr zwar nicht ankreiden, dass sie die Krise
nicht im Voraus kommen sah – auch Buiter und Krugman
selbst sahen sie nicht kommen. Aber man muss ihr gleichwohl vorwerfen, dass sie eine derartige Krise prinzipiell ausgeschlossen hatte. Denn das hat sie tatsächlich. Es sollte sie
nicht mehr geben. Man habe nämlich jetzt alles im Griff, hieß
es. Man wisse, wie man die Wirtschaft im »Gleichgewicht«
halten könne, so das Versprechen. Allgemeines Gleichgewicht:
Bei diesem Terminus technicus, der für Außenstehende kaum
nichtssagender sein könnte, handelt es sich um den Schlüssel
zum Verständnis des Neoliberalismus, wie er seit den 80ern
propagiert wurde: Niemand wisse besser als die Märkte, wie
die allgemeine Wohlfahrt maximiert werden könne. Die Märkte brächten Milliarden von Einzelabsichten in Übereinstim-
mung, von Produzenten, Konsumenten, Sparern und Investoren. Sie führten zum wirtschaftlichen Optimum. Daher die
Botschaft an die Regierungen weltweit: Kommt den Märkten
nicht ins Gehege – dann wird alles gut! Das Allgemeine Gleichgewicht ist die moderne Fassung von Adam Smiths »invisible
hand«: im mathematischen Gewand, nobelpreisverdächtig ver-
packt in eine algebraische Geheimsprache. Für die wenigsten
Menschen durchschaubar.

Nun gab und gibt es aber natürlich trotzdem Krisen. Und
in den letzten 20 Jahren sogar gehäuft. Daher ließen sich die
Ökonomen ein Hintertürchen offen, durch das sich die Krise
doch noch ins Wunderland der perfekt funktionierenden Märkte schleichen konnte. Denn für den Fall des Falles brauchte
man eine überzeugende Ausrede. Auf diesem Hintertürchen
prangt ein Schild mit der Aufschrift »Externe Schocks«. Damit
war der Markt aus dem Schneider. Falls die Harmonie eines

Tages doch gestört würde, dann wegen Kriegen, Katastrophen, Terroristen, hohen Ölpreisen, gierigen Bankmanagern, leichtsinnigen Häuslebauern oder sonstigen systemfremden Ereignissen. Aber der Markt? Der versagt natürlich niemals – ganz klar. Externe Schocks haben auch einen praktischen Zusatznutzen: Sie lassen sich nicht vorhersagen. Zumindest nicht im Rahmen von mathematischen Modellen. Man könne über sie zwar kräftig spekulieren, heißt es, die Kristallkugel reihum gehen lassen und jeden nach seinen Einschätzungen fragen; aber wissenschaftliche Aussagen ließen sich auf diesem Wege nicht ableiten. So die gängige Erklärung der Experten. Und daher allgemeines Schulterzucken: Sorry – aber die Krise konnten wir unmöglich vorhersehen.

Ob das der Wahrheit entspricht? Konnte man da wirklich nichts vorhersehen? Abseits der von Buiter, Krugman und der Queen so gescholtenen Ökonomie gab und gibt es natürlich auch andere Wirtschaftsexperten, die bereits seit Jahrzehnten auf die finanzielle Instabilität des Kapitalismus hingewiesen haben. Nur wollte auf die keiner hören. Stattdessen kultivierte man das Krisenbild vorkapitalistischer Gesellschaften der Antike und des Mittelalters, in denen wirtschaftliche Not durch Naturkatastrophen, Krieg, Dürre, Seuchen und ähnliche Plagen hervorgerufen wurde. Durch externe Ereignisse eben, an denen die Wirtschaft selbst keine Schuld trägt. Das ist im Grunde auch gar nicht verwunderlich für eine Wissenschaft, die unterstellt, dass das Wirtschaften seit den frühesten Anfängen des Menschen »natürlich« als Marktwirtschaft konzipiert gewesen sei. Weil nämlich der Mensch angeblich über einen »natürlichen Hang zum Tauschen« verfüge, wie es Adam Smith postulierte.[51] Mögen Anthropologie und Geschichtsforschung auch noch sosehr vom Gegenteil überzeugt sein: Die herrschende Lehre der Ökonomie hält an ihrer Auffassung fest. Die Ökonomen Gunnar Heinsohn und Otto Steiger vermerken kritisch zu Adam Smith: »Gerade an ihm werden wir sehen, wie seine Überzeugung von ewigen Prinzipien des Wirtschaftens ihn immer wieder dazu verführt, sein Material entweder theoretisch unausgelotet zu lassen oder haltlos zu überziehen. Insbesondere seine Gewissheit, dass sich aus dem angeblichen menschlichen Hang zu tauschen alles Weitere – wie vor allem Arbeitsteilung und Markt, Wert und Preis, Geld und Kredit, Kapital und Akkumulation sowie Zins und Profit – zwangsläufig und logisch ergebe, ist für die Wirtschaftstheorie verhängnisvoll geworden.«[52]

Falls Sie den einen oder anderen Klassiker der politischen Ökonomie gelesen haben, dann wird Ihnen aufgefallen sein, dass der Begriff »natürlich« häufig Verwendung findet: natürlicher Zins, natürliche Arbeitslosigkeit, natürliches Gleichgewicht usw. Alles ganz natürlich, alles ganz harmonisch, schon seit Tausenden von Jahren. Der Punkt ist aber: In der realen Wirtschaft ist überhaupt nichts natürlich, außer vielleicht das Brot und der Hüttenkäse im Bio-Supermarkt. Die institutionellen Säulen des Kapitalismus sind ganz und gar künstlich: das Eigentum, das Geld, der ordnungspolitische Rahmen. Alle drei sind von Menschenhand gemacht – spielen aber in der herrschenden Wirtschaftstheorie allenfalls eine Nebenrolle. Kein Wunder, denn das »Natürliche« am Wirtschaften käme andernfalls in arge Erklärungsnöte.

Wenn ich Ökonomen abseits der Orthodoxie anspreche, dann meine ich nicht die dauerpessimistischen Crash-Propheten, die aus Prinzip und ideologischer Überzeugung schon immer die große Krise oder gar den finalen Kollaps des Kapitalismus vorhersagten; per eigenem Newsletter oder in diversen Online-Foren. Das Internet scheint ja zum natürlichen Habitat für all jene geworden zu sein, die es immer schon wussten, und sich daher jetzt von ihren Jüngern bejubeln lassen. Dazu sage ich nur: Auch eine kaputte Uhr geht zweimal am Tag richtig. Nein, wovon hier die Rede ist, das sind Erklärungsansätze, die sehr wohl wissenschaftlich fundiert sind und gleichzeitig die Basis dafür liefern, die dem Kapitalismus innewohnende Instabilität herauszuarbeiten. In ihrer Logik kommen die »Goldenen Zeiten« nicht vor – allenfalls als vorübergehende Erscheinung –, und das heitere Gleichgewicht des Mainstreams wird ins Reich der ökonomischen Fabel verwiesen.

Keynes und in seinem Gefolge der Amerikaner Hyman P. Minsky waren die profiliertesten Vertreter der alternativen Sichtweise; Joseph A. Schumpeter wich zumindest in einigen entscheidenden Punkten von der traditionellen Ökonomie ab. Keynes und Schumpeter wirkten in der ersten Hälfte des 20. Jahrhunderts und mögen daher aus heutiger Perspektive nicht mehr als modern gelten. Aber Minsky entwickelte seine Sicht der Dinge in den 70ern und 80ern und war zudem bis zu seinem Tod 1996 wissenschaftlich aktiv: Auf ihn hätte man durchaus längst Bezug nehmen können, wenn man nur gewollt hätte. Er verknüpfte die Theorien von Schumpeter – seinem Lehrer in Harvard – und Keynes und schuf damit nahezu perfekte Grundlagen für ein umfassendes Verständnis einer vom Kredit angetriebenen, kapitalistischen Wirtschaft.

Doch die orthodoxe Gleichgewichtslehre interessierte sich für abweichende Sichtweisen nicht im Geringsten. Erst als Mitte 2008 die Krise ausbrach und Freund und Feind an den Rand des Ruins brachte, war Minsky plötzlich in aller Munde. Selbst amerikanische Notenbanker wurden bei der Lektüre seiner Bücher ertappt. Warum? Weil er das Debakel genauso vorhergesagt hatte, wie es sich schließlich ereignete. Und da in akademischen Kreisen keine Not so schwer wiegt wie die Erklärungsnot, hörten für kurze Zeit sogar jene hin, die zuvor über seine Warnungen noch gelacht haben. Vom »Minsky-Moment« war da plötzlich überall zu lesen, vereinzelt sogar in großen Tageszeitungen. Vielleicht sind Sie dem Ausdruck das eine oder andere Mal begegnet, als die Krise die Titelseiten und die Wirtschaftskolumnen beherrschte.

Minskys Sichtweise ist überaus simpel und lautet wie folgt: Die periodische Krise gehört zum Kapitalismus wie der seichte Schlager zum Eurovisions-Song-Contest! Der ist allerdings nach einigen Tagen wieder vorüber, während so eine Krise auch zum Dauerzustand werden kann. Sie ist mit den Mitteln der Mathematik nur schwer zu modellieren, was vielleicht einer der Gründe ist, warum die Etablierten kaum Notiz nahmen. Aber die gute Nachricht lautet: Sie kündigt sich durch recht eindeutige Warnsignale lange im Voraus an. Und darum

geht es ja letztendlich. Eigentlich könne man diese Signale
auch gar nicht übersehen, so Minsky, wenn man die Krise als
integralen Bestandteil des Zyklus überhaupt auf dem Schirm
hat. Wenn man sich hingegen in den Goldenen Zeiten eines
natürlichen Gleichgewichts wähnt, dann nutzt einem natürlich auch die beste Theorie nicht viel: Da geht's den heutigen
Ökonomen nicht anders als seinerzeit dem einsamen Wacht-
posten auf der Titanic, der mit bloßem Auge bei Nacht und
Nebel nach Eisbergen Ausschau halten sollte. Ohne jegliche
Hilfsmittel, noch nicht mal ein Fernglas oder eine Schutzbrille
gegen den scharfen Fahrtwind. Die einzupacken hielt man
nicht für nötig. Natürlich hat er den Eisberg dann schließlich
gesehen. Sogar als Erster. Aber da trieb der seine eisigen Reiß-
zähne bereits in die Schiffswand, und die Tragödie war nicht
mehr zu verhindern.

Minsky sah das Problem der Ökonomie so wie Krugman
und Buiter: Eine Wirtschaftswissenschaft, die die Möglichkeit von Krisen von vornherein ausschließt, kann unmöglich dazu taugen, sie vorherzusagen. Im Rahmen der herrschenden Theorie – landläufig als Neoklassische Synthese
bezeichnet – ist daher eine Frage im Sinne von »Was macht
den Kapitalismus so krisenanfällig?« schlechterdings nicht
beantwortbar, ohne auf externe Faktoren – die oben schon genannten Schocks – zu verweisen. Sie verhält sich damit so wie
seinerzeit der Kapitän der Titanic, der auf Winterfahrt durch
den Nordatlantik, trotz Treibeis-Warnungen anderer Schiffe,
nicht damit rechnete, möglicherweise auf einen Eisberg zu
stoßen.

Der frühere Finanzanalyst und heutige Vollzeit-Guru Nassim
Nicholas Taleb brachte das Problem vor einigen Jahren recht
polemisch auf den Punkt: In seinem Weltbestseller ›Black
Swan‹ schrieb er, dass gerade die Dinge, die wir durch die Optik unserer Paradigmen und Modelle nicht sehen, die wirklich
entscheidenden seien. Den »Schwarzen Schwan« wählte er als
Metapher für derartige Ereignisse – in Anlehnung an die lang
gehegte Ansicht »Alle Schwäne sind weiß«, die in dem Moment

ihre Gültigkeit verlor, als in Australien auch schwarze Exemplare entdeckt wurden. Der springende Punkt seiner These ist, dass es sich bei Schwarzen Schwänen nicht um Phänomene handelt, die wir zwar prinzipiell für möglich, aber gleichwohl unwahrscheinlich halten; sondern es sind Zwischenfälle gemeint, die nach unseren geltenden Paradigmen überhaupt nicht auftreten dürfen. Ja, von denen wir noch nicht mal wussten, dass es sie überhaupt gibt.

Taleb, seinen bevorzugten Metaphern nach zu urteilen ein echter Tierfreund, erläutert den Sachverhalt beispielhaft am Schicksal eines anderen Federviehs, das in Amerika alljährlich zum unfreiwilligen Hauptdarsteller des Thanksgiving-Feiertags wird: »Man stelle sich einen Truthahn vor, der von seinem Besitzer regelmäßig jeden Tag gefüttert wird. Tag für Tag bestätigt sich aus der Sicht des Truthahns die Erkenntnis, dass eine allgemeingültige Regel seines Lebens darin besteht, von freundlichen Menschen, die ihm wohl gesinnt sind, gefüttert zu werden. Das geht ganze 1000 Tage so, während derer die Überzeugung des Truthahns immer und immer wieder bestätigt und folglich ständig stärker wird. Bis am Tag vor Thanksgiving etwas gänzlich Unerwartetes mit dem Truthahn geschieht, etwas, das ihn zu einem radikalen Bruch mit seiner bisherigen Überzeugung zwingt …«[53]

Tja: Pech für den Truthahn. Jedenfalls ist ein Schwarzer Schwan in diesem Sinne ein Ereignis, das unsere konventionellen Lebensweisheiten und Überzeugungen mit einem Schlag über den Haufen wirft. In der Praxis ist es daher gewiss nicht immer leicht, zu unterscheiden, was als Schwarzer Schwan bezeichnet werden sollte und was nicht. Zumal das auch von der subjektiven Einstellung abhängt: Für mich persönlich und für Sie vermutlich auch, fiele es zweifellos in die Kategorie Schwarzer Schwan, wenn an einer Bushaltestelle plötzlich der leibhaftige Elvis stehen würde. Aber Sie wissen ja: Manche Leute schließen das keineswegs aus; und wieder andere rechnen sogar ganz fest damit. Aus deren Sicht wäre das kein Black Swan. Aber wenn man alle Phantasmen und Verschwörungstheorien dieser Welt aufaddiert, dann bleibt ohnehin kaum noch Raum für größere, schwarze Vogelschwärme am erkenntnistheoretischen Himmel.

Doch kommen wir zurück auf den Boden der Tatsachen. Und da sitzt die orthodoxe Ökonomie im Käfig von Talebs Truthahn: Was die Experten nicht sahen, das war etwas, das sie gar nicht sehen konnten – weil sie es sogar als Möglichkeit aus ihrem kollektiven Bewusstsein verbannt hatten. Wie für den Truthahn entpuppt sich der blinde Fleck in ihrer Optik auch für die Ökonomen als die einschneidende Zäsur ihres Lebens. Dabei hatten sie sich bereits gratuliert: zu den Goldenen Zeiten, denen die kapitalistische Welt dank ihrer akademischen Errungenschaften entgegensehen dürfe. Alles schien nicht nur erklär-, sondern auch beherrschbar. Krisen? Pah, mit uns doch nicht: Wir haben alles im Griff! Krugman mokiert sich in seiner Abrechnung mit der eigenen Profession über die Blindheit einer langen Reihe üblicher Verdächtiger, angefangen bei den Spitzen des Internationalen Währungsfonds, über die sukzessiven Chefs der amerikanischen Zentralbank Fed – Alan Greenspan und Ben Bernanke –, sowie weitere prominente Namen; einige davon wie er mit dem Nobelpreis für Ökonomie ausgezeichnet. Alle waren sie sich so sicher, dass nichts mehr passieren könne – ganz so, wie der Truthahn in seinem Käfig sich glücklich schätzte, dass die Menschen seine Freunde waren und nur sein Bestes wollten. Bis dann das große Erwachen kam: Der Truthahn endete im Bratofen, die Weltwirtschaft erlebte ihr finanzielles Armageddon. Sowohl der Truthahn als auch die kapitalistische Welt konnten dabei etwas lernen – nur hatte der Truthahn natürlich keinen Vorteil mehr davon. Und die Welt? Hat sie aus der Krise gelernt? Darüber lässt sich noch kein abschließendes Urteil fällen. Die bisherigen Ergebnisse sind allerdings nicht sehr ermutigend.

Doktor John schlägt zurück

Als ich in den 80ern studierte, war Volkswirtschaftslehre eine brotlose Kunst: Kein Glitter und kein Glamour. Keine steilen Karrieren. Keine Traumgehälter. Wer im Leben etwas werden wollte, studierte im Hauptfach Betriebswirtschaftslehre. Und wurde anschließend »Product Manager«, »Strategy Consultant« oder »Wirtschaftsprüfer«. Das waren damals überaus begehrte Berufsbilder. Während die Volkswirte allesamt bei irgendwelchen obskuren Instituten oder Organisationen landeten, wo sie in Mini-Büros über langen Zahlenreihen brüteten. Heute ist das natürlich ganz anders: Vor kurzem spielte ich in den USA eine Runde Golf mit einem jungen Mann, der sich mir als Wirtschaftsstudent vorstellte. Was er denn mal werden wolle, fragte ich ihn am 19. Loch. Seine Antwort: Hedgefonds-Manager. Klar. Was sonst? Wie konnte ich überhaupt nur so naiv fragen?

Die Welt von heute ist komplex. Und sie wird durch das Wirken der professionellen Ökonomie maßgeblich beeinflusst. Volkswirte beschränken sich schon längst nicht mehr auf das reine Modellieren irgendwelcher Zahlenkolonnen in einsamen Studierstuben und Seminarräumen, sondern sitzen in Banken und Versicherungen, Großunternehmen, Forschungsinstituten, Verbänden und politischen Think-Tanks. Generell überall dort, wo es um hohe Einsätze und viel Geld geht. Ihr Rat ist gefragt und für gewöhnlich auch teuer. Die Stars der Szene verdienen ähnliche Gagen wie die Fußballer des FC Bayern. Wirtschaft und Politik konsultieren die professionelle Ökonomie häufig und gerne, bevor sie Entscheidungen von großer Tragweite treffen. Wir kennen derartige Entscheidungen nur zu gut. Es sind die, aus denen die Medien ihre Schlagzeilen machen: Steuererhöhungen bzw. -senkungen, Budgetdefizite, Abwrackprämien, Staatsverschuldung, Konjunkturprogramme, Bildungsinvestitionen: alles Beispiele für wirtschaftspolitisches Handeln, das weitreichende Konsequenzen hat und uns alle betrifft. Auf die eine oder andere Art. Und nicht nur uns, sondern auch zukünftige Generationen.

Den wenigsten Leuten ist bekannt, wie die ökonomische Theorie aussieht, die hinter solch wichtigen Entscheidungen steht. Sie wissen nicht, dass diese Theorie über die moderne Wirtschaft keine vernünftigen Aussagen treffen kann. Dass sie wichtige Faktoren ausblendet. Und sich dabei über die Folgen ihrer Ignoranz nicht die geringste Vorstellung macht. Nur damit wir uns richtig verstehen: Das soll nicht bedeuten, dass ökonomische Modelle nicht von theoretischer Raffinesse zeugen; und mit keiner Silbe möchte ich behaupten, dass die Damen und Herren Experten nicht überaus intelligente Menschen wären. Das Problem ist vielmehr: In der Praxis sind ihre Thesen bestenfalls irrelevant und schlimmstenfalls gefährlich. Denn, um mit Paul Krugman zu sprechen, sie verwechseln Schönheit mit Wahrheit. Was wir deshalb brauchen, ist tatsächlich ein echter Paradigmenwechsel!

Dabei hätte die Ökonomie längst gewarnt sein müssen: Mit dem Börsencrash von 1929 gab es einen historischen Vorläufer zum aktuellen Debakel, an dem man alles Wesentliche studieren konnte. Der Zusammenbruch an der New Yorker Börse im Oktober 1929 war der Anfang einer Wirtschaftskrise in den USA, die sich bald auch über Europa und die übrige Welt ausbreitete. Die Menschheit erlebte den schwersten wirtschaftlichen Niedergang der Neuzeit. Heute spricht man von der »Großen Depression« und der »Weltwirtschaftskrise«. Und das mit Recht: Sie führte zu einem massiven Rückgang der Produktion, sozialem Elend und zu Massenarbeitslosigkeit in noch nie da gewesenen Dimensionen. Der amerikanische Ökonom John Kenneth Galbraith schrieb in seinem Klassiker ›The Great Crash – 1929‹ über ökonomische Auswirkungen auf die Realwirtschaft, die wir uns heute kaum mehr vorzustellen vermögen: »Auf den großen Crash folgte die Große Depression, die – mit schwankender Heftigkeit – zehn Jahre andauerte. Im Jahr 1933 betrug das Bruttoinlandsprodukt (…) ein Drittel weniger als in 1929. Erst im Jahr 1937 erholte sich das Produktionsvolumen wieder auf das Niveau von 1929, nur um im Anschluss wieder zurückzufallen. Bis 1941 lag der Dollargegenwert der Produktion dann wieder unter dem Niveau von 1929. Zwischen 1930 und 1940 fiel die Zahl der Arbeitslosen nur ein einziges Mal unter 8 Millionen. 1933 waren annähernd 13 Millionen oder jeder vierte Erwerbsfähige ohne Arbeit. Selbst 1938 war noch jeder fünfte ohne Beschäftigung.«[54]

In jener Zeit geriet die orthodoxe Wirtschaftstheorie schon einmal in schwere Erklärungsnöte: Einen Einbruch in dieser gewaltigen Größenordnung, mit Millionen von Arbeitslosen, die auf den Straßen der Metropolen um Arbeit jeglicher Art bettelten – das hatte sie nicht vorhergesehen. Nicht mal in ihren schwärzesten Prognosen. Klar: Kleinere Anpassungsprozesse und kurzfristige Schwankungen um das langfristige Vollbeschäftigungsgleichgewicht – das ja. Damit musste man rechnen. Aber eine solche Tragödie, wie sie sich in den Nachwehen des Oktobercrashs zunehmend dramatischer abzeichnete? Konnte man das wirklich noch als Anpassung abtun? Nur wirklich hartgesottene Anhänger einer Theorie der freien Märkte wollten noch daran glauben, dass es sich bei einem derart gravierenden Einbruch aller volkswirtschaftlichen Indikatoren um einen gesunden »Reinigungsprozess« handle, mit dem sich das Wirtschaftssystem all der Fehlinvestitionen entledigt, die es im vorherigen Boom aufgehäuft hatte; all der Unternehmen, die ohne weitere Zufuhr der Droge Kredit unmöglich überlebensfähig waren. An Abwrackprämien und ähnliche Rettungsmaßnahmen für strauchelnde Firmen dachten die Regierungen der westlichen Industriestaaten nicht mal im Traum: Der Bankrott kam daher nicht auf Raten, so wie heute, sondern erbarmungslos von einem Tag auf den nächsten.

Harvard-Ökonom Schumpeter war einer der ganz wenigen Verfechter einer solchen marktliberalen Position: Er war unbedingt davon überzeugt, dass die Wirtschaft nach Beendigung dieses Reinigungsprozesses, wie er es selbst nannte, umso stärker durchstarten würde. Die Politik ermahnte er mit Nachdruck, keinesfalls zugunsten der schwer angeschlagenen

Unternehmen und ihrer Belegschaften in das Geschehen ein-
zugreifen: Es liege nicht in der Natur des Kapitalismus, die
Kapitalisten mit Samthandschuhen anzufassen, meinte er
lapidar. Daher würde er persönlich über den Börsencrash von
1929 auch keine Träne vergießen: Er sei »aus moralischen
Gründen eine höchst gesunde Sache.«[55]

Diese Sichtweise, die Vorstellung von der Krise als einem
großen Reinigungsprozess, findet sich auch in manch heutiger
Rede wieder; wenn auch in politisch korrekter und mit dem
Weichzeichner nachgearbeiteter Form. Bei Bundeskanzlerin
Angela Merkel zum Beispiel. Sie sagt gerne: »Deutschland
wird gestärkt aus der Krise hervorgehen.« Häufig macht sie
von dieser Floskel Gebrauch. Vielleicht meint sie das als eine
Art Stoßgebet, um dem beunruhigten Volk Mut zu machen.
Um den Leuten zu sagen: »Fürchtet euch nicht. Es wird weitergehen. Es wird alles gut.« So verstanden ist das Statement
auch absolut in Ordnung. Aber darüber hinaus? Was ist von
einer Parole à la »Was uns nicht umbringt, macht uns stärker«
zu halten? Wenn gleichzeitig reihum die Firmen dichtmachen,
die Arbeiter auf der Straße stehen und Hunderttausende nur
dank Kurzarbeitergeld ihre Jobs behalten?

Schauen wir mal, was Taleb dazu sagt. Er bringt einen interessanten Vergleich: »Nehmen wir an, Sie besorgen sich eine
größere, gemischte Population von Ratten: fette, dünne, kränk-
liche, starke, wohlgeformte usw. (Sie finden sie ohne Weiteres
in den Küchen schicker New Yorker Restaurants.) Aus dieser
Tausendschaft von Ratten bilden Sie eine heterogene Kohorte,
eine, die repräsentativ ist für die allgemeine New Yorker Rat-
tenpopulation. Danach bringen Sie sie in mein Labor, wo wir
sie in einen Käfig stecken und einer stetig steigenden Dosis
Radioaktivität aussetzen (da es sich lediglich um ein Gedankenexperiment handelt, können wir Tierschutzaspekte außer
Acht lassen). Auf jedem höheren Strahlungsniveau werden
eher die Tiere überleben, die von Natur aus in besserer Ver-
fassung waren, als andere, die verenden; die sortieren wir aus.
Indem wir so verfahren, wird unser Sample an überlebenden
Ratten immer stärker und stärker. Aber jetzt der entscheiden-

de Punkt: Jede einzelne Ratte, auch die stärkste, wird nach dieser Prozedur sehr viel schwächer sein als vorher.«[56]

So drastisch es auch sein mag, Talebs Gedankenexperiment leuchtet ein: Einer Handvoll überlebenden Ratten, die sich wegen der erhaltenen Strahlendosis auch nur noch mit Mühe für ein paar Stunden auf den Beinen halten wird, steht ein ganzer Container voll verendeter Ratten gegenüber. Kein einziges Exemplar wurde durch die Behandlung gestärkt, sondern alle wurden dramatisch geschwächt. Von der Ausgangspopulation starben die meisten. Nur wenige überlebten. Das sind offenbar die ganz »Harten«, oder? Zumindest waren sie es, bevor wir das Experiment starteten. Jetzt sind sie es hingegen nicht mehr. Denn – und das ist der entscheidende Punkt: Auch die überlebenden Exemplare wurden durch die Prozedur natürlich arg in Mitleidenschaft gezogen. Zwar haben sie überlebt. Jetzt. Aber die Frage lautet: Für wie lange?

»Survivor Bias« nennt Taleb das zugrunde liegende Phänomen: Eine falsche Wahrnehmung, die darauf beruht, dass wir kognitiv nur das verarbeiten, was da ist; was wir noch sehen können: Überlebende einer Katastrophe; Firmen, die nicht pleitegehen; Arbeiter, die nicht entlassen wurden. Oder eben Ratten, die ein Laborexperiment überlebten. Sie kann man sehen, wie sie in ihren Käfigen herumlaufen. Das müssen dann ja wirklich »starke« Ratten sein. Und durch das Experiment sind sie jetzt noch stärker geworden.

Mit den toten Ratten in der Tonne ist das anders: Die sind weg. Aus den Augen, aus dem Sinn. Sie erregen unsere Aufmerksamkeit allenfalls noch als Zahl in einer Statistik. Ihre »Schwäche« steht damit nicht zur Debatte. Hätten sie das Experiment ebenfalls überlebt, wenn auch mit schwersten Schädigungen, dann wäre das etwas anderes: Man könnte sie jetzt auch in ihren Käfigen betrachten, so wie die anderen; Hunderte von Ratten mit allerschwersten Verbrennungen; man könnte sich ein Bild machen vom ganzen Ausmaß der Tragödie. Man würde unschwer erkennen, dass es sich bei dem ganzen Vorgang keineswegs um eine Stärkung einiger, sondern um eine Schwächung aller handelte.

Bizarrerweise wird unsere Wahrnehmung umso stärker getrübt, desto verheerender die Auswirkungen des Experiments sind: Überleben relativ viele und kommen nur einige besser weg als andere, dann ist die Gefahr geringer, dem Trugschluss einer »Stärkung« zu unterliegen; man würde vielmehr massenhaft Tiere in ihren Käfigen dahinsiechen sehen und erkennen, dass sie alle schwer in Mitleidenschaft gezogen wurden. Sterben dagegen die meisten, dann konzentriert sich unsere Aufmerksamkeit auf die Überlebenden. Und unsere Wahrnehmung führt uns entsprechend in die Irre.

Auch Merkels Floskel »gestärkt aus der Krise gehen« muss man auf diese Weise hinterfragen: Was sie ganz offensichtlich ausblendet, sind die Tausende Unternehmen, die bankrottgehen und die Hunderttausende Beschäftigte, die entlassen werden. Sie verschwinden einfach aus unserem Sichtfeld. Sie sind nicht mehr da. Man wird zwar nach wie vor über sie reden und von ihnen hören, aber dann sind sie ja keine Beschäftigten mehr, sondern nur noch »Arbeitslose«. Anonymer Teil einer Statistik. Und damit findet auf sie ein völlig anderer Diskurs Anwendung als gerade eben noch. Als sie noch ihre Jobs hatten. Als Facharbeiter bei Opel zum Beispiel oder als Abteilungsleiter bei Karstadt. Da waren sie noch »Leistungsträger«. Begehrt als Wähler, von allen Seiten. Da wollte man sie steuerlich entlasten. Ihnen »mehr netto vom Brutto« belassen. Aber jetzt? Wenn sie nicht Bereitschaft zeigten, für 1 Euro auf den Feldern Spargel zu stechen, dann seien sie eine »Perversion des Sozialstaatsgedankens«, meinte Roland Koch als Ministerpräsident von Hessen. Also nicht mehr viel los mit den »Leistungsträgern«. Der Ruhm von gestern ist verblichen. Ob sie, die zahllosen Verlierer der Krise, das Ganze auch als »Reinigung« empfinden werden? Und über all die Firmen, die in der Pleite verschwunden sind, redet sowieso kein Mensch mehr. Wozu auch? Was gäbe es über sie noch groß zu sagen? Ist ja keiner mehr da. Außer dem Insolvenzverwalter. Die bankrotten Unternehmen werden aus der kommunikativen Weiterverarbeitung der Krise also gleich komplett ausgeschlossen. Wie die toten Ratten in Talebs Tonne. Die Buchhaltung der

Mediengesellschaft setzt für sie keinen Merkposten an. Sie existieren schlicht nicht mehr.

Daher nochmals meine Frage: Wo und wie würde Deutschland durch die Krise gestärkt werden, wie Frau Merkel meint? Wer wird von sich behaupten können, dass es ihm bessergehe als vorher? Ich sehe da niemanden. Allenfalls die Großkonzerne, die ganz andere Anpassungsmöglichkeiten haben als der deutsche Mittelstand: Sie werden vielleicht tatsächlich von der Krise profitieren: dank eines Massensterbens unter mittelständischen Wettbewerbern; und dank flexibler Ausnutzung der Spielräume, die ihnen die Globalisierung eröffnet. »Strukturwandel« nennen das die Euphemisten. Aber inwiefern würde dadurch Deutschland stärker? Die nach China verlagerte Fabrik der Firma Müller-Maier-Schulze bringt dem Land, seinen Beschäftigten und seinen Steuerzahlern überhaupt nichts. Dass eine Krise wie die aktuelle also auch nur in irgendeinem Punkt ihr Gutes hätte, kann daher eigentlich nur als grandioser Trugschluss gedeutet werden, dem die Bundeskanzlerin und ihre Berater unterliegen.

Womöglich stehen sie bald allein auf weiter Flur mit ihrer Apologie der Krise, so wie seinerzeit Schumpeter in den 30er-Jahren. Die Allgemeinheit hatte ihr Vertrauen in die Selbstheilungskräfte des Marktes verloren und versank zunehmend in Pessimismus. Doch Schumpeter hielt unbeirrt Kurs. Aus der Retrospektive wirkt sein Beharren auf liberalen Credos umso unverständlicher, als der aus Österreich stammende Professor über die verheerenden Wirkungen des Kredits in der Krise bestens Bescheid wusste. Weitaus besser jedenfalls als das Gros seiner Kollegen: Sein eigener Bankrott mit der Biedermann-Bank folgte unmittelbar auf den Wiener Börsencrash von 1924, der die Anleger ebenfalls wie ein Blitz aus heiterem Himmel traf. Zahlreiche Firmen, an denen Schumpeter sich mit dem Geld der Bank beteiligt hatte, gerieten in Zahlungsschwierigkeiten oder schlitterten in die Pleite, wodurch er finanziell mächtig unter Druck kam. Mit Darlehen von Freunden glich er sein überzogenes Konto bei der Bank schließlich aus. Aber es sollte ihn noch viele Jahre – »die ich keinem meiner Feinde wünschen würde« – kosten, seine Schulden restlos zurückzuzahlen.[57] Was der Einbruch einer Schuldenpyramide, wie sie sich im Boom der 1920er-Jahre aufgetürmt hatte, daher an katastrophalen Folgen alles nach sich ziehen würde: Er hätte es vorhersehen müssen. Aber nichts dergleichen: Schumpeter vertrat auch in den dunkelsten Momenten der Krise weiterhin einen ungerührten Hardcore-Liberalismus und wollte von staatlichen Interventionen nichts wissen.

In seinem Spätwerk deutete er dann die Geschichte des Kapitalismus völlig neu: Seinen kometenhaften Aufstieg verdanke dieser nicht der Industrialisierung im 19. Jahrhundert, sondern der Entwicklung der handelbaren Schuldtitel bereits zwei- bis dreihundert Jahre früher. »Der kapitalistische Motor kann überhaupt nicht begriffen werden«, schreibt er, »wenn man nicht die Kreditoperationen und das Geldsystem berücksichtigt.« Die Kreditmärkte seien die »Schaltzentrale des Kapitalismus«.[58] Schumpeter benannte die große Schwachstelle der Ökonomie, die sich auch noch ganze sechs Jahrzehnte nach seinem Tod als Achillesferse der Wirtschaftswissenschaft zeigen sollte: Die Modellkonstruktionen, mit denen sie die ökonomische Wirklichkeit abzubilden versucht, enthalten nur ganz bestimmte, selektive Fakten. Sie müssten daher, so Schumpeters Forderung, in einem ständigen Abgleich mit der Realität auf ihre Tauglichkeit geprüft werden, die Wirklichkeit zutreffend abzubilden.[59] Wie liest sich unter diesem Aspekt Krugmans und Buiters Kritik von oben? Wurde dem Ansinnen Schumpeters tatsächlich Rechnung getragen? Oder drängt sich nicht vielmehr der Eindruck auf, dass sich entscheidende Stellen in Forschung und Lehre mit ihren Annahmen weit jenseits der Realität bewegten?

Während sich Schumpeter auf dem Höhepunkt der Weltwirtschaftskrise trotzig in den liberalen Schmollwinkel zurückzog, erlebte in Europa sein großer intellektueller Gegenspieler eine Sternstunde: John Maynard Keynes. Noch während der Großen Depression erschien im Februar 1936 seine ›Allgemeine Theorie der Beschäftigung, des Zinses und des Geldes‹, vermutlich das meistrezipierte ökonomische Werk des 20. Jahrhunderts. Für das Verständnis des Kapitalismus als instabiles Netz aus Schulden wurden dadurch die Türen weit aufgestoßen. Keynes erlangte aufgrund seiner unkonventionellen Art schnell Star-Status unter den damaligen Ökonomen. Insbesondere die jüngeren Akademiker waren von ihm und seinem Werk begeistert. Das attestierte ihm auch sein österreichischer Gegenspieler auf der anderen Seite des Atlantiks, der neidvoll anerkennen musste, dass das Buch des Briten auch seine eigenen Studenten begeisterte: »Wer Gelegenheit hatte, die Erwartungen der Besten unter unseren Studenten zu beobachten, die Ungeduld, mit der sie auf die Verzögerung bei der Auslieferung ihrer Exemplare reagierten, den Eifer, mit dem sie sie verschlangen, und das allgemeine Interesse, das in allen Bereichen angloamerikanischer Gemeinden zum Ausdruck gebracht wurde, die sich mit derartiger Lektüre befassen (und auch von einigen, die das gewöhnlich nicht tun), der muss zunächst einmal den Autor zu einem bemerkenswerten persönlichen Erfolg beglückwünschen«, schreibt Schumpeter am Beginn seiner Rezension des keynesschen Werks[60]. Das war genug der Herzlichkeit. Auf wissenschaftlichem Gebiet sollten die beiden zeit ihres Lebens keinen Draht zueinander finden. Eine Tragödie, denn bis auf Fragen der praktischen Wirtschaftspolitik waren sie Brüder im Geiste. Hätten sie ihr überlegenes Verständnis von Wirtschaft vereint, dann wäre die ökonomische Welt von heute eine bessere.

Als Keynes' ›Allgemeine Theorie‹ 1936 veröffentlicht wurde, befand sich die Weltwirtschaft bereits im siebten Jahr der großen Krise. Die seismischen Erschütterungen sollten im Börsenkrach von 1929 nur ihren Auftakt nehmen und sich bis Anfang der 30er-Jahre zu einer weltweiten Bankenkrise auswachsen, in deren Verlauf im Frühjahr 1933 auch das amerikanische Bankensystem zusammenzubrechen drohte. Die orthodoxen Ökonomen hatten auf das apokalyptische Ausmaß der Ereignisse nach wie vor keine Antwort parat. Oder aber sie waren, wie Schumpeter und andere, völlig abgeneigt, der Politik überhaupt zum Eingreifen zu raten.

Keynes lieferte nun einen plausiblen Gegenentwurf: Das Angebot schaffe sich seine Nachfrage mitnichten selbst, wie die orthodoxe Ökonomie seit zwei Jahrhunderten meinte, es gebe daher kein automatisches Vollbeschäftigungsgleichgewicht. Die Märkte würden es eben nicht immer am besten regeln. Die aktive Hebung der Nachfrage sei vielmehr der Dreh- und Angelpunkt, an dem staatliche Wirtschaftspolitik ansetzen müsse, wenn sie die Volkswirtschaft aus der Depression führen wolle. Oder anders gesagt: Der Staat müsse als Schuldner einspringen, wo die Privaten es nicht können oder wollen. Öffentliche Nachfrage auf Pump: Nur so bliebe der kapitalistische Schuldenmotor am Laufen. Sein Vorschlag: Arbeitsprogramme, mit denen die Millionen Arbeitslosen wieder in Lohn und Brot gebracht werden. Dadurch würde die Massenkaufkraft aus ihrem tiefen schwarzen Loch geholt und damit die fürchterliche Abwärtsspirale, die die Wirtschaft lähmte, durchbrochen. Die Depression hätte ein Ende.

Keynes' Überlegung war simpel und lässt sich anhand dessen, was im bisherigen Verlauf des Buches behandelt wurde, leicht nachvollziehen: Hält sich der Staat in einer Depression zurück und zeigt auch sonst niemand Bereitschaft, Geld auszugeben, dann droht der Kollaps. Dann verwandeln sich Schulden, die im vorherigen Aufschwung aufgenommen wurden, in wahre Monster; in Firmen- und Arbeitsplatzkiller. Die Unternehmer, die mittels Kredit investierten, konnten die Krise ja nicht voraussehen. Jetzt finden sie für ihre Produkte keine Käufer mehr; und wenn, dann nur zu dramatisch reduzierten Preisen. Wie sollten sie ihren Zahlungsverpflichtungen also nachkommen? Wie sollen sie Zins und Tilgung bezahlen? Die Vorstellung, dass sinkende Löhne daran etwas ändern könnten, mag auf den ersten Blick plausibel erscheinen, weil die Unternehmen dadurch entlastet werden. Aber denken wir eine Runde weiter: Die betroffenen Arbeitnehmer haben jetzt geringere Einkommen. Wie sollten sie damit weiter auf gleich hohem Niveau einkaufen? Ein Ding der Unmöglichkeit. Die

Preise müssten weiter sinken, und mit ihnen die Erlöse der Unternehmen. Unter dem Strich geht es den Firmen aber damit keinen Deut besser als vorher; denn die Beträge ihrer Kreditverpflichtungen sinken nicht. Die bleiben konstant. Heißt im Ergebnis: Gleich bleibende Ausgaben bei immer weiter sinkenden Einnahmen: Ein Teufelskreis. Massenentlassungen und Bankrotte sind die Folge. Und außerdem: Vermögenswerte müssen in sogenannten »Fire Sales« zu jedem Preis auf den Markt geworfen werden. Um doch noch Geld aufzutreiben. Irgendwie. Um Zins und Tilgung trotzdem leisten zu können. Um der Pleite zu entgehen. Und das alles nur, weil man im Aufschwung bereit war, zu investieren und sich dafür zu verschulden; weil man in den Fußstapfen von Schumpeters kreativem Zerstörer wandeln und das große Rad des Kapitalismus eine Runde weiterdrehen wollte. Der janusköpfige Kredit zeigt in dieser Phase der wirtschaftlichen Entwicklung seine Teufelsfratze, während die Wirtschaft in einem deflationären Strudel versinkt.

Keynes schilderte die Zusammenhänge auf rund 400 sehr aufschlussreichen Seiten. Mit einer glasklaren Schlussfolgerung: In der freien Marktwirtschaft besteht keine Tendenz zur Vollbeschäftigung. Das felsenfeste Credo aller Liberalen beruht auf einem Trugschluss. Der gewöhnliche Gang der Marktwirtschaft ist vielmehr ein zyklisches Auf und Ab: Auf Aufschwung folgt Rezession, auf Jobwunder Massenarbeitslosigkeit. Und bisweilen kommt es sogar zu handfesten Depressionen, aus denen sich die Marktwirtschaft nicht selbst befreien kann; wo der Staat daher intervenieren muss. Das komplexe Zusammenspiel aus unsicheren Gewinnerwartungen, unternehmerischen Investitionen, Schulden und den Vermögenspreisen zwingt das System förmlich in eine solche Bahn. Der Kapitalismus ist eben ein Geschäft mit der Zukunft, die keiner im Voraus kennt. Gelegentliche Desaster sind vorprogrammiert.

Den Bruch mit der konventionellen Ökonomie legte Keynes pragmatisch an, was ihm prompt den Vorwurf der »Theorielosigkeit« einbrachte. Die etablierten Ökonomen begannen sich nämlich just um diese Zeit immer stärker für mathematische Modelle zu begeistern. Der Grundstein unseres heutigen Debakels wurde also gewissermaßen damals bereits gelegt. Denn die Präferenz für mathematische Modelle bedeutete fast automatisch ein Faible für die neoklassische Ökonomie. Die empirische Validität der verwendeten Annahmen war weniger wichtig. Nicht so Keynes: Der weigerte sich, seine Theorie auf offensichtlich unrealistischen Annahmen aufzubauen; etwa jener der »vollständigen Konkurrenz« auf allen Märkten oder der totalen Rationalität aller Akteure. Ihn interessierte ganz was anderes: die ständig herrschende Unsicherheit. Gerade dann, wenn es um Entscheidungen mit langfristigen Folgen geht, Investitionen und Finanzierungen über mehrere Jahre: Dann würde die Unsicherheit einen entscheidenden Einfluss auf den Lauf der Dinge nehmen. Zu Keynes' Zeiten noch stärker als heute, denn in den 30ern gab es weder einen Staat, der mittels eigenem Konsum in nennenswertem Umfang für Stabilität sorgte; noch einen, der für strauchelnde Konzerne und bankrotte Banken Rettungspakete schnürte. Was Keynes vorschwebte, war etwas, das der Ökonom G.L.S. Shackle als »Ökonomie der Unordnung« bezeichnete. Wahrlich eine Revolution gegenüber der Orthodoxie, die in ihren mathematischen Modellen weiterhin die »natürliche Harmonie« zelebrierte.

Nassim N. Taleb, von dessen Schwarzen Schwänen schon ausgiebig die Rede war, hat eine Figur parat, die auch zu Keynes gepasst hätte. Diesmal nicht in Gestalt eines gefiederten Freundes, sondern des »Fat Tony«. Mithilfe zweier fiktiver Charaktere namens »Fat Tony« und »Dr. John« illustriert Taleb den Gegensatz zwischen Pragmatikern und Dogmatikern. Alltags-Cleverness des einfachen Mannes vs. Weisheit des akademischen Elfenbeinturms. Rein äußerlich ähnelt Fat Tony Keynes kein bisschen, denn der englische Ökonom war hager, kultiviert und als Lord natürlich Teil der britischen Upper Class. Fat Tony ist ein übergewichtiger, schwitzender und etwas vulgärerer Emporkömmling aus Brooklyn. Der es nichtsdestotrotz schafft, sich aus kleinsten Anfängen in der Poststelle einer New Yorker Bank auf die Handelsetage hochzuarbeiten.

Talebs Fat Tony hat genau die richtigen Talente, um im Straßendschungel von Manhattan zu überleben. Und nicht nur dort: Dank seines Charmes und seiner vielen, informellen Kontakte fliegt der Goldkettchenträger stets First Class ohne Aufpreis, findet für seinen Wagen auch in übervollen Parkgaragen noch Platz, kriegt für den gleichen Abend noch einen Tisch im angesagtesten Restaurant der Stadt und verschafft sich auch ansonsten viele Vorteile durch die Hintertür. Das Leben ist für ihn keine Frage von Rationalität und offiziellem Protokoll; es ist einfach so, wie es ist. Und daraus gilt es eben das Beste zu machen.

Im Vergleich zu Fat Tony ist Dr. John ein Technokrat, wie er im Buche steht. Er arbeitet als Mathematiker für eine Versicherung. Er ist mit sich und seiner Umwelt streng. Hält sich an die Regeln. Immer. Darüber hinaus ist er ein perfekter Organisator; ein Meister des Zeitmanagements. Die Zeitung liest er jeden Morgen schon im Zug nach Manhattan, faltet sie bei Ankunft in der Station sauber wieder zusammen und fährt beim Mittagessen mit der Lektüre fort. Während Fat Tony täglich in den Restaurants im Viertel rumhängt und dort mehr Zeit verbringt, als seine Mittagspausen und seine finanziellen Verhältnisse eigentlich gestatten, nimmt Dr. John das Lunch-Paket von zu Hause mit ins Büro. Weil er so Zeit und Geld spart. In seinem Job als Mathematiker ist Dr. John Perfektionist: Das Handbuch gibt die Regeln vor. Der Kodex der Profession ist ihm heilig. Rationalität seine Maxime. Für jeden Sachverhalt gibt es eine vernünftige Erklärung. Selbst der Zufall unterliegt statistischen Gesetzmäßigkeiten. Und wird damit berechenbar.

In seinem Buch fordert Taleb nun beide Figuren zu einem kleinen Spielchen auf: »Nehmen wir an, wir haben eine perfekte Münze; das heißt, eine, bei der die Wahrscheinlichkeiten von Kopf oder Zahl gleich hoch sind, nämlich 50 Prozent. Die werfen wir 99-mal und erhalten dabei jedes Mal Kopf. Frage an euch beide: Wie hoch ist die Wahrscheinlichkeit, dass sie beim hundertsten Wurf Zahl zeigt?« Darauf Dr. John wie aus der Pistole geschossen: »Das ist ja einfach: Natürlich beträgt

sie nach wie vor 50 Prozent. Was denn sonst?« Hingegen Fat
Tony: »Die Wahrscheinlichkeit liegt nicht höher als 1 Prozent.
Ist doch klar.« – »Wieso klar?«, fragt Taleb. »Ich hatte doch eingangs gesagt, die Münze sei perfekt, das heißt, bei jedem Wurf
sind Kopf und Zahl gleich wahrscheinlich.« Da steigt bei Fat
Tony die Erregung: »Hör mal zu, mein Freund: Entweder du
redest blanken Unsinn oder du bist ein Trottel, der dieser Lüge
von der Gleichverteilung auf den Leim gegangen ist. Wenn
die Münze 99-mal hintereinander Kopf zeigt, dann muss sie
getürkt sein, verstehst du? Das ist kein faires Spiel.« – »Aber
Dr. John hier meinte doch auch, es seien 50 Prozent«, verteidigt sich Taleb. Daraufhin neigt sich Fat Tony grinsend zu
Taleb hinüber und flüstert ihm ins Ohr: »Ach, ich kenne diese
Dr. John-Typen doch alle aus meinen Tagen in der Bank. Die
denken viel zu langsam; halten sich immer ans Schema F. Wir
anderen machten uns ständig einen Spaß daraus, sie auf den
Arm zu nehmen.«[61]

Wer hat recht – Fat Tony oder Dr. John? Das können wir
anhand dieser kurzen Schilderung nicht sagen. Wir wissen ja
nicht, ob die Münze tatsächlich getürkt war oder ob es sich bei
den Ergebnissen der 99 bisherigen Würfe um eine Laune des
Zufalls handelte. Was Taleb mit dieser Episode demonstrieren
wollte, betrifft auch weniger die Frage, »wahr« oder »unwahr«,
sondern zielt vielmehr auf die Anwendbarkeit allgemeiner Paradigmen auf das konkrete Hier und Jetzt. Formal betrachtet
hat Dr. John natürlich recht: Bei einer unendlichen Zahl von
Würfen wird eine perfekte Münze aller Wahrscheinlichkeit
nach ebenso häufig auf Kopf zu liegen kommen wie auf Zahl.
Aber wie nützlich ist diese Erkenntnis in einer nicht unendlichen, nicht perfekten Welt? Nach dem ersten Mal Kopf hätte
Dr. Johns formale Sicht der Dinge natürlich ihre Berechtigung
gehabt: Die Wahrscheinlichkeit eines derartigen Ergebnisses
betrug tatsächlich 50 Prozent. Auch nach dem zweiten, dritten
und sogar fünften Mal hätte er seine Meinung noch mit einiger Überzeugung beibehalten können. Allerdings hätte ihm
da schon klar sein müssen, dass fünfmal hintereinander Kopf
nur noch mit einer Wahrscheinlichkeit von 1:32 auftritt und

damit langsam, aber sicher der Bereich des Unwahrschein-
lichen näherrückt. Spätestens nach zehnmal Kopf wäre erns-
te Skepsis angebracht gewesen, denn die Wahrscheinlichkeit
einer solchen Häufung liegt gar nur noch bei 1:1024. Und um
das Ganze abzukürzen: Die Chance, 99-mal hintereinander
das gleiche Münzbild zu werfen, beträgt exakt

$$1 : 633\,825\,300\,114.115\,000\,000\,000.000\,000 \ (= 1 : 2^{99})$$

und darf damit wohl als »extrem unwahrscheinlich« bezeichnet werden. Theoretisch war an Dr. Johns Meinung nichts zu
beanstanden, keine Frage. Aber in der konkreten Situation
war ihm der bauernschlaue Fat Tony haushoch überlegen.

Keynes' Sicht auf die Dr. Johns seiner Zeit war ähnlich.
Über sie witzelte er: »Klassische Ökonomen benehmen sich
wie Anhänger der euklidischen Geometrie in einer nicht-eukli-
dischen Welt: Ihre Erfahrung sagt ihnen zwar, dass Geraden
sich häufig schneiden, obwohl sie allem Anschein nach parallel verlaufen. Aber anstatt jetzt das Parallelenaxiom zu ver-
werfen und eine nicht-euklidische Geometrie zu entwickeln,
machen sie was? Sie tadeln die Geraden dafür, keine perfekten
Geraden zu sein – und bleiben ansonsten bei ihrer Sichtweise.«[62] Mit anderen Worten: Was die schöne Theorie besagt, das
gilt – und was nicht passt, wird passend gemacht. Die Brisanz
des keynesschen Werkes liegt in seiner Fokussierung auf einer
Wirtschaft, in der Geld und Kredit den Ton angeben. In diesem
Punkt war sich Keynes prinzipiell einig mit Schumpeter, der
aber seinerseits nicht in der Lage war, Sympathie für den
Briten zu entwickeln: Auch er hieß die ›Allgemeine Theorie‹
nicht willkommen, vor allem, »weil Keynes neben Marx den
geistigen Boden bereitete, auf dem antikapitalistische Hal-
tungen gediehen«. Sein schlimmstes Vergehen bestand laut
Schumpeter darin, dass »er es für andere Nichtsozialisten
geistig respektabel machte, den antikapitalistischen Weg weiter zu beschreiten, als er selbst zu gehen geneigt war.«[63] Ohne
Zweifel eine kuriose Auffassung für einen Autor, der wenige
Jahre später selbst ein Werk herausbringen sollte, in dem es

um nichts anderes geht, als um Marx und den Sozialismus. Und aus dem das vielleicht berühmteste Zitat Schumpeters stammt, das da lautet:»Kann der Kapitalismus überleben? Nein, ich denke nicht, dass er das kann.«[64]

Die Revolution der Ökonomie, die sich Keynes auf die Fahnen geschrieben hatte, währte alles in allem nur kurz: Das Imperium der Etablierten schlug schon nach kurzer Zeit zurück. Und Schumpeter drüben in Harvard schmollte. Von dort war keine Unterstützung zu erwarten. So kam es, wie es kommen musste, und die adäquate Rezeption von Keynes' ›Allgemeiner Theorie‹, die zur Offenlegung des kapitalistischen Schuldenmotors führen hätte können, zu einem vertieften Verständnis seiner komplexen Funktionsweise. Die Bedeutung der unternehmerischen Kreditfinanzierung für die Investitionen, die Preisbildung bei Aktien, Immobilien und anderen Vermögenswerten, die Bedeutung des Finanzmarktes und seiner Akteure, das Verständnis spekulativer Exzesse und ihrer Entstehung – all das verschwand schon ein paar Jahre nach Keynes' Tod wieder im dunkelsten Winkel der volkswirtschaftlichen Bücherschränke und ward lange Zeit nicht mehr gesehen.

Dass es so etwas wie »Geld« überhaupt gibt, wurde zwischenzeitlich zwar akzeptiert, aber die feste Überzeugung der Ökonomie lautet auch heute noch: Dieses Geld hat keinerlei Bedeutung. Es gleiche vielmehr einem Schleier, der die wahren Realtransaktionen verhüllt. Eine Art »Schmiermittel« sei das Geld bloß, das die Abwicklung des Tausches erleichtert. Von Keynes' Wirtschaft, in der sich alles ums Geld dreht, in welcher Unternehmen investieren, Verbraucher konsumieren und Banken finanzieren, in der es Vermögensanlagen und Finanzmärkte gibt, auf denen Schuldtitel zerstückelt und häppchenweise gehandelt werden, in der Unternehmer von ihren Animal Spirits getrieben werden und eine unsichere Zukunft bewältigen müssen – von all dem war nichts mehr zu erkennen. Die Neoklassische Synthese, auch heute noch die ökonomische Leitreligion, postuliert eine kapitalistische Wirtschaft, der alle typischen Wesensmerkmale des Kapitalismus fehlen. Sie hat die dynamische Auffassung von Keynes, seine »Ökonomie der Unordnung« nicht begriffen. Und auch Schumpeter, der ihr dem Wesen nach näherstand, ließ sie links liegen. Die Bedeutung des Kredits für das Funktionieren der kapitalistischen Wirtschaft blieb daher bis heute ein Mysterium. Banken und Finanzmärkte kommen im ökonomischen Kosmos erst gar nicht vor.

Aus diesem Blickwinkel wird nachvollziehbar, warum es in der Frühphase der Krise immer wieder zu Beschwichtigungen seitens der Ökonomen und der von ihnen beratenen Politik kam, wonach alles schon nicht so schlimm werden würde, die notleidenden Kredite nur ein Problem der USA, das deutsche Bankensystem ganz anders aufgestellt und deswegen davon nicht betroffen sei und so weiter. Die nüchterne Erkenntnis lautet: Die Ökonomen konnten über die entscheidenden Aspekte des Kapitalismus gar keine zutreffenden Aussagen machen, weil ihre Sensoren dafür nicht empfänglich waren. Sie litten und leiden noch immer unter einem blinden Fleck, der sie nicht nur manches nicht wissen lässt, sondern sie auch daran hindert, zu wissen, was sie nicht wissen. Diesen bedauernswerten Zustand aus eigener Kraft zu überwinden fällt schwer, denn aufgrund der institutionellen Besonderheiten des Wissenschaftsbetriebs gelangt die Wahrheit nur sehr mühsam ans Licht. Oder, um es mit den Worten des Erkenntnistheoretikers Heinz von Förster zu sagen, der damit Platon kommentierte: »Und, so glaube ich, ist Sokrates' zweiter Punkt, das alte Sprichwort ›Unter den Blinden ist der Einäugige König‹, zu korrigieren. Es müsste jetzt heißen: ›Unter den Blinden kommt der Einäugige ins Irrenhaus‹, denn er sieht mehr als die anderen.«[65]

Das jüngste Debakel weist damit auf ein viel größeres Problem hin als das einer gewöhnlichen Finanzkrise: Wir sind nicht bloß mit einbrechenden Börsenkursen und erhöhten Arbeitslosenzahlen konfrontiert, sondern werden uns langsam aber sicher gewiss, dass unsere Sensoren nicht geeignet sind, das ökonomische Geschehen zutreffend zu erfassen. »Vielleicht ist es eine Krise unseres Blicks, eine ästhetische Krise, ästhetisch in dem Sinne, dass wir das Sehen wieder lernen müssen«, schreibt der Münchner Soziologe Armin Nassehi in der FAZ. »Denn das Beunruhigende an der Krise ist ja, dass die Verdoppelung der Welt gerade jenen unsichtbar bleibt, die die Besten auf ihrem Gebiet sind. Das Management in den großen Kredithäusern der Welt kann nicht unisono geirrt haben, und gerade das macht das Fundamentale jener Krise aus, die letztlich die Struktur der modernen Gesellschaft abbildet: in selbst erzeugten Welten zu leben und für wahr zu nehmen, was man darin wahrnehmen kann.«[66]

Versuchen wir also mit Nassehi, das Sehen wieder zu erlernen; und hoffen wir, dass diejenigen unter uns, die darin erfolgreich sind und fortan zumindest als Einäugige durchs Leben schreiten, nicht von den Blinden postwendend ins Irrenhaus gesteckt werden.

Money makes the world go round

Heute weiß ein jedes Kind: In der Wirtschaft geht's um den Profit. Böse Zungen behaupten sogar: Es geht um nichts anderes mehr als den Profit. Er mag nicht immer so genannt werden, im konkreten Anlass als »Rendite«, »Marge«, »Operatives Ergebnis«, »EBITDA«, »Free Cash Flow« oder dergleichen in Erscheinung treten. Gemeint ist damit aber immer das Gleiche: Nach Abzug aller Kosten muss für die Kapitalgeber etwas übrig bleiben: und zwar Cash! Falls nicht, dann gehen kurze Zeit später die Lichter aus. Wobei wir unter »Kapitalgeber« pauschal alle verstehen wollen, die zuvor Geld in das Unternehmen gesteckt haben; sei es als Eigen- oder Fremdkapital. Und dafür nun irgendeine Art von Rückfluss erwarten. Pünktlich zum Termin. Das ist beim Kredit offensichtlich. Aber auch die Geduld von Aktionären ist nicht grenzenlos. Während Zahlungsverzug bei Krediten direkt mit rechtlichen Sanktionen verbunden ist, besteht die Strafe für erfolglose Bewirtschaftung des Eigenkapitals in dessen Preisverfall. Bei börsennotierten Unternehmen in Form sinkender Aktienkurse.

Der Gewinn gehört zum Kapitalismus wie das Doping zur Tour de France: Ohne ihn ist die ganze Veranstaltung einfach nicht mehr denkbar. Dies extra zu betonen mag überflüssig erscheinen, ist es aber keineswegs: Bis heute vermag niemand schlüssig zu erklären, wo der Gewinn eigentlich herkommt. Nach Ansicht der herrschenden Neoklassik dürfte es ihn gar nicht geben. Klingt merkwürdig, ist aber so. Doch lassen Sie sich davon nicht irritieren, denn wir tappen noch zu ganz anderen, grundlegenderen Fragen im Dunkeln. Etwa der, wie die Marktwirtschaft entstanden ist, wann, wo und warum. Auch der Ursprung des Geldes: ein Buch mit sieben Siegeln. Natürlich: Thesen und Meinungen gibt es zu all diesen Fragen wie funkelnde Sterne am Himmel. Aber die eine, die jedermann sofort einleuchtende Erklärung: Fehlanzeige!

Man mag es nicht glauben: Das Theoriegebäude der Neo-

klassik, auf das sich die Wirtschaftspolitik des Westens seit
Jahrzehnten stützt, kennt weder Geld noch Gewinn. Womit
soll man das am besten vergleichen? Mit Gourmet-Kochbü-
chern, die von strengen Vegetariern geschrieben werden?
Mit Vatikan-Funktionären, die Sex-Ratgeber herausbringen?
Schwimmlehrern, die wasserscheu sind? Doch es kommt noch
besser: Zunächst war die Ökonomie gar nicht dazu gedacht,
praxistaugliche Erklärungen zu liefern. Oder gar politische
Empfehlungen abzugeben. Vielmehr war sie eine rein akademische Übung. Ein intellektueller Schleifstein, an dem an-
gehende Ökonomen ihre Gedanken schärfen konnten. Nichts
weiter. Ein Glasperlenspiel – wie in Hermann Hesses gleich-
namigem Roman: So wunderschön und für die Praxis doch
so nutzlos. Aber während die Bürger Kastaliens ihr Leben
unbehelligt von den Magistern des Glasperlenspiels führen
konnten, wird unsere Realität von den Abstraktionen und Fik-
tionen der Ökonomie sehr wohl beeinflusst. Ob wir es wollen
oder nicht. Denn ein Teil der ökonomischen Spielgemeinschaft
wollte sich eines Tages nicht mehr damit begnügen, in kar-
gen Studierstuben um intellektuelle Lorbeeren zu wetteifern,
sondern erhob die eigene Kunst zum offiziellen Katechismus
der Marktwirtschaft. Und verkaufte sie einer gleichermaßen
arglosen wie zahlungskräftigen Klientel von Volksvertretern
als Betriebsanleitung zum allgemeinen Wohlstand. Die nahm
das Angebot gerne an. Expertenrat macht das Leben ja so viel
leichter: Die eigene politische Position wird überzeugender; die
Parteiprogramme werden ausgefeilter; die fiskalische Medizin
aus Leistungskürzungen und Abgabenerhöhungen schmeckt
nicht mehr ganz so bitter.

Unbemerkt von der Öffentlichkeit entkamen die Verrück-
ten dem Sanatorium und übernahmen das Kommando, wie
es im englischen Sprichwort so schön heißt. Nicht ohne den
energischen Protest kritischer Geister, wie zum Beispiel des
amerikanischen Ökonomen Jan A. Kregel: Er machte darauf
aufmerksam, dass sich hier eine akademische Sekte der Praxis bemächtigte, deren Glauben ungeeignet dafür war, konkrete Erkenntnisse über die Realität des Wirtschaftens zu

liefern. Er schreibt: »Kein guter Theoretiker des Allgemeinen Gleichgewichts versuchte, jemals die Realität zu beschreiben oder zu fordern, dass die Theorie dazu benutzt werden soll, sie zu erklären.« Wäre es dabei geblieben, dann hätte die herrschende Ökonomie nach wie vor den Status eines akademischen Zeitvertreibs; eines zwar kostspieligen, aber dennoch harmlosen intellektuellen Spiels. Aber natürlich reichte das den führenden Köpfen der Neoklassik bald nicht mehr: Sie trugen ihre Axiome in die Praxis. Dorthin, wo willfährige Politiker und gutdotierte Beratermandate warteten. Kregel weiter: »Die Theorie, wie sie in den Lehrbüchern beschrieben, in den Hörsälen gelehrt und königlichen Kommissionen erklärt wird, wird von ihnen zur Beschreibung der realen Welt herangezogen. Die Theorie wird benutzt, um Marktoperationen zu erklären und Politikempfehlungen zu geben.«[67]

Und damit führte uns diese Theorie direkt in die Krise. Muss es nicht als Treppenwitz der Geschichte erscheinen, dass wir Tausende Milliarden weltweit in die Stützung eines bankrotten Geldsektors stecken, aufgrund einer Wirtschaftstheorie, die weder Geld noch Banken und schon gar keine Finanzmärkte kennt? Genau darauf läuft es nämlich hinaus: Im herrschenden Paradigma mutiert das allgemeine Objekt der Begierde, von dem Liza Minelli noch sang: »Money makes the world go round«, zu einem Komparsen, einem Nebendarsteller, der halt auch »irgendwie da« ist, aber ansonsten keine Funktion erfüllt. Geld sei »neutral«, heißt es nach wie vor in den gängigen Lehrbüchern. Allen empirischen Gegenbeweisen zum Trotz; alle historischen Erkenntnisse zum regen Treiben rund um Geld und Kredit in den Wind schlagend.

In den Geschichten und Erzählungen aus früheren Zeiten finden sich zahlreiche Hinweise auf Alchemisten und obskure »Geldmacher«: Sie sollten an den Höfen der Fürsten Gold, also Geld, herstellen. So und nicht anders lautete ihr Auftrag. Er lautete nicht etwa, die fürstlichen Ställe voll Hühner, Schweine und Pferde zu zaubern; oder die Waffenkammern mit Schwertern und Schildern aufzufüllen. Oder den Harem mit lieblichen Jungfrauen. Der Fürst wollte nichts von all dem.

Und gleichzeitig alles auf einmal: Er wollte Geld. Geld, Geld, Geld. Geld sollte ihm verschaffen, wonach auch immer ihm gerade der Sinn stand. Und die Alchemisten sollten es ihm verschaffen. Reichlich. In endlosen Mengen. So wie es heute die Zentralbanken machen, beim direkten Ankauf von Wertpapieren zwecks Stützung der Liquidität (das so genannte »Quantitative Easing«).

Seit Jahrhunderten gibt es hervorragende Zeugen für die These, dass es sich bei Geld gerade nicht um einen neutralen Schleier handelt, sondern um das heiß umfehdete und wild umstrittene »Universalmedium« der Gesellschaft. Der Schweizer Ökonom Hans Christoph Binswanger deutet eines der bedeutendsten Dramen der Neuzeit, Goethes ›Faust II‹, sogar als eine alchemistische Theorie der Wirtschaft: »… als die Suche nach dem künstlichen Gold, eine Suche, die sich für denjenigen, der sich ihr einmal verschrieben hat, schnell in eine Sucht verwandelt.«[68] Dass der Teufel beim Geld seine schwefeligen Hände im Spiel hat, ist nicht nur Binswangers Ansicht. Auch Niklas Luhmann gelangte beim Geld zur Auffassung, es handle sich um ein »diabolisches Medium«. Dabei hatte er jedoch weniger den Leibhaftigen mit Hörnern und Pferdefuß im Sinn, sondern die unmoralische Eigenschaft des Geldes, seine Fähigkeit, tradierte Beziehungen zu relativieren und gemeinschaftliche Bindungen unter einen utilitaristischen Rechtfertigungszwang zu stellen. Auch bei Luhmann steht Geld im Fokus des ökonomischen Geschehens.

Durch Geld wird ökonomische Knappheit seiner Ansicht nach ein zweites Mal erzeugt: Einer »natürlichen« Knappheit, die sich aus der tatsächlichen Endlichkeit von Gütern speist, steht dann eine »künstliche« gegenüber, die auf der Knappheit des Geldmediums beruht. »Sein oder Nichtsein« wird damit in einer Geldwirtschaft gleichbedeutend mit »zahlungsfähig oder nicht-zahlungsfähig«. Und entscheidet damit unmittelbar über die Frage: »Haben oder nicht haben?« Durch Geld können Zeitdifferenzen überbrückt werden: Man kann es jetzt ausgeben oder erst später. Vor allem aber muss man zum Zeitpunkt des Gelderhalts nicht wissen, wofür man es zukünftig verwenden wird. Geld ermöglicht es somit, Entscheidungen zu vertagen: hinsichtlich anderer Situationen, anderer Partner, anderer Anlässe, anderer Bedürfnisse, anderer Bedingungen. Dem Individuum eröffnen sich durch die Möglichkeit, soziale Kontexte nach Belieben zu wechseln, neue Freiheitsgrade: Es muss keine Beziehungen mehr »pflegen«, kann Haus, Hof und Familie hinter sich lassen. Alles, was es für sein Überleben benötigt, ist Geld. Geld verschafft ihm alles, was man durch Bezahlen erwerben kann. Andererseits hat es aber auch nur die eine Funktion, irgendwann einmal in einem Zahlvorgang ausgegeben zu werden. Sein universeller Zweck ist somit gleichzeitig sein einziger. Luhmann nennt es deshalb sowohl »zeitstabil« als auch »ereignisgebunden«. Wegen dieser Vorzüge operiert das Wirtschaftssystem nur noch auf der Basis von Geld. Und umgekehrt gilt: Wirtschaft ist überall dort, wo Geld im Spiel ist. Geld markiert damit gewissermaßen die Domäne des Teufels. In allen anderen Beziehungen, in denen die Dinge nicht mit Geld geregelt werden, sondern auf gegenseitiger Zuwendung beruhen, gilt nämlich weiterhin: »Vergelt's Gott.«[69]

Geheimrat Goethe, der als zuständiger Minister für Wirtschaftsfragen am Weimarer Hof als durchaus sachkundig eingeschätzt werden muss, nimmt sich nach Binswangers Einschätzung die Gründung der Bank of England im Jahr 1692 zum Vorbild, als er Faust und Mephistopheles das Papiergeld erfinden ließ. Ausschließlich durch »im Boden vergrabene Reichtümer« sollte es gedeckt sein – so der teuflische Plan. Und er funktioniert: Der Kaiser wird seine Schulden los, die Gewerbetreibenden sind glücklich, und Faust und Mephistopheles haben eine Finanzierungsquelle an der Hand, mittels derer sie im 5. Akt des Dramas die Neuerschaffung der Ökonomie in Angriff nehmen können.[70] Binswangers Fazit: »Wer die Alchemie der Wirtschaft nicht versteht, so lautet die Botschaft von Goethes Faust, kann die ungeheuerliche Dimension der modernen Wirtschaft nicht erfassen.«[71] Am Rande sei vermerkt, dass Professor Binswanger der Doktorvater von Deutsche-Bank-Chef Josef »Joe« Ackermann ist, einem in Sachen »Finanzalchemie« äußerst gelehrigen Schüler, wie es scheint.

Dem ökonomischen Mainstream blieb die Alchemie des Geldes hingegen bis heute verschlossen. Den Finanzmarktkapitalismus des dritten Jahrtausends erklärt er nach wie vor analog zur Marktplatzromantik des Mittelalters. Oder besser: das, was er dafür hält. Denn ob überhaupt jemals so etwas wie eine »Tauschwirtschaft« existiert hat, wie sie in Hunderten von ökonomischen Lehrbüchern als Ursprung der modernen Marktwirtschaft propagiert wird, ist in der Wissenschaft heftig umstritten. Der Anthropologe George Dalton verneint dies jedenfalls ausdrücklich. Er schreibt:»Zusammenfassend können wir daher sagen: Die geldlose Marktwirtschaft war keine Evolutionsstufe in dem Sinne, dass sie als vorherrschendes System vor Beginn der Geldwirtschaft angesehen werden könnte. Tauschwirtschaften fanden in der Vergangenheit wie in der Gegenwart zwar durchaus weite Verbreitung; aber immer nur als sporadische oder Notfällen geschuldete Übergangslösung von untergeordneter Bedeutung; eingerichtet von Akteuren, die sehr wohl um alternative und wesentlich wichtigere Transaktionsweisen wussten.«[72]

Gleichwohl hält die Ökonomie eisern an der Vorstellung vom Tausch als Ursprung des Wirtschaftens fest. Was nur folgerichtig ist, wenn sie die ihrer Ansicht nach »ewigen Prinzipien« der Ökonomie nicht vom Sockel stoßen will, wonach sich der Faustkeil schwingende Neandertaler im Bärenfell grundsätzlich nicht anders verhalten habe als die in Nadelstreif gewandeten Großkapitalisten des 20. und 21. Jahrhunderts. Würden die Exegeten dieses modernen Glaubens diese Überzeugung fallen lassen, wären sie im selben Moment »nackt«, so nackt wie der Kaiser, der sich erst von einem kleinen Mädchen sagen lassen musste, dass er sich vor seinem Volk entblößt hatte; einem Volk, das sich in seiner Autoritätsgläubigkeit nicht getraute, seinem Herrscher das Offensichtliche ins Gesicht zu sagen. Wer weiß, wie der Kaiser darauf reagieren würde? Nein, viel zu riskant: besser, die Wahrheit bleibt unausgesprochen. In einer realen Abwandlung des bekannten Märchens von Hans Christian Andersen lesen wir bei David Goodfellow, einem der führenden neoklassischen Köpfe seiner

Zeit: »Es ist seit langem anerkannt, dass die Ökonomische Theorie einen universellen Anspruch in sich trägt. Das Ziel ist, aufzuzeigen, dass die Konzepte der Ökonomischen Theorie einen derartigen Anspruch auf universelle Gültigkeit auch haben müssen; und dass, falls dem nicht so wäre, das Resultat nicht nur zu wissenschaftlicher Konfusion, sondern darüber hinaus zu praktischem Chaos führen würde.«[73]

Genau wie im Märchen scheint auch hier die Maxime zu sein: Chaos? Bloß nicht! Der Kaiser muss auch weiterhin im Glauben gefangen bleiben, er trüge Gewänder aus feinstem Zwirn; so vorzüglich zu Tuch verarbeitet, dass man sie selbst am eigenen Körper nicht spüren kann. Goodfellow propagierte zeit seines Lebens, dass auch die primitivsten Völker schon typisches, am Eigennutz orientiertes Verhalten zeigen. Weil es »doch immer das klein bisschen mehr oder weniger sei, das zähle, die Extraeinheit, sozusagen«.[74] Ginge es nach ihm, dann wären die Ureinwohner des Amazonas nichts anderes als die Ethno-Ausgabe des Homo oeconomicus; und dann steckte in jedem Jäger und Sammler des Regenwaldes ein kleiner Gordon Gekko. Die ewigen Gesetze der Ökonomie hatten nach Goodfellows Verständnis ihren Anfang in archaischen Tauschwirtschaften und wirken im modernen Finanzmarktkapitalismus unverändert fort. Salopp gesagt: Das Kapitalistenschwein saß bereits am urzeitlichen Lagerfeuer. So jedenfalls die These, für deren Widerlegung sich dummerweise noch kein kleines Mädchen gefunden hat, das aus der Menge hervortritt und das Offensichtliche feststellt: »Der Kaiser ist ja nackt!«

Für den Tausch gilt nämlich die gleiche Regel wie für den Tango: Es braucht dazu immer zwei. Er ist seinem Wesen nach bilateral. Das bedeutet, dass eine Transaktion nur dann stattfinden kann, wenn eine Person A an eine Person B ein bestimmtes Gut X übergibt, und im Gegenzug Person B der Person A gleichzeitig ein anderes Gut Y aushändigt. A und B müssen sich vor jeder Transaktion über das Tauschverhältnis einigen (den »relativen Preis« der Güter X und Y bezogen aufeinander, wie die Ökonomen sagen); aber sobald das geschehen ist, kommt es simultan zu Leistung und Gegenleistung. Solange sich die beiden Tauschpartner nicht gegenseitig übers Ohr hauen, gibt es hier keinen Gewinn. Man könnte beim besten Willen nicht sagen, wer durch den Tausch reicher oder ärmer geworden ist. Zwar ließen sich sehr spitzfindige Überlegungen darüber anstellen, denn man könnte zum Beispiel auf die unterschiedlichen Arbeitszeiten abstellen, die Anbieter A und Anbieter B jeweils in die Herstellung ihre Tauschgüter investiert haben. So wie sich das Adam Smith für »eine Nation von Jägern« vorgestellt hat, in der, »wenn es für gewöhnlich zweimal so viel Mühe kostet, einen Biber zu erlegen, als ein Reh, ein Biber natürlich für zwei Rehe getauscht werden sollte«.[75] Trotzdem: Ein Phänomen wie Gewinn lässt sich daraus nicht erklären. Da der Preis von Gut X in Gut Y besteht und der Preis von Gut Y in Gut X, wird man zu keinem absoluten Maß gelangen, sondern immer nur zu einem relativen.

Die Figur des Tausches hat noch ein anderes wichtiges Charakteristikum: Durch die Gleichzeitigkeit der beiden Einzeltransaktionen von Gut X und Gut Y ist sichergestellt, dass sich eine Tauschwirtschaft stets im schon angesprochenen »Gleichgewicht« befindet. Denn ob eine Transaktion stattfindet oder nicht, in beiden Fällen sind die unterschiedlichen Märkte jeweils im Ausgleich; bei Smith wären das sowohl der Markt für Biber als auch der für Rehe. Die Grundfigur des Tauschs ist somit einfach: mindestens zwei Tauschpartner, zwei Tauschgüter und ein relativer Preis, zu dem diese simultan den Besitzer wechseln. Es mag Tauschvorgänge mit mehreren Beteiligten und einer ganzen Reihe von Gütern geben, aber alle diese Operationen lassen sich auf die einfache Grundfigur zurückführen. Hingegen gibt es keinen »halben« Tausch, bei dem etwa Gut X den Besitzer wechselt, aber nicht Gut Y. Ein Ungleichgewicht zwischen den Märkten ist somit nicht möglich. In einer solchen Wirtschaft kann es daher auch nicht zu Turbulenzen kommen. Sie funktioniert »perfekt« in dem Sinn, dass nichts verkauft werden kann, ohne dass im Gegenzug nicht etwas Gleichwertiges gekauft wird.

Wenn Sie Kinder im Grundschulalter haben, dann wird Ihnen das Prinzip vertraut sein: aus dem Unwesen der Sammelbilder und -figuren nämlich, von denen man neuerdings an den Supermarktkassen heimgesucht wird. Früher gab es Fußball-Sammelkarten bei Welt- und Europameisterschaften. Aber heute? Jede halbwegs beliebte Serie im Kinder-TV pusht ihre Merchandising-Artikel über das Impulsgeschäft zu beiden Seiten des Kassenlaufbands: Bakugan, Yu-Gi-Oh, Transformers, Little Pony, Prinzessin Lillifee, Gogos und wie die neuen Helden der Kids sonst noch alle heißen mögen. Zusätzlich die gewohnten Fußballbildchen von früher obendrauf, aber jetzt natürlich nicht mehr nur anlässlich von Welt- und Europameisterschaften, sondern auch noch in der Alle-Jahre-wieder-Version »Bundesliga«: Sie sichern den kommerziell Beteiligten regelmäßigere Gewinne als die nur turnusmäßig stattfindenden Großveranstaltungen.

Auf welches Problem stößt der kindliche Sammler schon recht bald, sofern die Eltern dem Bitten und Betteln an der Kasse nachgeben und den Spaß finanzieren? Genau: Die Bildchen und Figürchen, die man doppelt und dreifach hat, häufen sich. Aber Gott sei Dank gibt es Unterrichtspausen und gemeinsame Nachmittage mit Freunden, wo Gleichgesinnte zusammenkommen können, um »Überschüsse abzubauen« und »Knappheiten zu überwinden«, wie die Gelehrten das nennen. Genau so, wie sich das der Adam Smith im späten 18. Jahrhundert für die Marktwirtschaft vorgestellt hat. Ich habe zwar keine Vorstellung, welcher Held heute an der Pausenhof-Börse mit welchem Kurs notiert, aber zu meiner Zeit hieß es jedenfalls »Einen Franz Beckenbauer für einen Paul Breitner plus einen Berti Vogts« – oder so ähnlich. Und getauscht wurde direkt oder auch um zwei Ecken: Der Kurt hatte den Berti Vogts, der mir fehlte, brauchte aber einen Mario Kempes, den ich nicht hatte, dafür aber der Werner, der ihn dem Kurt gab, wenn ich ihm dafür meinen doppelten Hans Krankl überließ. So ging es fröhlich dahin, alle zwei Jahre wieder, wenn entweder Fußball-EM oder -WM angesagt war: Tauschwirtschaft vom Feinsten, wie sie kein Ökonomie-Lehrbuch plastischer darstellen könnte.

Wir halten fest: Die Tauschwirtschaft ist stets im Gleichgewicht Zudem gilt beim Tauschen aber auch noch etwas anderes, was man in einer Marktwirtschaft so nicht vorfinden wird: Nehmen wir an, unser Gut X sind Kartoffeln, und Gut Y Eier. Und nehmen wir weiter an, dass sich Anbieter A und Anbieter B auf ein Tauschverhältnis von 1 kg Kartoffeln für 1 Dutzend Eier einigen. In diesem Verhältnis tauschen A und B nun ihre Waren, wie wir unsere Fußballbildchen. Was automatisch dazu führt, dass die Einnahmen von A gleich den Ausgaben von B sind und umgekehrt. Sobald die beiden Anbieter sich auf den relativen Preis für ihre Waren geeinigt haben und den Tausch vollziehen, kann der eine nicht plötzlich auf die Idee verfallen, dass er einen Teil seiner Einnahmen lieber sparen wolle und daher nur 10 Eier statt 12 für das Kilo Kartoffeln hergibt: Entweder er tauscht im vorher festgelegten Verhältnis – oder eben gar nicht. Der Wert des Angebots (Kartoffeln) muss deshalb beim Tausch immer identisch mit dem Wert der Nachfrage (Eier) sein. Anders geht es nicht.

Auch dieses Prinzip finden wir in unserer Fußballbilder-Ökonomie wieder: Wenn ein Beckenbauer für einen Paul Breitner plus einen Berti Vogts den Besitzer wechselt, dann erhält der eine zwar zwei Bildchen im Austausch für nur eines, aber was heißt das schon? Was die Jungs umtreibt (oder heutzutage auch die Mädchen), ist ja nicht das bedruckte Stück Papier als solches; sondern das Porträtbild eines bestimmten Spielers. Es würde keinem Kind in den Sinn kommen, einen numerischen Zugewinn von einem Sammelbild als »Gewinn« zu bezeichnen oder die Abgabe von zwei doppelt vorhandenen Bildern für ein neues als »Verlust«. Über das vereinbarte Austauschverhältnis lässt sich wirklich nicht mehr sagen, als dass unter Sammlern der Beckenbauer eben genauso viel zählt, wie zwei andere, weniger prominente Spieler (Fans von Paul Breitner und Berti Vogts mögen mir verzeihen). Dieser relative Preis gilt auf beiden Seiten gleichermaßen und stellt sicher, dass bei jedem einzelnen Tauschvorgang die Preise der angebotenen und nachgefragten Bildchen gleich hoch sind.

Aus diesem simplen Sachverhalt schlussfolgerte ein gewisser Jean Baptiste Say Anfang des 19. Jahrhunderts eines der zentralen Postulate, auf denen die orthodoxe Ökonomie auch heute noch ruht: das so genannte »Say'sche Gesetz«. Fußballsammelbilder gab es zwar zu Says Zeiten noch keine, aber dennoch kommt er zur exakt gleichen Ansicht wie wir: Dass sich jedes Angebot eines Gutes automatisch seine Nachfrage schafft, weil es eben nur ganze Tauschoperationen geben kann und keine halben. Und über den relativen Preis daher Wertidentität bestehen muss. Dieses eherne Prinzip, das Ihnen aus den bisherigen Beispielen sicher einleuchten wird, wurde von Says Nachfolgern recht unbekümmert auf die Geldwirtschaft angewendet.

Funktioniert eine auf Geld basierende Marktwirtschaft wirklich wie eine Tauschwirtschaft? Überlegen wir noch einmal: Das Angebot an Kartoffeln trifft in einer Geldwirtschaft nicht mehr auf eine Nachfrage nach Eiern, sondern eben nach Geld. Es mag ja durchaus vorkommen, dass unser Marktverkäufer A gleich nach dem Verkauf seiner Kartoffeln loszieht und sich zwei Stände weiter beim Kollegen B ein paar Eier kauft, welche er aus den Erlösen seiner eigenen Verkäufe bezahlt, die er zuvor tätigen konnte. Aber das wird ihn noch lange nicht dazu bewegen, sich seine Kartoffeln in Eiern bezahlen zu lassen. Wenn Sie selber regelmäßig auf dem Dorfmarkt einkaufen, dann werden Sie vielmehr wissen, dass moderne Marktverkäufer nur an einer Form der Bezahlung interessiert sind: Bargeld! Für die Nachfrage nach Eiern unseres Anbieters B gilt das natürlich ganz genauso: Sie trifft auf dem Markt nicht auf ein Angebot von Kartoffeln, sondern wiederum Geld. Die, die welches haben und denen der Sinn nach Eiern steht, werden mit Geld bezahlen wollen. Und unser Anbieter B wird es nur allzu gerne akzeptieren wollen. In einer Geldwirtschaft wollen tatsächlich alle nur Geld, Geld und nochmals Geld.

Spinnen wir das Beispiel fort: Nehmen wir an, dass ich für einen Preis von 5 Euro sowohl ein Kilo Kartoffeln als auch ein Dutzend Eier kaufen kann. Der relative Preis zwischen Kartoffeln und Eiern ist in unserer Geldwirtschaft also noch immer der gleiche wie oben beim Tausch. Soll heißen: Ich bekäme im direkten Austausch noch immer die entsprechenden Mengen Kartoffeln und Eier. Aber jetzt mache ich einen Zwischenschritt, bei dem ich für mein Kilo Kartoffeln zunächst 5 Euro vereinnahme und dann für das Dutzend Eier verausgabe. Klingt sehr ähnlich wie beim Tausch, hat aber dennoch dramatisch andere Konsequenzen: Anbieter A kann seine Kartoffeln unter diesen Umständen für 5 Euro das Kilo verkaufen, aber nichts zwingt ihn, dafür Anbieter B ein Dutzend Eier abzunehmen; oder zumindest ein halbes Dutzend; oder auch nur ein einziges Ei. Anbieter A kann sich mit seinen 5 Euro an eigenen Erlösen etwas ganz anderes kaufen, wenn er will. Oder er kann darauf verzichten und sie ganz oder teilweise sparen. Er kann seine kleine Geldkassette mit den Tageseinnahmen einfach unter den Arm klemmen und damit nach Hause fahren. Ohne auch nur im Traum daran zu denken, vorher noch bei Anbieter B vorbeizuschauen, um dem ein paar Eier abzukaufen. Anbieter B kann also keineswegs damit rechnen, dass Anbieter A oder irgendein anderer Marktteilnehmer bereit ist, ihm für 5 Euro das Dutzend seine Eier abzunehmen. Im Unterschied zum Tausch ermöglicht die Geldwirtschaft »halbe« Transaktionen: Kartoffeln gehen über den Ladentisch, aber Eier nicht. Das Angebot schafft sich hier mitnichten seine Nachfrage. Anbieter B trägt in diesem Fall anders als bei der Tauschwirtschaft deshalb ein unerhörtes Risiko: Er hat auf eine bestimmte Zukunftserwartung hin produziert, die eintreten kann oder auch nicht: Vielleicht findet er jemand, der ihm seine Eier abkauft; vielleicht sogar ein ganzes Dutzend für 5 Euro. Aber sicher ist das nicht. Womöglich ist das ganze Dutzend nur zu einem Preis von 3 Euro an den Mann zu bringen. Es könnte aber genauso gut passieren, dass die Käufer ganz ausbleiben und er am Abend ohne einen einzigen Cent an Einnahmen wieder nach Hause fahren muss. Und das, obwohl es vielleicht er selbst war, der unserem Anbieter A für 5 Euro schon am frühen Vormittag das Kilo Kartoffeln abgenommen hat. Wofür der sich aber nicht im Geringsten revanchiert, indem er bei B eine entsprechende Anzahl Eier kauft. Anders als beim Tausch muss er das in einer Marktwirtschaft mit Geld auch nicht: Er kann Einnahmen verzeichnen, wo alle anderen keine haben. Er kann Gewinne erzielen, wo alle anderen Defizite verbuchen.

Konkret: Anbieter A hat am Ende eines anstrengenden Markttages einen Überschuss von 5 Euro in seiner Kasse, Anbieter B hat 5 Euro weniger als noch bei Tagesanbruch. Anbieter B hat also ein Defizit. Ist das eine andere Konstellation als beim Tausch? Selbstverständlich. Das ist sogar eine dramatisch andere Konstellation, wie wir gleich noch deutlicher sehen werden. Wenn wir nämlich weiter annehmen – obwohl wir das unserem Anbieter B natürlich nicht wünschen –, dass aufgrund einer urplötzlich einsetzenden Änderung in den Essgewohnheiten niemand mehr Eier verspeisen möchte. Was passiert dann? Anbieter B wird überhaupt keine Einnahmen mehr verzeichnen, aber weiterhin Ausgaben für seinen Lebensunterhalt haben (er könnte die Eier natürlich selbst essen, aber irgendwann hält das auch der eingefleischteste Protein-Fan nicht mehr durch, wie Tausende vorzeitig abgebrochener Atkins-Diäten belegen). Die Defizite von unserem armen B werden somit chronisch, bis ihm eines schönen Tages das Geld ausgeht und er wirtschaftlich am Ende ist: Pleite. Rollladen runter, aus und vorbei! Es ist daher kein Wunder, dass Keynes eine Ökonomie des Geldes zum Ausgangspunkt seiner Betrachtungen wählte, als er der herrschenden Gleichgewichtslehre seine Theorie der Unterbeschäftigung gegenüberstellte.[76] Eine Geldwirtschaft kennt Phänomene wie jenes, das gerade unseren Eierproduzenten in die Knie zwang; übersetzt auf die Begriffswelt von heute: Langzeitarbeitslosigkeit, Verteilungsungerechtigkeit und Finanzkrise. Alles Erscheinungen, die im neoklassischen Mainstream keinen Platz finden.

Natürlich, das muss zur Ehrenrettung der Wirtschaftstheorie auch gesagt werden, beließ die es all die Jahrzehnte hindurch nicht bei einer ganz so simplen Tauschvorstellung wie der oben skizzierten. Insbesondere ein Mann namens Léon Walras wollte es zu Beginn des 20. Jahrhunderts auf keinen Fall hinnehmen, dass der Markt nicht so wollte, wie er und

Gleichgesinnte es sich ausgedacht hatten. Er entwarf daher ein recht komplexes mathematisches Gleichungssystem, das den Markt zurück in ein Gleichgewicht à la Tausch zwang. Unter völlig realitätsfernen Annahmen zwar, aber immerhin: Das Dogma war gerettet. Und damit die moderne, mathematische Ökonomie geschaffen, auf deren Grundlage zahlreiche Nobelpreise verliehen wurden. Die aber bis heute weder mit Geld noch mit Gewinn zurechtkommt, keine historische Zeit kennt und Unternehmen links liegen lässt. Und sich daher einen Kapitalismus zum Leitbild macht, der alles sein darf – nur nicht kapitalistisch.

Infolge davon versuchen wir die heutige Welt der Finanzmärkte und des Multimilliarden-Derivate-Casinos noch immer anhand von Verhaltensweisen zu ergründen, die wir oben beim Kartoffelbauer und beim Hühnerzüchter beobachten konnten; und die unsere Kinder ganz intuitiv an den Tag legen, wenn sie auf dem Schulhof ihre Sammelkarten tauschen. Dass Geld in der modernen Wirtschaftswissenschaft keine Rolle spielt, wird von niemand anderem als einem ihrer wichtigsten Vertreter, dem Amerikaner Frank Hahn, auf den Punkt gebracht. Er schreibt: »Die größte Herausforderung, die dem Theoretiker durch die Existenz von Geld auferlegt wird, ist die: Das am besten entwickelte Modell von Wirtschaft hat einfach keinen Platz dafür.«[77] Und Nobelpreisträger James Tobin spitzt das Ganze schließlich zum Dogma zu: »Es gibt kein größeres Verbrechen für einen ökonomischen Theoretiker, als die Geldillusion anzunehmen.«[78] Und so fokussiert die ökonomische Theorie auch heute noch auf reale Größen und spricht dem Geld eine aktive Rolle im wirtschaftlichen Geschehen ab. Falls es doch Wirkung entfaltet, unterliegen Produzenten und Konsumenten eben einer Art Missverständnis, einer Illusion, durch welche sie sich in die Irre leiten lassen und die wahren Zusammenhänge der realen Gütersphäre nicht mehr durchschauen. Folgerichtig spricht die Ökonomie von »Geldillusion«, wie auch Tobin im vorstehenden Zitat. Woraus man dann wohl schlussfolgern muss: Der schwerste konjunkturelle Einbruch seit der Weltwirtschaftskrise beruht nach Ansicht der Ökonomen auf nichts anderem als einer Fata Morgana. Hätten sich stattdessen alle verhalten, wie die Ökonomie glaubt, dass sie es für gewöhnlich tun, dann wäre weiter nichts Schlimmes passiert. So schreibt Frank Hahn: »Die Ziele von wirtschaftlichen Akteuren, nach denen sie ihre Handlungen und Pläne ausrichten, hängen nicht von nominellen Größen ab. Wirtschaftsakteure interessieren sich nur für reale Faktoren, wie Güter (…), Freizeit und Arbeitseinsatz. Wir bezeichnen das als ›Axiom der Abwesenheit von Geldillusion‹, ohne das keine sinnvolle Analyse auskommen kann.«[79]

Nun mag man in der Theorie alles Mögliche für zweckmäßig halten. In der Praxis scheint mir jedoch eine ganz andere Maxime zu gelten: Die so genannte »Geldillusion« stellt nicht die Ausnahme dar, sondern die Regel. Unser ökonomisches Verhalten orientiert sich an Geldpreisen. Schließt man sich dieser Auffassung an, gelangt man zu einer radikal anderen Sicht auf das wirtschaftliche Geschehen: Geld und Geldschulden werden dann zur treibenden Kraft des Kapitalismus. Um es mit dem Marxisten Rudolf Hilferding zu sagen: »Das Geld (…) ist die erste heiße Liebe des Kapitalismus. (…) Es ist eine starke und große Leidenschaft, verklärt von allem Schimmer der Romantik. Um des heißersehnten Besitzes der Geliebten willen verrichtet er (der Kapitalismus) alle Heldentaten, entdeckt er neue Weltteile, führt immer erneute Kriege, errichtet den modernen Staat und vernichtet aus romantischer Schwärmerei die Grundlage aller Romantik, das Mittelalter.«[80]
Wissen Sie, wie sich Ihr persönliches Realeinkommen in jüngster Zeit so entwickelt hat? Ich kann es mir nicht vorstellen. Denn diese Größe auch nur annähernd zu bestimmen, erfordert große Mühe. Um sich auch nur eine ungefähre Orientierung zu verschaffen, müssten Sie sich auf der Website des Bundesamts für Statistik Ihre individuelle Inflationsrate im Nachhinein berechnen lassen, und diese dann auf Ihr laufendes Einkommen anwenden. Machen Sie das regelmäßig? Vermutlich nicht. Und selbst wenn, dann ist das noch weit entfernt von dem, was der weiter oben zitierte Frank Hahn

mit seinem Axiom gemeint hat. Denn um so zu »ticken«, wie er meint, müssten Sie sich folgendermaßen verhalten: Sie bekommen eine Gehaltserhöhung von 10 Prozent. Um festzustellen, ob Sie sich darüber freuen können, sondieren Sie alle Preisveränderungen bei Konsumgütern, die Sie tagtäglich kaufen oder zu kaufen beabsichtigen. Diese notieren Sie sich und stellen sie Ihrem Gehaltszuwachs gegenüber. Wenn Sie dann feststellen, dass Sie eine reale Einkommenserhöhung erhalten haben, fangen Sie an, sich über die reale Einkommenserhöhung zu freuen. Wenn nicht, dann nicht. Falls ja, dann passen Sie Ihre Konsumausgaben wie auch Ihre Spartätigkeit den neuen, realen Verhältnissen an: Sie konsumieren ein wenig mehr und einen Teil des zusätzlichen Einkommens legen Sie auch auf die hohe Kante. Falls nein, dann ändert der Umstand, dass Ihnen Ihr Arbeitgeber jeden Monat 10 Prozent mehr Geld auf Ihr Konto überweist, an Ihrem Konsum- und Sparverhalten nichts.

Seien wir ehrlich: Menschen verhalten sich in der Regel nicht so rational. Ich will damit nicht in Abrede stellen, dass Einzelne so agieren. Und auch nicht, dass eine wachsende Bevölkerungsschicht am untersten Ende der Einkommensskala dazu gezwungen ist, an einer solchen Disziplin eisern festzuhalten, weil ihr schlicht nichts anderes übrig bleibt. Und hier ist auch nicht von Ausnahmesituationen die Rede, etwa Phasen galoppierender Inflation oder gar Hyperinflation. In solchen Fällen würden sicher sehr viele so handeln. Da tritt die Orientierung an realen Güterverhältnissen in den Vordergrund, weil niemand mehr auf Geld vertraut. Aber normalerweise und bei weitestgehender Preisstabilität wird sich kaum jemand so verhalten.

Das Gros der Einkommensbezieher unterliegt vielmehr, um es mit den Begriffen der herrschenden Lehre zu formulieren, einer permanenten Geldillusion, der man sich üblicherweise erst dann bewusst wird, wenn die meisten Kaufentscheidungen längst getroffen und ausgeführt sind; wenn am Monatsende das Konto wieder einmal hoffnungslos überzogen ist oder die Kreditkartenrechnung penibel die Shopping-Exzesse der letzten 30 Tage auflistet. Jüngste Studien aus den USA belegen das: Demzufolge geben die Verbraucher deutlich mehr Geld aus, wenn sie auf ihren Einkaufstouren mit Kreditkarte bezahlen statt mit Bargeld – und zwar um sage und schreibe 40 Prozent mehr:»Konsumenten sind deutlich sparsamer, wenn sie mit Geld bezahlen, weil sie sich deutlich bewusst sind, wie viele Scheine sie aus ihren Brieftaschen ziehen«, kommentiert Sue Fogel, Vorsitzende des Instituts für Marketing an der Chicagoer DePaul-Universität, die Ergebnisse.»Wenn sie aber mit Kreditkarte bezahlen, dann wirkt der Bezahlvorgang weniger real. Einige Studien deuten sogar darauf hin, dass Konsumenten mehr ausgeben als sonst, wenn sich in ihrem Blickfeld überhaupt nur das Logo einer Kreditkartenfirma befindet«.[81]

Unterstützen die beobachteten Verhaltensweisen wirklich die These von der»Geldillusion«, nach der nüchtern kalkulierende Verbraucher jegliche Marketingmanöver seitens Industrie und Handel durchschauen, und ihr Einkaufsverhalten so steuern müssten, dass ihre reale Nettoposition gewahrt bleibt? Eine relativ neue Strömung in der Wirtschaftswissenschaft, die unter dem Begriff»Behavioral Economics« verhaltenspsychologische Elemente in die Disziplin einführt, kommt zu dem Ergebnis, dass das nicht der Fall ist. Sie hat die Relevanz von Geldgrößen für ökonomische Entscheidungen anhand von Studien und Experimenten eindeutig nachgewiesen. So konnte zum Beispiel gezeigt werden, dass Personen, deren Gehalt um 2 Prozent erhöht wird, während die allgemeine Inflationsrate bei 4 Prozent liegt, sich finanziell besser gestellt fühlen, als wenn bei allgemeiner Preisstabilität ihr individuelles Gehalt um 2 Prozent reduziert würde.[82] In einer anderen Studie wurden Probanden gebeten, sich zwei Personen vorzustellen: Carol und Donna. Beide sind, so die Vorgaben, in derselben Gegend aufgewachsen, machten zusammen den Schulabschluss und fanden danach gleichwertige Jobs in zwei Werbeagenturen. Carol startet mit einem Jahresgehalt von 36 000 Dollar, während das durchschnittliche Einstiegsgehalt in ihrer Firma bei 40 000 Dollar liegt. Donnas anfängliches Gehalt beläuft sich auf 34 000 Dollar, womit sie aber deutlich über der üblichen Einstiegsvergütung ihrer Firma liegt, die nur 30 000 Dollar ausmacht. Mit anderen Worten: Carols Gehalt ist zwar deutlich höher als das von Donna, aber relativ zu allen anderen Berufseinsteigern in ihrer Firma liegt sie niedriger; Donna hingegen verdient nominell weniger als Carol, liegt damit aber noch immer weit über dem Durchschnitt dessen, was ihre Kollegen am Anfang verdienen.

Auf die Frage, welche der beiden sie als zufriedener mit ihrer beruflichen Situation einschätzten, antworteten 80 Prozent der Befragten: Donna. Und das, obwohl unter ansonsten gleichen Bedingungen der »relative Preis« von Carols Arbeit deutlich höher liegt und sie sich deshalb real auch mehr leisten kann. Auf die Frage, welche der beiden Personen wohl eher ihren Arbeitgeber wechseln würde, um eine Stelle in einer anderen Firma anzunehmen, gab eine zweite Gruppe von Probanden die Antwort: Carol. Was ebenfalls darauf hindeutet, dass reale Güterverhältnisse in der ökonomischen Entscheidungsfindung keineswegs die Rolle spielen, die ihnen die herrschende Ansicht zuteilt.[83] Diese Beispiele zeigen, dass die meisten Menschen in einer Geldgesellschaft nicht in Realgrößen, sondern tatsächlich »in Geld« denken. Nebenbei bemerkt: Wäre dem nicht so, dann erschiene es kaum erklärlich, weshalb sich um Fragen von Werbung und Verkaufsförderung eine ganze Beratungsindustrie herausgebildet hat, die in ihren Strategien auf psychologische und Wahrnehmungseffekte setzt.

Für seine bahnbrechenden Erkenntnisse auf diesem Gebiet, die eines Tages hoffentlich zu einer vollständigen Revision der aktuellen Lehrbuch-Ökonomie führen werden, erhielt einer der Protagonisten der Behavioral Economics, der israelische Psychologe Daniel Kahnemann, übrigens im Jahr 2002 den Nobelpreis für Ökonomie. Und noch ein anderer Nobelpreisträger, der US-Ökonom George Akerlof, setzte sich intensiv mit dem Thema auseinander: Er widmete der Geldillusion ein ganzes Kapitel im gemeinsam mit seinem Kollegen Robert Shiller verfassten Buch ›Animal Spirits‹ – dem Entwurf einer neuen, realitätsnäheren Ökonomie. Darin verweisen auch sie auf zahllose empirische Befunde, die klar darauf hindeuten, dass es in der modernen Geldwirtschaft tatsächlich ums Geld geht und nicht um reale Zusammenhänge. Vor allem ein Hinweis in ihrer Beweisführung macht stutzig: Noch nicht einmal die »High Rollers«, die Analysten, Börsenhändler und Fondsmanager, sind offenbar willens oder in der Lage, die wahren Zusammenhänge zu durchschauen. Akerlof und Shiller weisen auf entsprechende Ergebnisse von Kollegen hin: »Die Frage lautet, ob die Aktienkurse eines Unternehmens seine inflationsbereinigten Gewinne widerspiegeln oder die entsprechenden Nominalwerte der Gewinne. Modiglianis und Cohns Ergebnissen zufolge gelingt es den Akteuren auf den Aktienmärkten nicht, den Schleier des Geldes zu durchschauen.«[84] Ihr Fazit: »Wenn so viele Geschäfte auf der Basis nominaler Geldwerte abgeschlossen werden, dann können wir wohl kaum davon ausgehen, dass Geld nichts weiter sei als ein Schleier.«

Betrachten wir die Situation auf dem Markt für Kartoffeln und Eier jetzt nochmals unter Berücksichtigung von Geldpreisen: Ganz offensichtlich nutzt es unserem Anbieter B wenig, dass der Preis seiner Eier zunächst analog einer echten Tauschsituation festgelegt wird, dass ein Dutzend Eier also in Geld genauso viel kostet wie das Kilogramm Kartoffeln. Die Marktteilnehmer (inklusive ihm selbst) kaufen zwar für 5 Euro das Kilo kräftig Kartoffeln, aber niemand will für den gleichen Preis von ihm ein Dutzend Eier. Anbieter B muss also feststellen, dass die Geldpreise in einer Marktwirtschaft keine relativen sind, sondern absolute: Ein Dutzend Kartoffeln des Kollegen A erzielt einen Preis von 5 Euro – Ende der Durchsage! Für diese 5 Euro mag A sich ein Kilogramm Kartoffeln kaufen, 2 Sack Mehl, einen Topf Schweineschmalz, 5 Kilo Karotten, 1 Paar Wollhandschuhe oder diverse andere schöne Dinge des mittelalterlichen Lebens, aber nichts zwingt ihn (oder irgendeinen anderen Marktteilnehmer), sein Geld auch tatsächlich bei Anbieter B für Eier auszugeben. Für das grundsätzliche Funktionieren einer Marktwirtschaft sind relative Preise ohne Bedeutung. Was zählt, sind vielmehr absolute Geldpreise. Die Käufer und Verkäufer denken den Preis des zur Disposition stehenden Gutes nicht in Relationen zu diversen anderen Gütern, sondern in Geldeinheiten. »Dieses Paar Wollhandschuhe kostet mich 5 Euro« – aber nicht: »Dieses Paar Wollhandschuhe kostet mich ein Dutzend Eier oder ein Kilogramm Kartoffeln.« Es verhält sich exakt so, wie es Goethe in seinem ›Faust II‹ den Astrologen verkünden lässt, der die Geldschöpfung durch Faust und Mephistopheles mit den Worten kommentiert, dass man sich jetzt kaufen könne, was immer man wolle, nämlich: »Paläste, Gärten, Brüstlein, rote Wangen.«[85]

Die Bedeutung der absoluten Geldpreise ist außerhalb der Ökonomie schon seit langem anerkannt. Der deutsche Soziologe Georg Simmel sinnierte bereits vor über hundert Jahren darüber. In einer Geldwirtschaft, so schreibt er um 1900 in seiner ›Philosophie des Geldes‹, denken wir alleine schon wegen der »beschränkten Aufnahmefähigkeit unseres Bewusstseins« nicht mehr in unzähligen Güterrelationen, sondern in absoluten Geldpreisen. Geld habe zwar selber keinen stofflichen Wert, aber zwischen dem Moment des Empfangs und dem des Ausgebens müsse es trotzdem seinen Wert behalten.[86]

Wie ist das zu verstehen? Nach Simmels Ansicht drückt Geld sehr wohl eine Preisrelation aus, aber nicht die zwischen unterschiedlichen Gütern, sondern zwischen verschiedenen Zeitpunkten. Mit anderen Worten: Den Anbieter A aus unserem obigen Beispiel interessiert es nicht, ob er für die 5 Euro pro Kilo, die er aus dem Verkauf seiner Kartoffeln eingenommen hat, heute ein Dutzend Eier oder ein Paar Wollhandschuhe kaufen kann; er interessiert sich aber sehr wohl dafür, ob er das morgen, in zwei Wochen oder in sechs Monaten auch noch könnte. Das Geld transferiert einen gewissen Wert quasi durch die Zeit: Mit den 5 Euro Einnahmen von heute kann ich mir alles kaufen, was für 5 Euro zu haben ist; aber – und das ist der springende Punkt – nicht unbedingt heute, sondern wann immer ich dazu Lust habe: morgen, nächste Woche, in sechs

Monaten, in fünf Jahren oder vielleicht auch nie. Spannend ist dann nur noch die Frage, ob das vermeintlich zeitstabile Geld im Zeitablauf auch tatsächlich stabil bleibt. Ob ich also das, was ich heute für meine 5 Euro bekomme, auch zukünftig noch für diesen Preis kaufen könnte; oder ob ich dafür nicht eher 6, 7 oder gar 10 Euro berappen müsste. Inflation gab es nämlich durchaus auch auf mittelalterlichen Dorfmarktplätzen.

Für unseren Anbieter B macht es also einen riesigen Unterschied, ob er in einer Tausch- oder in einer Geldwirtschaft zu Hause ist: In der einen erlebt er glückselige Tage des allgemeinen Gleichgewichts; in der anderen geht er mit seinen Eiern bankrott. Welchen Trost könnte ihm die orthodoxe Ökonomie spenden – dass seine Dorfmitbewohner leider kollektiv einer »Geldillusion« erlegen seien? Ein schwacher Trost. Aber lachen Sie nicht: Erklärungen exakt gleicher Qualität finden sich in der aktuellen Politik zahlreich. Etwa in der Behauptung einer »freiwilligen Arbeitslosigkeit«. Demnach ist nämlich eine länger anhaltende, unfreiwillige Arbeitslosigkeit ausgeschlossen. Wenn sie doch einmal auftritt, dann nur wegen zeitweiliger »Geldillusion«. Die sollte aber nach kurzer Zeit wieder verfliegen. Welche Schlussfolgerung zieht der Ideologe daraus? Dass Langzeitarbeitslosigkeit nur selbst gewählt sein kann: Entsprechend müsse man die Arbeitsmarktpolitik so gestalten, dass die vermeintlich freiwilligen Arbeitslosen durch Druck und Anreize dazu gebracht werden, sich endlich aufzuraffen und wieder einer Beschäftigung nachzugehen. Etwa, indem man staatliche Unterstützungszahlungen absenkt, die Bezugsdauer für Arbeitslosengeld verkürzt oder Transferleistungsempfänger schikaniert und stigmatisiert.

Bei einer Auffassung von Ökonomie, die durchwegs auf Geldpreisen beruht, fällt eine derartige Vorstellung in sich zusammen – wie John Maynard Keynes in seiner ›Allgemeinen Theorie‹ bereits nachgewiesen hat. Langanhaltende Massenarbeitslosigkeit ist dann keine Folge von zeitweiligen Illusionen, auch kein selbstgewähltes Schicksal, sondern eine systemimmanente Eigenart des Kapitalismus. Den Arbeitslosen ihren bedauernswerten Zustand auch noch vorzuhalten, ist unter diesen Umständen unredlich und zynisch. Vor diesem Hintergrund erscheint es umso verwunderlicher, dass ausgerechnet die rot-grüne Koalition der Regierung Schröder der orthodoxen Ökonomie auf die Leimspur kroch. Und ihren arbeitsmarktpolitischen Reformen unter dem Stichwort »Hartz IV« die implizite Annahme zugrunde legte, dass man »freiwillige« Langzeitarbeitslose zur Arbeitsaufnahme drängen müsse. Ob sich die handelnden Akteure im Lager der Sozialdemokraten wie auch der Grünen im Klaren darüber waren, auf welch wackeligem Fundament ihre Maßnahme fußte?

KAPITEL III

Sag's mit Karl Marx!

In seinem Buch ›Meine russischen Nachbarn‹ erzählt Wladimir Kaminer eine amüsante Anekdote über den kommerziellen Erfolg eines recht bekannten Buches. Eines Klassikers der Weltliteratur sozusagen, der zahlreichen Menschen Inspiration war, die politische Weltkarte für mehrere Jahrzehnte veränderte und sich darüber hinaus offenbar noch für ganz andere Zwecke eignete: »In Bulgarien, das weiß ich aus zuverlässigen Quellen, musste der Staatsverlag ›Das Kapital‹ jedes Jahr in ständig wachsender Auflage nachdrucken. Anfangs freuten sich die Parteifunktionäre über diese rasche Verbreitung des Marxismus unter den bulgarischen Massen. Nach einigen Jahren wurde der Staat jedoch misstrauisch und stellte eine Untersuchung an. Die steigende Nachfrage des Werks klärte sich bald auf. ›Das Kapital‹ wurde in Bulgarien in einem wertvollen Lederumschlag herausgegeben. Die begeisterten Leser enthäuteten die Bände und nähten aus dem Umschlag Handschuhe und Frauentaschen.«[87] Da sage noch einer, dass die Menschen im Kommunismus keinen Sinn für Innovation gehabt hätten. Schumpeter hätte so viel Einfallsreichtum sicherlich gefallen. Doch Marxens Magnum Opus kann noch mit wesentlich mehr aufwarten als nützlichen Lederumschlägen und blumiger Revolutionsprosa: Es enthält den Schlüssel zu einem zutreffenden Verständnis von Wirtschaft – wie wir auf den nächsten Seiten sehen werden.

Wer Gewinn machen will, der muss zunächst investieren. Ware und Produktionsanlagen müssen angeschafft, Arbeitslöhne müssen vorfinanziert werden. Das Unternehmen bedarf außerdem eines Standorts, der gekauft oder gemietet werden muss – denn geschenkt wird einem in der Wirtschaft bekanntlich nichts. Für all das ist Kapital erforderlich. Und das muss von irgendwoher kommen: In Form eigener Mittel, die man sich als Eigenkapital quasi selber vorstreckt oder von Gleichgesinnten besorgt. Oder durch die Aufnahme von Schulden. Ob Eigen- oder Fremdkapital, beides führt auf Seiten der Geldgeber zu vertraglichen Ansprüchen auf zukünftige Zahlungen: Dividenden einerseits, Zins- und Tilgung andererseits. Die investierenden Unternehmen verzeichnen in beiden Fällen Auszahlungen, ihre Geldgeber gleich hohe Einzahlungen.

Wer investiert, der erwartet auf seine Investition in der Gegenwart Rückflüsse in der Zukunft; sei es in Form höherer Umsatzerlöse, sei es als eingesparte Kosten. Während die Investition zunächst eine Auszahlung darstellt, führen ihre Erträge zu zukünftigen Einzahlungen. Nehmen wir beispielsweise einmal an, ein Unternehmer will in eine neue Maschine investieren, mit der er seine Produktionskapazität erhöht, und besorgt sich dafür bei seiner Bank eine Kreditfinanzierung über 10 Millionen Euro: Das führt zunächst zu einer Kreditschuld bei der Bank, für die er im Gegenzug die 10 Millionen Euro auf seinem Konto gutgeschrieben bekommt. Die Anschaffung der Maschine zieht eine Kaufpreisschuld an die Maschinenfabrik nach sich, welche das Unternehmen durch Überweisung der 10 Millionen aus dem Bankkredit auf das Konto der Maschinenfabrik tilgt. Und sobald die neue Maschine installiert ist und produziert, müssen die Umsatzerlöse aus dem Verkauf der zusätzlichen Produktion dafür sorgen, dass ausreichend hohe Einnahmen generiert werden, um den regelmäßigen Zins- und Tilgungszahlungen für den aufgenommenen Bankkredit nachkommen zu können. Wir erhalten also eine Kette aus Einzahlung (Kredit), Auszahlung (Überweisung des Kaufpreises), Einzahlung (Umsatzerlöse) und Auszahlung (Zins und Tilgung), und damit wiederum jene Art von Geldkreislauf, den wir eingangs schon mal skizziert haben.

Aber jetzt stellen wir uns vor, dass es neben diesem einen Kreislauf aus Ein- und Auszahlungen noch unzählige weitere gibt, die zur gleichen Zeit in der Wirtschaft ablaufen; dass alle Kunden, Lieferanten und Kapitalgeber unseres Unternehmens wiederum Beziehungen mit anderen Firmen unterhalten; und dass jedes einzelne dieser Unternehmen wiederum durch Zahlungen mit eigenen Geschäftspartnern verbunden ist, von denen jeder wieder Beziehungen mit eigenen Lieferanten, Kunden und Kapitalgebern unterhält; die wiederum durch Forderungen und Schulden mit anderen verbunden sind; und die wiederum mit wieder anderen ... und so weiter und so fort, das immer gleiche Spiel in unzähligen neuen Kombinationen. Was sich vor unserem geistigen Auge abzeichnet, ist ein dichtes Netz aus Milliarden wechselseitiger Zahlungsversprechen sowie ständig fließender Zahlungsströme. Einzahlungen – Auszahlungen – Einzahlungen – Auszahlungen – ... Das ist es, was die moderne Wirtschaft tatsächlich ausmacht. Denkt man den Kapitalismus in Geldströmen statt realen Gütern wie Eiern und Kartoffeln, dann lassen sich auch zutreffende Aussagen über Aufschwung und Krise treffen, die wachsende Verteilungsungerechtigkeit erklären und die finanzielle Instabilität des Systems zutreffend vorhersagen.

Womit wir die Kulisse unseres beschaulichen Dorfmarktplatzes verlassen und uns an einen gänzlich andersartigen Schauplatz begeben: in eine Arena des Finanzmarktkapitalismus, in der Milliarden von Zahlungsströmen kreuz und quer zwischen einer Vielzahl von Stationen fließen, die mal Gläubiger, mal Schuldner und oft beides gleichzeitig sind. Wir begegnen Zahlungsverpflichtungen, die von sehr langer Dauer sind, wie beispielsweise Immobilienkrediten, und anderen, die binnen weniger Sekunden eröffnet und wieder geschlossen werden, wie es tagtäglich Millionen Male an den Supermarktkassen geschieht. Wir erkennen zudem Zahlungsströme, die voneinander abhängig sind, mal mehr, mal weniger direkt. Warum abhängig? Weil die Zinserträge und Tilgungsrückflüsse an Kreditgeber von Unternehmen voraussetzen, dass Investitionen, die mittels dieser Kredite finanziert wurden, auch tatsächlich zum erhofften Erfolg führen; was wiederum bedeutet, dass die Unternehmer Käufer für ihre Waren finden und diese Käufer obendrein bereit sein müssen, Preise zu bezahlen, die hoch genug sind, um den Unternehmen Gewinne zu ermöglichen. Wer als Käufer auftreten will, muss aber seinerseits ein ausreichend hohes Einkommen erzielen, um sich den Kauf leisten zu können. Sei es durch den Verkauf von Waren, den Bezug von regelmäßigen Gehaltszahlungen oder auch nur in Form von Unterstützungsleistungen durch Familie, Freunde oder die öffentliche Hand. Auf die eine oder andere Art hängen die Ein- und Auszahlungen einer Geldwirtschaft deshalb immer voneinander ab: manchmal auf recht unmittelbare Weise (zum Beispiel wenn unser Unternehmen an die Maschinenfabrik, von der es die neue Maschine kauft, Rohstoffe oder Halbfabrikate liefert), zumeist jedoch über den Umweg mehrerer Zwischenstationen auf unterschiedlichen Märkten. Selbst die über Abgaben und Steuern finanzierte Sozialhilfe kehrt so wieder in die Wirtschaft zurück; mitunter zu denselben Unternehmen, die sie zuvor über Abgaben finanziert haben: nämlich dann, wenn Sozialhilfeempfänger ihren Konsumbedarf bei diesen Unternehmen decken und dabei mit Geld aus der staatlichen Unterstützung bezahlen.

Unsere moderne Geld- und Kreditwirtschaft folgt damit implizit einem der zentralen Grundsätze des tibetischen Buddhismus: Alles hängt mit allem zusammen. Die Ausgaben des einen sind die Einnahmen des anderen; Kosten auf Unternehmensebene werden zu Einkommen bei Arbeitnehmern; Steuern und Abgaben werden zu Kaufkraft in den Händen von Regierungen und Transferleistungsempfängern. Der Geldkreislauf ist keine Black Box, in der irgendetwas, das als Ausgaben hineingeht, auf mysteriöse Weise verschwinden könnte; sondern es kehrt als irgendjemandes Einnahmen wieder. Immer. Ohne Ausnahme. Um es mit den Worten der Sozialen Systemtheorie zu sagen: »Dass das Geld ›zirkuliert‹, heißt einfach, dass es möglich ist, durch Zahlungen Zahlungsfähigkeit zu reproduzieren.«[88] Dieser Satz hat enorme Bedeutung, wie wir am Anfang des Buches schon mal dargestellt haben: Eine Geldwirtschaft lebt davon, dass Gläubiger und Schuldner gegenseitig zu ihrer fortgesetzten Zahlungsfähigkeit beitragen. Indem der Schuldner nämlich die Chance bekommt, Geldrückflüsse von Seiten der Gläubiger zu »verdienen«, um damit seine Schuld bedienen zu können. Reißt dieser Kreislauf an irgendeiner Stelle ab, halten die Gläubiger also ihr Geld unter

Verschluss, dann kommt es zu Zahlungsunfähigkeit und Störungen des Systems.

Eine Wirtschaft als Ganzes kennt somit weder Einnahmen noch Ausgaben, die »netto« anfallen. Stattdessen sind beide immer nur die jeweils andere Seite ein und derselben Medaille. Dieses Prinzip gilt selbstverständlich auch am Ende der Finanzierungskette (bzw. an deren Anfang, je nachdem, wie Sie die Sache betrachten wollen): Die Zins- oder Dividendenerträge der Kapitalgeber finden wieder zurück in den wirtschaftlichen Kreislauf; entweder als Bestandteil eines neuen Kredits, mittels dem ein anderes Unternehmen eine Investition vornehmen kann; oder in Form von Konsum. Denken wir etwa an den erfolgreichen Investmentbanker, der seiner lieben Frau ein schönes Schmuckstück kauft oder sich zur Feier eines geglückten Deals einen neuen Sportwagen »Made in Zuffenhausen« in die Garage stellt. So oder so – auch das Geld, das an die Investoren fließt, kehrt wieder in den Kreislauf zurück.

Doch halt – so pauschal stimmt das natürlich nicht: Geld kann man bekanntlich nicht nur investieren, sondern man kann es auch horten, nichts damit machen, es einfach herumliegen lassen, im Geldstrumpf unter der Matratze oder fein gebündelt im Tresor. Das mag dem Einzelnen ein Gefühl von »Sicherheit« vermitteln, aber auf der Ebene des Systems wird es zum Problem: Denn gehortetes Geld »fehlt«. Wir wissen zwar nicht, wem genau, aber eines können wir mit Bestimmtheit sagen: einem armen Schwein, das Zahlungsverpflichtungen abzutragen hat; sprich: seinen Schulden nachkommen und zu diesem Zweck Geld verdienen muss. Es gibt kein Geld auf dieser Welt, das nicht gleichzeitig irgendjemandes Schuld ist: Neues Geld entsteht immer nur im Rahmen neuer Schulden. Denn das Geld ist ein Kind des Kredits: Sein eigentlicher Zweck ist es, diesen Kredit, aus dem es geboren wurde, wieder aus der Welt zu schaffen; nach einem mehr oder weniger langen Umweg durch den wirtschaftlichen Kreislauf; indem es an seinen Ausgangspunkt zurückkehrt, Zins- und Zinseszins im Huckepack. Wenn nun aber Geld im großen Stil gehortet wird, sprich nicht wieder in den Geldkreislauf der Wirtschaft zurückkehrt, sodass Zahlungsfähigkeit reproduziert werden kann, dann fällt es Schuldnern schwer, ihren Verpflichtungen termingerecht nachzukommen. Und das hat böse Folgen für das System. Auch wenn die Regierung ihre Freude am Sparen entdeckt, wird's gefährlich, besonders in und unmittelbar nach Krisen: Einsparungen in den öffentlichen Haushalten fallen als Einkommen auf jeden Fall aus, denn der Staat legt kein Geld auf die hohe Kante. Stattdessen gibt er seine Einnahmen postwendend wieder aus und schafft damit neue Einkommen für eine Vielzahl von Leuten. So verstanden ist auch die dümmste Regierung gar nicht in der Lage, Steuermittel tatsächlich zu »verschwenden«. Sie kann lediglich Einkommen umverteilen – auf mal mehr, mal weniger sinnvolle Art und Weise. Bürokratien mögen teuer und ineffizient sein: Sie generieren bei den zuständigen Beamten trotzdem Einkommen, die von diesen wiederum ausgegeben werden. Und im Osten Deutschlands und anderswo mögen zahlreiche staatlich finanzierte »Brücken nach nirgendwo« und kommunale Protzbauten keinem anderen Zweck dienen, als die Landschaft zu verschandeln: Während der Bauphase haben sie dennoch so und so viele Tausend Arbeiter in Lohn und Brot gebracht, die ihre Einkommen postwendend wieder für andere Dinge ausgegeben und damit eine Reihe von Folgeeinkommen in der übrigen Wirtschaft erzeugt haben. Kurzum: Wenn die öffentliche Hand ihre Ausgaben kürzt, dann bedeutet das für irgendjemanden Einkommensverluste. Wer sich also ständig über die hohen Staatsausgaben beklagt, der sollte sich gleichzeitig die Frage stellen: Was, wenn Kürzungen ausgerechnet mich treffen? Oder meine Kunden, die dann nicht mehr in gewohnter Höhe bei mir einkaufen können? Manchmal kommt es ganz anders, als man denkt.

Dabei ist der Sachverhalt an sich nicht neu – der große englische Denker Thomas Hobbes brachte ihn bereits um 1651 in folgender Metapher auf den Punkt: »Der Kreislauf des öffentlichen Blutes ist doppelt, nach außen und innen, d.h., es wird ausgegeben und eingenommen. Die Einnahme geschieht durch die Unter- und Obereinnehmer, welche es an die Schatzmeister abliefern; von diesen wird wiederum die Ausgabe an diejenigen Diener des Staates besorgt, die die öffentlichen Gelder auszahlen, und so gelangt es bis zu den einzelnen Bürgern. Ist es nicht im menschlichen Körper ebenso? Einige Adern führen das aus den äußeren Teilen herströmende Blut zu dem Herzen, von wo aus dasselbe durch andere Adern zurückgetrieben wird, die Glieder bewegt und deren Bewegung befördert.«[89] Wünschen wir uns also besser nicht, dass der Staat seine Ausgaben allzu sehr einschränkt. Insbesondere jetzt nicht, wo die Wirtschaft ohnehin noch von der Krise gezeichnet ist.

Wenden wir uns aber nun einer anderen zentralen Größe in der Marktwirtschaft zu – den Preisen. Wir haben im vorherigen Kapitel festgestellt, dass es im Grunde immer um den Profit geht; und gerade eben haben wir die Wirtschaft als ein dichtes Netz aus wechselseitigen Zahlungsverpflichtungen kennengelernt: Wie können wir nun beide Aussagen zu einem gemeinsamen Bild zusammenfügen? Über die Preise.

Die Bedeutung der Geldpreise für die Abwicklung von Kaufs- und Verkaufstransaktionen haben wir schon beschrieben. Wer etwas kaufen will, muss dafür bezahlen. Einen bestimmten Preis, der in Geld ausgedrückt wird. Darüber hinaus erfüllen die Preise aber noch zwei weitere, wichtige Funktionen: Einerseits fällt ihnen die Rolle zu, die Verteilung des Volkseinkommens zu steuern. Im Klartext: Wer seine Leistungen teuer verkaufen kann, der hat eben ein höheres Geldeinkommen als andere, die das nicht können. Und andererseits müssen die Preise dafür sorgen, dass bei den Unternehmen Geldgewinne entstehen, als Differenz von Einzahlungen und Auszahlungen. Billig einkaufen, teuer verkaufen – so lautet die goldene Regel für alle, die in der Marktwirtschaft überleben wollen. Nur aus Geldgewinnen können Zahlungsverpflichtungen erfüllt werden. Für die Unternehmen heißt das: Sie müssen die Verkaufspreise ihrer Produkte so kalkulieren, dass sie nach Abzug aller Kosten für Mitarbeiter, Materialien, Büromieten, Strom in der Fabrik und so weiter zumindest in der Lage sind, Zins- und Tilgungslasten aus ihren Kreditschulden nachzukommen. Damit ist es aber natürlich noch nicht getan. Sie müssen auch in der Lage sein, die so kalkulierten Preise am Markt durchzusetzen. Sprich: Käufer für ihre Waren zu finden, die bereit sind, die geforderten Preise auch zu bezahlen. Gelingt ihnen das nicht, dann haben sie zwar Ausgaben, aber nicht ausreichend hohe Einnahmen. Es droht die Insolvenz.

Das Preissystem einer kapitalistischen Wirtschaft kann man sich bildlich vorstellen wie die Karotte, die man vor der Nase des Esels baumeln lässt, um ihn zum Lostraben zu veranlassen. Die Aussicht auf Geldgewinne regt nämlich die Produktion aller möglichen Güter an. Je höher die Gewinnerwartungen, desto emsiger das Treiben der Produzenten. Auch wenn es sich dabei häufig nur um »Scheingewinne« handelt, wie in der jüngsten amerikanischen Eigenheim-Bubble gut zu beobachten war: Dabei sein wollen sie alle. Immer. Und wenn es richtig gut läuft, dann gilt der Produktionsanreiz nicht nur für die Güter des täglichen Bedarfs, sondern auch für solche, die für die zukünftige Produktion erforderlich sind: Investitionsgüter also.[90] Auf diesen Investitionsgütern bzw. ihren Produzenten liegt nun die ganze Last des kapitalistischen Schicksals: Es ist die Höhe der Investitionsgüternachfrage, die über Gewinn oder Verlust, Erfolg oder Pleite, Aufschwung oder Krise, Jobwunder oder Massenarbeitslosigkeit entscheidet. In der Tat liegen die Dinge im Kapitalismus so simpel: Im Herzen unserer Wohlstandsmaschine dreht sich alles um Investitionen und ihre Finanzierung durch Kredit.

Wie muss man sich das konkret vorstellen? Werfen wir dafür noch einmal einen genauen Blick auf das Netz aus wechselseitigen Zahlungsversprechen, als das wir oben unsere Wirtschaft skizziert haben: Jeder Schuld steht eine entsprechend hohe Forderung gegenüber, jedem Schuldner ein Gläubiger. Was passiert mit all diesen Zahlungsversprechen? Theoretisch könnte man sie natürlich mit einem Schlag aus der Welt schaffen, wenn man die Schulden mit den korrespondierenden Forderungen saldiert. Theoretisch – wohlgemerkt: In der Praxis würde das nicht so ohne weiteres akzeptiert werden, außer ein Herrscher mit absolutistischen Vollmachten verfügt eine »Schuldreform«. Die waren in der Geschichte der Menschheit zwar Gang und Gäbe, wie schon im Eingangskapitel angesprochen, doch heutzutage vermag man sich einen derartigen Schritt angesichts der zu erwartenden politischen Konsequenzen kaum mehr vorzustellen.

Aber einfach ausbuchen wollen wir unsere Zahlungsversprechen ja auch gar nicht. Im Gegenteil: Wir wollen, dass Forderungen erfüllt und Schulden bezahlt werden. Und wir wollen auch, dass Forderungen und Schulden immer größer und das Netz aus Zahlungsverpflichtungen immer dichter werden. Denn schließlich wollen wir ja Gewinn machen, d. h. für unsere Leistung eine höhere Forderung einbuchen können, als wir für die Leistungen von anderen an Schulden eingegangen sind. Und außerdem wollen wir, dass dieser Gewinn von Jahr zu Jahr größer wird, was nichts anderes bedeutet, als dass sich das Netz aus Zahlungsversprechen entsprechend ausdehnen muss. Verdeutlichen wir uns das an einem einfachen Beispiel: Nehmen wir an, die Summe der Schulden in unserer Modellwirtschaft beliefe sich – Stand heute – auf 100 Millionen und – lassen wir so etwas wie Auslandsverschuldung mal beiseite – die Summe der entsprechenden Forderungen ebenfalls auf 100 Millionen. Wie würden sich beide Beträge zwischen zwei Zeitpunkten entwickeln? Sagen wir: zwischen heute und heute in einem Jahr.

Ein Teil der Zahlungsversprechen, die in Schulden und Forderungen verkörpert sind, verzinsen sich im Zeitablauf. Das ist unmittelbar einsichtig für Kreditschulden, die zum Zeitpunkt der Aufnahme mit dem Nominalbetrag valutieren, doch ab dann kontinuierlich um den Zins wachsen. Simpel gesprochen: Beträgt der Zinssatz für Kredite 10 Prozent pro Jahr, dann führt die Inanspruchnahme eines Darlehens von 100 000 Euro per heute zu einer Schuld von 110 000 Euro in 12 Monaten.

Das gleiche Prinzip gilt aber auch für alle anderen Vermögenstitel, die einen wie immer gearteten Ertrag abwerfen sollen, der nicht unbedingt in nominell fixierten Zinsen bestehen muss. Nehmen wir zum Beispiel Aktien: Sie verkörpern neben Mitspracherechten vor allem Forderungen auf zukünftige Gewinne. Zwar keine Forderungen im juristischen Sinne, die Sie als Aktionär einklagen könnten; aber dennoch reflektiert der Börsenkurs einer Aktie prinzipiell nichts anderes als die Summe der auf sie entfallenden, zukünftigen Gewinnanteile. Wenn Sie sich für die Börse interessieren, werden Sie schon mal vom »Kurs-Gewinn-Verhältnis« (KGV) gehört haben, das auf dieser Fiktion beruht: Durch das Verhältnis von aktuellem Börsenpreis zu nachhaltig erzielbaren Gewinnen wird ermittelt, wie viele Gewinnperioden im Kurs enthalten sind. Beträgt der Kurs also zum Beispiel 100 Euro und der nachhaltige Jahresgewinn pro Aktie 10 Euro, dann müssten Sie 10 zukünftige Jahresgewinne aufwenden, um die Aktie an der Börse zu erwerben. Sinkt der Gewinn oder wird seine zukünftige Höhe allgemein in Zweifel gezogen, dann fällt (bei unverändertem KGV) der Börsenkurs. Im Extremfall auf null: Das Unternehmen ist dann nichts mehr wert, weil es sein Ertragspotenzial eingebüßt hat. Zumindest nach Ansicht der Marktteilnehmer. Gleiches gilt für den umgekehrten Fall: Steigen die Gewinne, steigt auch der Börsenkurs (wiederum bei konstantem KGV). Was für alle Aktienbesitzer, die ihre Titel schon vor Kursanstieg gekauft haben, bedeutet, dass die Rendite auf ihr eingesetztes Kapital steigt. Das aber natürlich nur, wenn das Unternehmen die gestiegenen Gewinne auch nachhaltig erwirtschaften kann; denn falls nicht, dann sinkt der Kurs ebenso schnell wieder, wie er gestiegen ist.

Für alle Vermögenstitel, seien es Kreditforderungen, Aktien oder sonstige Instrumente, die regelmäßige Erträge erwirtschaften sollen, stellt sich aber jetzt die gleiche Frage: Wo kommen diese Erträge eigentlich her? Aus welchem Geld bezahlen Unternehmen Zinsen und Dividenden? Na, aus den Erlösen, die sie mit dem Verkauf ihrer Produkte erzielen, werden Sie jetzt entgegnen. Und Sie haben recht: natürlich aus den Umsatzerlösen. Aber woher haben die Kunden das Geld? Na, aus ihren jeweiligen Einkommensquellen, aus Löhnen und Gehältern, höre ich Sie sagen. Und wieder haben Sie recht: Die Kunden bezahlen ihre Käufe aus ihren Einkommen, die sie zum Beispiel als Arbeiter und Angestellte beziehen. Und woher haben diejenigen das Geld, die Löhne und Gehälter bezahlen? Sprich: die Unternehmen? Na, aus ihren Umsätzen, höre ich Sie erneut. Fällt Ihnen etwas auf? Wir haben uns im Kreis gedreht: Die Unternehmen möchten Gewinne machen. Aus Umsätzen, die sie mit Kunden erzielen. Die ihrerseits Einkommen von den Unternehmen beziehen, in Form von Löhnen und Gehältern. Gewinne ergeben sich aus der positiven Differenz von Einnahmen und Ausgaben. Wenn aber nun die Unternehmen auf genau die Einnahmen angewiesen sind, die sie zuvor ihren Mitarbeitern in Form von Löhnen und Gehältern überwiesen haben: Wie könnten sie dann Gewinn erzielen? Wie könnten die Einnahmen aus Umsatzerlösen dann höher sein als die Ausgaben für Löhne und Gehälter?

Ich will auf Folgendes hinaus: In einer Kreislaufwirtschaft, in der Einnahmen und Ausgaben in Summe immer gleich hoch sind, ist eigentlich kein Platz für ein »Mehr«. Kein Platz für Gewinne, aus denen Zinsen und Dividenden bestritten werden könnten. Wir hatten das Beispiel zu Anfang des Buches, in dem Einnahmen und Ausgaben reihum von einer Person zur nächsten gingen: Der erste gab Geld aus, das waren für den zweiten die Einnahmen, der gab es weiter an den dritten usw. Wie sollte da so etwas wie Gewinn zustande kommen? Einer in der Reihe könnte selbstverständlich einen Teil der erhaltenen Zahlungen abzweigen – aber das ist hier nicht gemeint. Der Geldzuwachs dieses einen wäre der Verlust aller anderen, aber auf der Ebene des Gesamtkreislaufs hätte sich nichts verändert. Stellen Sie sich nun vor, Sie hätten einem der Teilnehmer an diesem Kreislauf zuvor Geld geliehen und dafür Zinsen vereinbart: Woher sollte er die Zinsen nehmen und an Sie bezahlen, ohne dass das Kreislaufniveau unmittelbar um diesen Betrag sinkt? Und noch extremer: Wie ist es möglich – und das haben wir ja in den letzten paar Jahrhunderten durchaus so erlebt –, dass Zinsen und Gewinne sehr wohl ausbezahlt werden, aber das Niveau des Kreislaufs sogar noch steigt? Und das um ein Mehrfaches? Das ist die Frage, die uns interessiert. Denn nur das ist »Wirtschaftswachstum«;

nur so ist »Wohlstand für alle« denkbar; nur dann entwickelt der Kredit diese immense schöpferische Kraft, von der Karl Marx und Friedrich Engels im ›Kommunistischen Manifest‹ ganz begeistert schrieben: »Die Bourgeoisie hat enthüllt, wie die brutale Kraftäußerung, die die Reaktion sosehr am Mittelalter bewundert, in der trägsten Bärenhäuterei ihre passende Ergänzung fand. Erst sie hat bewiesen, was die Tätigkeit des Menschen zustande bringen kann. Sie hat ganz andere Wunderwerke vollbracht als ägyptische Pyramiden, römische Wasserleitungen und gotische Kathedralen, sie hat ganz andere Züge ausgeführt als Völkerwanderungen und Kreuzzüge. [...] Die Bourgeoisie hat in ihrer kaum hundertjährigen Klassenherrschaft massenhaftere und kolossalere Produktionskräfte geschaffen als alle vergangenen Generationen zusammen.«[91]

Zu Beginn des Buches war bereits die Rede von der »Wachstumsspirale«. Um genau die geht es hier. Um die Frage nämlich: Wie kriegen wir einen simplen Kreislauf aus Einnahmen und Ausgaben dazu, dieser statischen Form zu entwachsen und in eine dynamische Spirale überzugehen? Eine Spirale der immer größeren Einnahmen und Ausgaben, des steigenden materiellen Wohlstands? In den Industrieländern mögen wir das sehr eindrucksvoll zustande gebracht haben, aber andere Weltregionen waren darin nur mäßig erfolgreich. Und ob wir es auch in Zukunft schaffen, dass die Spirale sich dreht und unser materieller Wohlstand wächst, ist keineswegs gesagt. Im Gegenteil: Die Wachstumsraten der letzten zwei Jahrzehnte waren eher mau. Die Reallöhne liegen aktuell nicht höher als zu Beginn der 90er-Jahre. Die Frage ist also weiterhin virulent: Worin liegt das Geheimnis des nachhaltigen, gesamtgesellschaftlichen Gewinns? Des allgemeinen Wohlstandszuwachses?

Einer, der sich mit dieser Frage lange gequält hat, war Karl Marx. Marx hat ja die wirtschaftlichen Vorstellungen von Adam Smith mit der Begründung zurückgewiesen, dass der Kapitalismus kein harmonisches System sei, in dem Waren gegen Waren nach Maßgabe von »Gebrauchswerten« getauscht werden (wie in der klassischen Formel Ware-Geld-Ware oder

W-G-W dargestellt); es handle sich vielmehr um einen Antago-
nismus, in dem die Kapitalisten darauf aus sind, ihre Waren
für möglichst hohe »Tauschwerte« loszuschlagen, um so ihre
Geldgewinne zu maximieren. Dafür fand er eine neue Formel,
nämlich Geld-Ware-Mehr-Geld beziehungsweise G-W-G.

Und als Marx irgendwann Mitte des 19. Jahrhunderts
darüber nachdachte, wie die Kapitalisten wohl ihr Geld zunächst zu Sachkapital (= Waren) und danach wieder zu Geld
machen, stieß er auf das gleiche Problem wie wir soeben.
Wo kommt in einer Wirtschaft der Gewinn her? Wie schaffen
es die Unternehmen, höhere Einnahmen zu erzielen, als sie
zuvor als Ausgaben in den Kreislauf eingeschossen haben?
Wörtlich mündete seine Frage in folgendes, mittlerweile sehr
berühmtes Zitat aus Band II des ›Kapitals‹: »Wie kann nun
die ganze Kapitalistenklasse beständig 600 Pfund Sterling
aus der Zirkulation herausziehn, wenn sie beständig nur 500
Pfund Sterling hineinwirft?«[92]

Ja, ganz recht, Karl: Wie macht sie das? Das ist die Frage.
Stellen wir dazu ein kleines Gedankenexperiment an, um
uns das Problem zu verdeutlichen: Nehmen wir an, dass alle
Unternehmen einer Volkswirtschaft in einer einzigen, großen
Firma vereint sind. Eine sehr weitreichende Abstraktion, ich
weiß, aber für unseren Zweck sehr nützlich. Da dieses Unter-
nehmen der einzige Arbeitgeber im Land ist, sind auch alle
Erwerbsfähigen bei ihm beschäftigt und erhalten gerechten
Lohn für gerechte Arbeit – was auch immer das konkret bedeuten mag. Die Güter, die unser Unternehmen herstellt, sind
ausschließlich solche des täglichen Bedarfs: tolle Produkte, um
die sich die Menschen im wahrsten Sinne des Wortes reißen.
Als Konsumenten kommen nur die Einkommensbezieher des
Landes in Betracht, was unter dem Strich bedeutet: Unsere
Arbeitnehmer konsumieren die Produkte, die sie selbst hergestellt haben. Sie kaufen sie mit dem Geld, das sie in Form
von Löhnen und Gehältern verdienen.[93]

Da wir aber ja Kapitalisten sind, wollen wir natürlich auch
Gewinn machen. Zwar bescheiden wir uns mit vergleichsweise
geringen Margen, aber ein Aufschlag von 10 Prozent auf die

Herstellungskosten soll es schon sein. Das reicht uns. Nehmen wir jetzt aus Gründen der Vereinfachung zusätzlich noch an, dass unsere Herstellungskosten nur aus den Löhnen und Gehältern unserer Mitarbeiter bestehen und 100 Millionen pro Jahr betragen. Auf die schlagen wir unsere 10 Prozent Gewinnspanne und verkaufen unsere gesamte Jahresproduktion demnach für 110 Millionen. Und unsere Mitarbeiter strömen in unsere Läden und kaufen und kaufen und kaufen: Ihr gesamtes Einkommen lassen sie bei uns, das sie während des Jahres verdient haben. Nicht einen einzigen lausigen Cent legen sie auf die hohe Kante, sondern alles fließt in unsere Registrierkassen. Wie viel genau? Ja, das ist die spannende Frage: 100 Millionen? Auf diese Höhe belaufen sich ihre Einkommen und damit ihre maximale Kaufkraft; oder 110 Millionen? Das ist der Betrag, den wir doch als Umsatzerlöse kalkuliert hatten, weil wir 10 Millionen Gewinn einstreichen wollten. Das sind aber auch 10 Millionen mehr, als wir unseren Mitarbeitern während des Jahres als Einkommen bezahlt haben; und nur die kaufen ja bei uns ein. Mit anderen Worten: Wenn wir auf das, was wir selber an Einkommen bezahlt haben, einen Überschuss realisieren wollen, wo soll der dann herkommen?

Das war Marxens Problem. Er grübelte und grübelte und grübelte. Und wollen Sie wissen, wie seine Lösung schließlich aussah? Sie werden es nicht glauben: Die Kapitalisten schießen sich den Gewinn selbst vor! Klingt verrückt? Auf den ersten Blick sicher. Kapitalisten sind knallhart kalkulierende Zeitgenossen, so heißt es doch immer. Was sollte sie da veranlassen, ihr eigenes Geld in einen Kreislauf einzuschießen, sich mühsam mit Behörden, Umweltschutzauflagen, Betriebsräten und Konsumentenschützern herumzuschlagen, nur um dasselbe Geld später als Gewinn wieder herausholen zu können? Das ergäbe doch keinerlei Sinn! Aber bei näherer Betrachtung wird alles klar:

Machen wir dafür das gleiche Gedankenexperiment noch einmal. Doch im Unterschied zu vorhin unterteilen wir die Kapitalisten jetzt in zwei Gruppen: Neben unserem Konsumgüterunternehmen gibt es auch noch eine zweite Firma, die stellt Investitionsgüter her. Maschinen zum Beispiel. Wie schon beim ersten Mal stellen wir uns wieder vor, dass dieser eine Betrieb stellvertretend für alle Unternehmen der Investitionsgüterbranche steht und alle Beschäftigten dieser Branche auf sich vereinigt. Die kriegen natürlich ebenfalls ein gutes Gehalt, sagen wir mal in Summe 20 Millionen pro Jahr. Und auch diese Personen geben ihr Einkommen zur Gänze für den Konsum aus, die vollen 20 Millionen. Was für uns, der wir der einzige Anbieter von Konsumgütern im Land sind, tolle Neuigkeiten bedeutet; denn wo können sie diese 20 Millionen gemäß unserer Annahmen nur ausgeben? Genau: in unserem Laden. Erneut klingeln deshalb unsere Kassen, das ganze Jahr lang.

Unsere Buchhaltung meldet zum Bilanzstichtag: 100 Millionen Einnahmen von unseren eigenen Mitarbeitern, plus die 20 Millionen von den Beschäftigten des Investitionsgüterherstellers: macht zusammen 120 Millionen. Sind wir damit in der Lage, unsere 10 Millionen Gewinn von oben zu erzielen? Na, aber klar doch. Und nicht nur das: Wir können unseren Gewinn sogar auf 20 Millionen verdoppeln, wenn wir nur unsere Preise entsprechend erhöhen. Falls wir nämlich unseren Gewinnaufschlag bei 10 Prozent belassen, obwohl die Kaufkraft, die unsere Produkte nachfragt, 120 Millionen beträgt, passiert was? Nach einem Umsatz von 110 Millionen sind unsere Regale restlos leer. Der Albtraum jedes Einzelhändlers wird für uns Wirklichkeit: Wir müssen die Besitzer der restlichen 10 Millionen, die jetzt noch zum Shoppen zu uns kommen wollten, unverrichteter Dinge wieder nach Hause schicken. Sie gehen leer aus. Ihre 10 Millionen müssen sie sparen – ob sie wollen oder nicht. Und wir haben weniger Geld verdient, als wir verdienen hätten können. Da wir mit ganzer Seele Kapitalisten sind, ist das für uns ein unhaltbarer Zustand.

Was machen wir, um ihn zu beseitigen? Um jedermann zum Genuss unserer tollen Produkte zu verhelfen? Wir kalkulieren eine Gewinnspanne von 20 statt 10 Prozent und erhöhen im selben Ausmaß die Preise. Alle kommen jetzt zu ihrer Ware, und wir verdienen dabei auch noch das Doppelte. Ist das nicht herrlich? Und da sage noch mal einer, im Kapitalismus gäbe es keine Gerechtigkeit!

Allerdings bliebe da noch ein Punkt offen, dummerweise der alles entscheidende: Wer kauft dem Investitionsgüterhersteller eigentlich seine Maschinen ab? Sodass er seinen Mitarbeitern die 20 Millionen an Löhnen und Gehältern bezahlen kann, mit denen die dann wiederum bei uns Konsumartikel einkaufen können?

Die Antwort fällt nicht schwer: Da es in dieser Volkswirtschaft nur zwei Unternehmen gibt und der Maschinenfabrikant sich seine Anlagen wohl kaum selber abkaufen wird, werden wir, die Konsumgüterproduzenten, sie wohl kaufen müssen. Was eine Reihe von weiteren Fragen aufwirft: Wollen wir das denn? Lohnt sich das für uns? Können wir uns das überhaupt leisten? Kriegen wir bei der Bank dafür Kredit?

Genau *das* sind die Fragen, die das Auf und Ab des kapitalistischen Zyklus hervorrufen; den Boom und den Bust, den Aufschwung und die Krise. Denn das eine Mal beantworten die Unternehmen und ihre Finanziers diese Fragen mit einem entschlossenen »Ja!«. Dann dreht sich die Spirale nach oben, der Maschinenfabrikant kann sich vor Aufträgen kaum retten, die Wirtschaft wächst und gedeiht. Ein andermal mit einem furchtsamen »Nein!« – und schon bleibt von unserem schönen Aufschwung nur ein kleines Häuflein Elend. Und da im Kapitalismus alles mit allem zusammenhängt, finden sich merkwürdigerweise immer recht viele Unternehmen, über unterschiedliche Branchen hinweg, die gleichzeitig entweder »Ja!« oder »Nein!« rufen. »Herdentrieb« nennen das die oben erwähnten Behavioristen um Kahneman & Co. Ein sehr menschliches Verhalten, gleichermaßen zu beobachten bei der gewerblichen Investitionsnachfrage, an der Börse oder auch im übervollen Kino, wenn Feuer ausbricht: Dann wollen alle nur raus, raus, raus – und auch die breiteste Tür scheint plötzlich winzig klein.

Der Kapitalismus ist ein Gesellschaftsspiel, das seine unnachahmliche Dynamik durch soziale Interaktion erhält: Sie treibt ihn in kräftigen Schüben nach oben und nach unten.

Das Ganze hat zugegebenermaßen etwas Verrücktes an sich, wie kritischen Kommentatoren keineswegs entgangen ist. Im Verlauf der legendären »South Sea Bubble«, einer Spekulation auf imaginäre Gewinne durch Handel mit Sklaven und Rohstoffen in der Südsee im Jahr 1719 an der Londoner Börse, ließ sich ein französischer Banker so etwa mit folgenden Worten vernehmen: »Wenn die ganze Welt durchdreht, dann können wir nicht normal bleiben.«[94] Und auch heutzutage verblüfft der eine oder andere Profi gelegentlich mit ähnlich offenherzigen Äußerungen, der ehemalige Citigroup-Chef Charles Prince etwa mit seinem mittlerweile allseits bekannten Zitat: »Wenn die Musik aufhört zu spielen, wird es sehr kompliziert. Aber solange die Musik spielt, muss man aufstehen und tanzen. Wir tanzen noch immer mit.«[95] Prince spielte mit dieser Äußerung im Juli 2007 Befürchtungen herunter, dass die in den USA bereits um sich greifende Subprime-Krise zu einer allgemeinen Gefahr für die Kreditmärkte werden könnte. Kurz danach hörte die Musik nicht nur für seine Bank auf zu spielen, sondern auch für Prince selbst: Er wurde gefeuert.

Aber kehren wir zurück zu unserem Gedankenexperiment und zur Frage, ob wir investieren, d. h. Investitionsgüter kaufen sollen oder nicht: In einer simpel gestrickten Volkswirtschaft wie der in unserem Beispiel müssten wir es nicht, weil wir ein Monopol auf Konsumgüter haben. Und Monopolisten können bekanntlich fünfe gerade sein lassen; denen kann mangels Wettbewerb keiner was. Natürlich würden wir uns damit ins eigene Fleisch schneiden: Denn kaufen wir nichts beim Maschinenfabrikanten, dann kann er seine Mitarbeiter nicht bezahlen; damit würde uns aber die Nachfrage fehlen, um unsere Waren mit Gewinn zu verkaufen. Aber da wir dumme Monopolisten sind, die makroökonomische Zusammenhänge nicht durchschauen, lässt uns das völlig kalt.

Nun gibt es aber in der Realität so etwas wie Wettbewerb, und damit sieht die Sache gleich ganz anders aus: Wir werden investieren müssen, um konkurrenzfähig zu bleiben. Denn wenn wir dem Anbieter der Investitionsgüter seine innovativen, leistungssteigernden Maschinen nicht abkaufen: Unsere

Wettbewerber werden es tun. Zumindest müssen wir davon ausgehen, dass sie es tun, denn immerhin lassen sich in unserem Markt Traum-Margen von 20 Prozent erzielen, und das weckt nun mal Begehrlichkeiten: Der schumpetersche Unternehmer schläft nicht! Für Gunnar Heinsohn investieren Unternehmen denn primär auch zur »Verteidigung ihres Eigentums«, wie er es nennt: »Wer nicht investiert, reduziert den Wert seines Eigentums und beeinträchtigt dadurch seine Kreditfähigkeit; zehn Fabriken zur Herstellung von mechanischen Schreibmaschinen fallen nach Erfindung des Schreibcomputers im Preis auf null, wenn sie nicht umgehend nachziehen. Und das müssen sie alle, obwohl sie natürlich ganz klar sehen, dass es dadurch zu Überkapazitäten kommen wird: Sie haben also nur die Wahl, durch Nichtstun sofort von der Bildfläche zu verschwinden oder durch rechtzeitige Investitionen vielleicht zu den verbliebenen acht von ursprünglich zehn Firmen zu gehören, die ihre neuen Waren am Markt auch verkaufen können, dadurch wirtschaftlich überleben und durch Tilgung ihrer Bankschulden ihr verpfändetes Eigentum wieder auslösen können.«[96]

Da der Investitionsgüterhersteller das weiß, konzipiert er Maschinen und Anlagen genau so, wie wir sie brauchen, um wettbewerbsfähig zu bleiben. Das sichert ihm den Umsatz, den er benötigt, um seinen Mitarbeitern sichere Arbeitsplätze und vernünftige Einkommen bieten zu können. Einkommen, die sie wiederum bei uns verkonsumieren. Und damit schließt sich der Kreis. Wir haben es geschafft: Die Wachstumsspirale fängt an, sich zu drehen!

Womit bezahlen wir die Investition? Unser Gedankenexperiment lässt zwei Möglichkeiten offen: Entweder wir kaufen dem Investitionsgüterhersteller seine Maschinen erst am Jahresende ab, wenn wir unseren Gewinn von 20 Millionen eingenommen haben. Was wiederum die Frage aufwirft: Woraus bezahlt der Maschinenfabrikant während des Jahres seine Mitarbeiter? Umsatzerlöse hat er ja noch keine. Die Antwort: Er muss sich vorfinanzieren, sehr wahrscheinlich aus einem Kredit. Die andere Möglichkeit ist die, dass wir ihm bereits während des Jahres einzelne Aggregate abkaufen oder zumindest Anzahlungen darauf leisten, sodass er seine Mitarbeiter aus diesen Erlösen bezahlen kann. Dafür haben aber jetzt wir den Finanzierungsbedarf. Auf die eine oder die andere Art gilt also: Die zusätzlichen Einkommen, die der Investitionsgüterhersteller seinen Mitarbeitern bezahlt, speisen sich aus Kredit. Wir können daher Marxens verblüffende Erkenntnis, dass sich die Kapitalisten den Mehrwert selbst vorschießen, konkretisieren, indem wir seine Schlussfolgerung wie folgt ergänzen: »Weil sich ein Teil der Kapitalisten verschuldet, um Investitionen vorzunehmen, und dadurch zusätzliche Einkommen und Kaufkraft schafft, die zu Gewinn führen.« Bravo, Karl – Problem gelöst, Kapitalismus verstanden!

Rekapitulieren wir kurz: Die Anbieter all der schönen Waren und Dienstleistungen, die für Endverbraucher bestimmt sind (kurz: »Konsumgüter«), sind als Gruppe nicht dazu in der Lage, einen Gewinn zu erwirtschaften. Denn die Umsatzerlöse, welche sie mit ihren Mitarbeitern erzielen können, reichen bestenfalls dafür aus, die zuvor ausbezahlten Arbeitskosten wieder einzuspielen. Gewinn kann daraus nicht fließen: 100 Millionen an Löhnen und Gehältern können auch nur für 100 Millionen einkaufen – mehr geht beim besten Willen nicht (Kontoüberziehung und Kreditkarte lassen wir hier zunächst außer Betracht). Unser Umsatz wird daher maximal 100 Millionen betragen, selbst dann, wenn unsere Arbeitnehmer ihre Einkommen zur Gänze verausgaben. Da diese Löhne und Gehälter aber gleichzeitig bei uns Kosten von 100 Millionen verursachen, bleibt unterm Strich nicht mehr als eine Null. Gewinn ist da schlicht nicht darstellbar. Wohlgemerkt: Die Rede ist von der Gesamtheit aller Unternehmen einer Volkswirtschaft (die wir uns deshalb auch als ein einziges vorgestellt haben). In der Realität mag es einzelnen Akteuren immer wieder gelingen, für sich selbst Zuwächse herauszuschlagen. Doch wenn der Kuchen insgesamt nicht größer wird, dann verzeichnen sie ihr »Mehr« lediglich als das, was die anderen entsprechend weniger in der Tasche haben. Wachstum der einen bedeutet dann notwendigerweise Einbußen der anderen.

Eine kapitalistische Wirtschaft, in der es um den Gewinn geht, kann daher unmöglich als reine Kreislaufwirtschaft à la Tausch konzipiert sein, bei der die Einnahmen des einen Anbieters und die des anderen Anbieters über die Kopplung durch einen bestimmten relativen Preis gleich hoch sind: Dabei käme im Durchschnitt jeder nur auf seine Kosten, aber unter gar keinen Umständen zu Gewinn. Damit Gewinnerzielung auf gesamtwirtschaftlicher Ebene möglich wird, muss irgendwer per Kredit in Vorleistung gehen: Dadurch erst werden die Einkommen geschaffen, die einen Gewinn für alle ermöglichen; das setzt die Wachstumsspirale in Bewegung. Das »Mehr« kann dann auf alle übrigen Sektoren verteilt werden, an den Staat über Steuern und an die Beschäftigten über Lohnzuwächse – und schon haben wir »Wohlstand für alle« verwirklicht.

So weit zu Marx und seiner Entdeckung. In ihr verbirgt sich übrigens eine interessante Paradoxie: Wenn der gesamte Gewinn einer Wirtschaft von den Investitionen abhängt, die ja typischerweise von Unternehmen vorgenommen werden, dann lässt sich das auch so deuten, dass die Unternehmen als Gruppe selbst bestimmen können, wie hoch ihr Gewinn ausfällt: Sie brauchen nur entsprechend hohe Summen zu investieren. Aber das sagt sich natürlich sehr viel leichter, als es in der Praxis einer Wettbewerbswirtschaft ist. Denn da investieren Unternehmer bekanntlich nicht nach gemeinschaftlicher Absprache, sondern jeder für sich und zumeist gegeneinander. Zudem interessieren sich Unternehmer nicht für die Gewinnsumme, die sie als Gruppe während einer Periode erzielen können, sondern jeder versucht seinen eigenen Profit zu maximieren – und sei es auf Kosten aller anderen.

Einmal Zukunft und zurück

Im Kinohit ›Zurück in die Zukunft‹ reist Michael J. Fox alias Marty McFly durch die Zeit, um seinem alten Freund Emmet aus der Patsche zu helfen. In einem zur Zeitmaschine umfunktionierten De Lorean, mit Hilfe von »Fluxkompensator« und Atomreaktor im Kofferraum. Auf eine Geschwindigkeit von 140 km/h muss er dafür beschleunigen, nur dann klappt der Zeitsprung. Das Problem dabei: In welcher Zeit auch immer Marty landet, er ist beim Eintreffen immer noch 140 km/h schnell; dumm also, wenn in der Zukunft ein Hindernis im Weg steht, das in der Gegenwart noch nicht da war. Daran kann Marty weder etwas ändern, noch kann er sich darauf vorbereiten: Da er die Zukunft nicht kennt, muss er sie nehmen, wie sie kommt. Entsprechend oft gerät er mit seinem De Lorean in brenzlige Situationen, aus denen er sich nur mit viel Glück zu befreien weiß.

Zeitreisen funktionieren auch im Kapitalismus. Es kam schon zur Sprache, dass die Aufnahme eines Kredits gleichbedeutend ist mit dem Ausgreifen in die Zukunft. Aus dem Hier und Heute des gegenwärtigen Wohlstandsniveaus machen wir einen großen Sprung nach vorn in der Zeit, laden ein Stück der dort verfügbaren Kaufkraft in unsere Taschen und kehren damit zurück in das Jetzt. Beim Kredit handelt es sich nicht um das »Verleihen« von Geld, wie das immer wieder behauptet wird. Stattdessen wird dabei neues Geld geschaffen. Geld, für das es keine andere Deckung gibt, als eine in der Zukunft zu erfüllende Forderung: die Rückzahlung des Kredits samt Zinsen. Man könnte es auch formulieren wie Ökonom Binswanger: »Die Banken sind Unternehmungen, die – wie alle Unternehmungen – ihre Produkte im Markt verkaufen, um Gewinne zu erzielen. Auch das Geld ist ein solches Marktprodukt. Auch mit der Produktion von Geld werden Gewinne erzielt.«[97] Das verbreitete Missverständnis, Geld müsse vor der Kreditgewährung erst in Form von ausreichend hohen

Spareinlagen eingesammelt werden, wurde von Schumpeter
zwar bereits zu Beginn des 20. Jahrhunderts aufgeklärt –
dennoch hält es sich hartnäckig. Und lebt selbst heute noch in
ökonomischen Lehrbüchern fort. Niklas Luhmann vermutet
den Grund dafür darin, dass der Kredit während des 18. Jahrhunderts vorwiegend mit den wuchernden Schuldenhaushal-
ten europäischer Monarchen assoziiert wurde: »Kredit hatte
sich, wenn man so sagen darf, selbst moralisch diskreditiert.
Kapital wird daher zunächst als ein Teilbereich von Reichtum
angesehen, nämlich als auf Arbeit beruhender und für Produk-
tionszwecke eingesetzter Reichtum. Nur für diesen Sonderfall
interessiert sich seitdem die politische Ökonomie.«[98] Die Moral
beeinflusste also einmal mehr das Denken, so scheint es. Ziemlich sicher gibt es aber auch noch einen weiteren Grund für
diese Fehldeutung: Dass nur das verliehen werden kann, was
zuvor gespart wurde, ist ein klassisches Postulat der Tausch-
wirtschaftslehre. Und die beherrscht die Ökonomie bis in die
heutige Zeit, wie oben gezeigt.

Das im Kredit aus der Zukunft vorweggenommene Einkommen kann in der Gegenwart wahre Wunderdinge vollbringen. Oder auch höchst unvernünftig verwendet werden.
Aber in jedem Fall hat es einen entscheidenden Nachteil: Es
muss ebenso wie unser Filmheld Marty McFly wieder dorthin
zurückkehren, wo es herkam. Denn schließlich hat jede Schuld
einen »Termin« – und zu dem ist sie nun mal fällig. Und nicht
nur das: Um sie wieder zum Verschwinden zu bringen, muss
zusätzliches Einkommen über den ursprünglichen Betrag der
Schuld hinaus aufgewendet werden, denn Zinsen werden mit
der Schlussabrechnung ebenfalls fällig. Übrigens: Wissen Sie,
wie lange es dauert, bis eine Schuld, die mit 10 Prozent verzinst wird, durch Zins und Zinseszins auf das Doppelte des
Ursprungsbetrags angewachsen ist? Sieben Jahre und drei
Monate. Eigentlich recht kurz, nicht? Zumindest wenn man
sich in der Position des Gläubigers befindet. Aus der Sicht des
Schuldners hingegen stellt sich diese Frist nicht als »kurz«
dar, sondern sogar als »extrem kurz«: Ihm fehlt im wahrsten
Sinne des Wortes »Zeit«. Und Zeit ist Geld. Mit Geld müssen

Verpflichtungen aus der Welt geschafft werden. Das klingt schon im Wort »Finanz« mit, das sich vom lateinischen »finis« (= Grenze, Ende) herleitet, im Spätlateinischen gleichbedeutend mit Abgabe, Zoll, (Staats-)Einnahme. Um mit seinen Schulden nicht zu fallieren, was heutzutage den Bankrott bedeutet, in vormodernen Gesellschaften aber auch die Versklavung der eigenen Person wie der Angehörigen, muss ein Schuldner für schnelle Geldrückflüsse sorgen. Und deshalb produktiv sein – produktiver als die Konkurrenz. Dabei ergeht es ihm nicht viel besser als dem mit 140 Sachen in der Zukunft landenden Marty McFly: Auch der Kreditschuldner weiß nicht, wie sich ihm die Zukunft präsentieren wird. Ob sich die Dinge nach Unterschrift des Kreditvertrages so entwickeln werden, wie er es sich erhofft; oder ob da nicht plötzlich Hindernisse auftauchen, mit denen er überhaupt nicht gerechnet hatte. Um das Risiko derartiger Schwierigkeiten zu minimieren, muss der Schuldner deshalb gut sein. Richtig gut sein. Und innovativ. Wer neue Wege findet, während die Konkurrenz auf ausgetretenen Pfaden trottet, hat einfach die besseren Karten. Dieses tragische Los, dieser ständige Kampf des Schuldners gegen den Untergang, ist es, der den Kapitalismus über alle anderen Wirtschaftsformen erhob. Und damit – auf das Ganze gesehen – zu einer echten Erfolgsstory machte.

Warum kommt den Investitionen dabei so eine entscheidende Bedeutung zu? Weil sie selbst wiederum Ertrag abwerfen – und sich damit hervorragend für die Kreditfinanzierung bzw. als verpfändbare Sicherheit eignen. Die ganze Idee hinter einem Investitionsvorhaben ist ja gerade die, dass sich damit zukünftig höhere, schnellere und nachhaltigere Gewinne erzielen lassen als in der Vergangenheit. Das führt einerseits dazu, dass ein Unternehmen ein hohes Interesse daran hat zu investieren und sich damit ein Einkommen zu verschaffen, das über die Herstellungskosten und die Löhne der Beschäftigten hinausgeht; es bedeutet andererseits aber auch, dass sich Kreditgeber finden lassen müssen, die sich am geplanten Vorhaben beteiligen wollen. Erinnern wir uns zurück an das Gedankenexperiment, das wir gerade im Geiste Karl Marx' durchgeführt haben: Als Unternehmer der Konsumgüterindustrie brauchten wir einen vernünftigen Grund, um unserem Kollegen in der Investitionsgüterindustrie seine Maschinen abzukaufen; wenn wir ihn auf seinen Apparaten hätten sitzenlassen, hätten wir es ihm unmöglich gemacht, seinen Beschäftigten Löhne zu bezahlen, mittels derer sie bei uns einkaufen und uns so zu Gewinn verhelfen konnten. Worin bestand dieser Grund? Wettbewerbsdruck, ganz klar. Hätten wir nicht investiert, unsere Konkurrenten hätten es bestimmt. Und uns damit früher oder später das Wasser abgegraben.

Schumpeter sah aus diesem Grund den Unternehmer als Archetyp des Kreditnehmers. Und zwar keineswegs nur dann, wenn die Geschäfte schlecht laufen und einem das eigene Geld durch die Finger rinnt wie Seifenwasser, sondern ständig, vor allem in der Gründungsphase und bei der Realisierung von Innovationen: »Er kann nur Unternehmer werden, indem er vorher Schuldner wird. Er wird zum Schuldner infolge einer inneren Notwendigkeit des Vorgangs der Entwicklung, sein Schuldnerwerden gehört zum Wesen der Sache und ist nicht etwas Abnormales, ein durch akzidentelle Umstände zu klärendes, missliches Ereignis. Sein erstes Bedürfnis ist ein Kreditbedürfnis.«[99]

Unternehmer investieren, weil sie investieren müssen. Und bedienen sich dabei der Möglichkeit des Kredits, um ihr Vorhaben zu finanzieren. Sie reisen in die Zukunft wie Marty McFly in seinem De Lorean. Besorgen sich dort genügend Kaufkraft, um ihre Investition zu stemmen, und können ab dann nur beten: dass die Zukunft so kommen möge wie geplant. Worin genau die Investition besteht, ist dabei zweitrangig. Es muss sich dabei keineswegs um Maschinen, industrielle Anlagen oder Fabrikgebäude handeln sondern es können auch Ausgaben für Mitarbeiter, Dienstleistungen und immaterielle Rechte sein, wie sie in der Internet-Economy gang und gäbe geworden sind. Umso höher und sicherer die Gewinnerwartung der Investition, umso bereitwilliger werden Finanziers die benötigten Mittel für ihre Realisierung vorstrecken. Im Umkehrschluss wird es als so gut wie unmöglich gelten, Investoren für Projekte zu gewinnen, die keine oder nur sehr unsichere Renditen versprechen; zumindest nicht ohne weitere Sicherheiten.

Allerdings, und das hat die Kreditkrise 2008 einmal mehr gezeigt, sind die Banken durchaus flexibel, was die Bedeutung des Begriffs »Sicherheit« angeht: Im Aufschwung sehen sie die Dinge locker, in der Krise geben sie sich überaus streng. »Banken vergeben Regenschirme, solange die Sonne scheint«, so das geflügelte Wort. Dadurch verstärken sie den vorherrschenden Trend und werden im Verlauf eines kapitalistischen Zyklus selbst zu einem Faktor wachsender Instabilität. Aus diesem Grund verliefen alle endogenen Krisen in der jahrhundertealten Pleiten-, Pech- und Pannenchronik des Kapitalismus nach dem stets gleichen Muster: grenzenloser Optimismus der Unternehmer trifft auf hohe Risikobereitschaft der Kapitalgeber – beide Seiten schaukeln sich gegenseitig hoch. Irgendwann bekommen die Investoren kalte Füße und stellen selbst den attraktivsten Projekten kein Geld mehr zur Verfügung: Das System stürzt ab. Die Details mögen sich von Fall zu Fall ändern, die spezifischen Auslöser mögen unterschiedlicher Natur sein – das grundlegende Muster ist aber immer das gleiche.

Unser wirtschaftliches Wohlergehen hängt also einerseits vom Willen der Unternehmer ab, zu investieren; und andererseits von der Bereitschaft der Banken, die Investitionen der Unternehmer zu finanzieren. Mag uns nicht gefallen, ist aber so. Unser Pech: Auf beiden Seiten regiert der Wankelmut. Investitions- wie Finanzierungsbereitschaft torkeln auf schwankendem Boden hin und her wie ein betrunkener Matrose auf Deck. Denn Unternehmen wie auch Banken richten ihr Handeln danach aus, wie sie die Zukunft einschätzen. Und sind dabei mal himmelhoch jauchzend und ein andermal zu Tode betrübt. Mal sehen sie die Dinge optimistisch, dann wieder pechschwarz. Die Zukunft ist unsicher – und mit jedem Stückchen Information, die in einer fortlaufend aktualisierten Planung Verwendung findet, ändert sich die Einschätzung über ihren Verlauf. Das zwingt die Wirtschaft in raues Fahrwasser.

Wie wir vorhin mit Karl Marx festgestellt haben, speist sich steigender Wohlstand aus Investitionen. Wenn die Investitionen aber schwanken, dann kann das Wohlstandswachstum nicht linear verlaufen. Es gleicht vielmehr einer Berg-und-Tal-Fahrt. Zumindest solange der Staat nicht dagegenhält oder das Ausland Bereitschaft zeigt, die ausfallende Investitionsnachfrage im heimischen Markt zu kompensieren, dadurch die Unternehmensgewinne hochzuhalten und das Wohlstandsniveau zu stabilisieren.

Ohne Schulden geht es also nicht. Andererseits erschüttern schwankende Einkommen Unternehmen wie Verbraucher umso heftiger, je stärker sie verschuldet sind; denn aus Gewinnen und Löhnen der Gegenwart müssen Zinsen und Tilgung von Schulden der Vergangenheit geleistet werden. Die dafür aufzubringenden Beträge kommen keinem gegenwärtigen Zweck zugute, stiften kein momentanes Vergnügen. Sie dienen ausschließlich der Vergangenheitsbewältigung. Die Zeitmaschine läuft jetzt gewissermaßen im Rückwärtsgang. Schaffen es die Schuldner eines Tages nicht mehr, ihre Zins- und Tilgungslasten zu schultern, dann ist sie urplötzlich da, die Krise. Knall auf Fall – aus heiterem Himmel. Und für gewöhnlich trifft sie uns umso heftiger, je mehr der vorherige Aufschwung durch aggressive Kreditvergabe befeuert wurde. Allzu optimistische Erwartungen an die Zukunft paaren sich nur zu gerne mit laxer Geschäftspolitik seitens der Banken. Und erzeugen dann viel zu hohe Kreditschulden, die nicht mehr bedient werden können, sobald die Euphorie verflogen ist. Speist sich der Boom zudem aus jener Art von schrankenlosem Optimismus, der mit technischen Neuerungen oder bedeutenden wissenschaftlichen Durchbrüchen einhergeht, dann gleicht der unmittelbar darauf folgende Absturz bisweilen einem Inferno. Wir erinnern uns: In den 1920ern waren es die Elektrifizierung und der Infrastrukturausbau in den USA, die dem großen Crash vorausgingen; in den 1990ern die Immobilienblase in Japan und der Boom in den asiatischen Tiger-Staaten, im Jahr 2000 die Versprechungen der New Economy und 2007 schließlich erneut die Immobilienpreise, sowohl in den USA als auch in der europäischen Peripherie. Jedes Mal floss das Geld in

Strömen, gossen die Banken leichtfertig Benzin ins Kredit-
feuer. Verheerende Flächenbrände waren die Folge.

Die einfache Modellwirtschaft unseres Gedankenexperiments
ist natürlich weit davon entfernt, die tatsächlichen Verhältnisse 1:1 abzubilden. In der Realität produziert eine Vielzahl
von Unternehmen eine Vielzahl unterschiedlicher Produkte in
mehr oder weniger kapitalintensiven Produktionsprozessen.
Was heißt »kapitalintensiv«? Damit ist das Verhältnis zwischen dem Wert des im Unternehmen gebundenen Kapitals
(Maschinen, Gebäude, Vorräte) einerseits und den Lohnkosten
der Arbeitnehmer andererseits gemeint. Je höher die Kapitalintensität, desto höher der relative Anteil von Kapitalkosten
am Wert der produzierten Güter. Und umso geringer natürlich
der Anteil der Lohnkosten. Mit der Kapitalintensität steigen
in der Regel die langfristigen Finanzierungserfordernisse der
Unternehmen. Sie sind stärker auf Kredite angewiesen. Und
damit auf finanzierungsbereite Banken. Und hohe Gewinne,
aus denen sie fortan ihren Schuldendienst bestreiten können.
Ein 10-Mann-Betrieb mit einem Maschinenpark im Wert von
50 000 Euro unterliegt ganz anderen Gewinnzwängen, als die
Fabrikanlage im Wert von 10 Millionen Euro. Die 50 000 Euro
lassen sich eventuell sogar aus dem Privatvermögen des Unternehmers stemmen, was ihn von den Banken unabhängig
macht und ihm die Sorge erspart, Zins und Tilgung aufbringen
zu müssen. Für die 10 Millionen gilt das nicht mehr: Für ihre
Finanzierung wird der Unternehmer wohl oder übel auf eine
Bank zurückgreifen müssen. Damit handelt er sich aber den
Zwang ein, zukünftig ausreichend hohe Gewinne zu erwirtschaften, um die aus den Schulden resultierenden Lasten
schultern zu können.

Was auf einzelne Unternehmen zutrifft, gilt für die Wirtschaft als Ganzes genauso: Je höher die Kapitalintensität,
umso stärker die Belastung mit Finanzierungskosten. Und
damit die Notwendigkeit, hohe Gewinne zu erwirtschaften. Im
Aufschwung ist das für das Gros der Unternehmen kein Problem, da können sie nicht nur ihre alten Schulden bedienen,

sondern sogar neue eingehen. Dies umso mehr, als im Boom die Preise von Vermögenswerten steigen. Also von Immobilien, Beteiligungen, Wertpapieren und dergleichen. Soweit diese Vermögenswerte als Sicherheiten für Bankkredite dienen, ergeben sich durch die Aufwertung zusätzliche Beleihungsspielräume. Und diese werden auch regelmäßig genutzt. Was dazu führt, dass sich der Aufschwung quasi selbst trägt. Nicht umsonst heißt es an der Börse: »Die Hausse nährt die Hausse.«

Fassen wir alles bisher Gesagte zusammen, dann stellen wir fest, dass die moderne Wirtschaft ein komplexes Arrangement aus Investitionen, Krediten und Gewinnen über mehrere Zeitebenen ist:[100]

1) Die Fähigkeit von Unternehmen, ihre gegenwärtigen Schulden ordnungsgemäß bezahlen zu können, hängt von den Gewinnen ab, die sie in der laufenden Periode erzielen.
2) Die Höhe der Gewinne in der laufenden Periode hängt wiederum ab von den Investitionen. Alle Unternehmen zusammengenommen können in einer bestimmten Periode nur so viel Gewinn erzielen, wie in dieser Periode insgesamt investiert wird.
3) Die Höhe der Investitionen hängt aber wiederum ab von der Erwartung, dass auch zukünftig Gewinne erzielt werden können; was unter Berücksichtigung von 2) bedeutet, dass Investitionen im Heute unter der Bedingung stattfinden, dass auch Investitionen im Morgen stattfinden.

Mit anderen Worten: Investitionen von heute sind die Voraussetzung dafür, dass die Schulden aus den Investitionen von gestern bedient werden können. Sie kommen in ausreichender Höhe aber nur dann zustande, wenn sich die Erwartung durchsetzt, dass auch morgen ausreichend investiert wird. Es handelt sich beim Finanzmarktkapitalismus aktueller Prägung also um eine komplizierte Vorwärts- wie Rückwärtsverknüpfung von Vergangenheit, Gegenwart und Zukunft. Es ist gut nachvollziehbar, warum er dadurch zu einer äußerst instabilen

Angelegenheit wird. Und das umso mehr, als kapitalintensive Produktionsweise und damit verbundene langfristige Finanzierungsverpflichtungen das Gesamtbild der Wirtschaft prägen. Der faustische Pakt, dem sich die Ökonomie als »Alchemie zur Beherrschung der Zeit« verschrieben hat, wie Binswanger bei seiner Interpretation von Goethe ausführt, zeigt sich hier in seiner ganzen phänomenalen Tragweite: Mit dem Kredit machen wir die Zukunft zur Gegenwart, werden ab dann aber erbarmungslos verfolgt von unserer Vergangenheit. Das Tragische dabei: Wir entkommen unserer Vergangenheit nur dann, wenn zukünftige Akteure bereit sind, den Pakt mit dem Teufel erneut abzuschließen: Der Kapitalismus ist ein unablässiges Spiel auf Zeit; eine Religion, die nicht in Erlösung, sondern immer weiter fortschreitender Verschuldung mündet, wie es schon bei Walter Benjamin hieß. Die Schulden von heute sind die Voraussetzung dafür, die Schulden von gestern tilgen zu können; sie werden aber nur eingegangen, wenn erwartet wird, dass sich auch morgen neue Schuldner finden werden. Das Bemühen existierender Schuldner, von ihrer Last befreit zu werden, schickt sie auf eine verzweifelte Suche nach potenziellen Neu- und Nachschuldnern. Sie sollen mit den Sirenengesängen der Werbung dazu veranlasst werden, Jünger des »verschuldenden Kults« zu werden: eines gnadenlosen Kults, aus dem es kraft gesellschaftlicher Konvention kein Entrinnen gibt. Von einer »ethisch gefärbten Maxime kapitalistischer Lebensführung« schrieb daher Soziologe Max Weber bereits um 1900. Selbst Arme und Arbeitslose können sich ihr nicht entziehen, wie die Subprime-Episode in den USA gezeigt hat: Zwar hatten dortige Hauskäufer weder Job noch Vermögen, aber trotzdem waren sie plötzlich verschuldet bis über beide Ohren. In vielen Fällen, ohne überhaupt zu begreifen, wie ihnen geschah. Der Kult schlägt selbst hartnäckige Ungläubige in seinen Bann, akademische Marxisten zum Beispiel, die mit ihren Gehältern, Rentensparplänen, Hypotheken, Kreditkartenschulden und Privatschulgeldern für die Kinder genauso eingefangen werden wie Kapitalismusbegeisterte Unternehmer, Manager und Investmentbanker.[101] Oder systemkritische

Künstler, wie dereinst Friedrich Schiller einer war: Er dichtete die Zeile »Unser Schuldbuch sei vernichtet!«, als Teil seiner berühmten, von Beethoven vertonten ›Ode an die Freude‹. Er hätte sie auch direkt seiner persönlichen Kreditakte entlehnen können, denn der notorisch klamme Dichter hatte es zu verschiedenen Zeiten seines jungen Lebens nur Freunden und reichen Gönnern zu verdanken, dass er nicht in den Schuldturm geworfen wurde.

Die Investitionsaussichten in der Zukunft haben nicht nur Einfluss auf das Heute und damit indirekt das Gestern, sondern beeinflussen den weiteren Lauf der Dinge auch als selbst erfüllende Prophezeiung: Werden für die Zukunft nicht ausreichend hohe Gewinne erwartet, um Investitionen im Heute zu rechtfertigen, dann bleiben auch die Gewinne der Gegenwart hinter den bisherigen Prognosen zurück. Schulden, die in der Vergangenheit aufgenommen wurden, werden dadurch notleidend und die Kurse von Vermögenswerten brechen ein. Ausfallende Kredite und sinkende Kurse schränken aber die Finanzierungsbereitschaft von Banken und Investoren dramatisch ein. Was dazu führt, dass unternehmerische Investitionen erst recht zurückgehen. Die Gewinne sinken damit erneut, noch mehr Kreditschuldner geraten in Zahlungsschwierigkeiten, die Kurse von Finanztiteln fallen noch tiefer: Der pessimistische Blick in die Zukunft mutiert zu ihrem größten Feind. Die Geschäfte entwickeln sich schlecht, weil alle Welt erwartet, dass sie sich schlecht entwickeln werden. Eine selbsterfüllende Prophezeiung. Auch hier wiederum zeigt sich die Parallele zum Religiösen: Wer glaubt, kann Berge versetzen; wer nicht glaubt, endet als klägliches Häufchen Elend. Eine restlos rationale, vom »Homo oeconomicus« geprägte Gesellschaft, wie sie die Neoklassik postuliert, würde an dieser Prüfung des Glaubens, die uns der Kredit auferlegt, daher kläglich scheitern. Und ihren materiellen Wohlstand schon bei geringsten Anlässen in einem deflationär-depressiven Höllenfeuer verlieren. Das Gegenteil trifft zu: Da niemand die Zukunft im Voraus kennen kann, müssen Erwartungen immer von Optimismus geprägt und damit ein Stück weit »irrational« sein, wenn sie der Wohlfahrt dienlich sein sollen. Das nackte rationale Kalkül, das den Homo oeconomicus auszeichnet, steht dem entschieden im Wege. Wesentlich besser für die Rolle des kapitalistischen Wohlstandsmaskottchens eignen sich deshalb die im angelsächsischen Raum weit verbreiteten und ursprünglich aus Japan stammenden »Three wise monkeys«, deren gemeinschaftliches Lebensmotto lautet: »See no evil, hear no evil, speak no evil.« Im Ernst: Soll die Marktwirtschaft ihr Wohlstandsversprechen einlösen, dann ist durchaus ein wenig naiver Optimismus angesagt. »Nichts Böses hören und nichts Böses sehen«, wäre da eine überaus zweckdienliche Maxime. Es kommt nicht von ungefähr, dass die stets unbeirrt an die Zukunft glaubenden Amerikaner mit dem Kapitalismus als solches und dem Schuldenmachen im Speziellen die allerwenigsten Probleme haben.

Einmal mehr tritt hier zutage, warum die Wirtschaft nicht als Gleichgewichtsmodell aufgefasst werden kann: Die Fahrt in der Zeitmaschine hat ihren Preis. Er besteht nicht nur in einem Rückzahlungs-, sondern in einem Mehrleistungsversprechen in Form von Zins und Zinseszins. Nur dann, wenn wir am Tag der Abrechnung dieses Versprechen erfüllen können, läuft unsere Zeitmaschine weiterhin reibungslos. Wenn nicht, gerät sie ins Stottern. Und entwickeln sich die Dinge ganz schlecht, erleidet sie einen Kolbenfresser und wird völlig funktionsuntüchtig. Dann muss erst die staatliche Reparaturwerkstatt ran und sie wieder in Gang setzen, bevor es wie gewohnt weitergehen kann. Heißt im Klartext: Der Staat springt ein und löst die privaten Schuldner aus. Und schafft damit neue Kreditspielräume. Oder auch nicht: Im Zuge der großen Weltwirtschaftskrise in den 30er-Jahren streikten zunächst die staatlichen Mechaniker. Wie alle bedeutsamen Streiks hatte auch dieser sehr unschöne Folgen – und das gleich für die ganze Welt. Heutzutage ist das anders, wie die monströsen Reparaturrechnungen beweisen, die für die Rettung der Banken aufgelaufen sind. Wie werden wir sie bezahlen? Na, mit neuen Krediten natürlich, was dachten Sie denn?

Kredit oder nicht Kredit: das ist hier die Frage!

Unlängst spielte ich mit einem verlockenden Gedanken: Mein Mieterdasein wollte ich beenden und mir ein Eigenheim anschaffen. »Nichts ist so sicher wie die eigenen vier Wände« – so heißt es doch immer. Eine Logik, der auch ich mich nicht mehr länger verschließen wollte. Wenn Sie selbst schon einmal vor dieser Entscheidung gestanden haben, dann werden Sie wissen: So etwas will sehr gut überlegt sein. Vor allem in wirtschaftlich unsteten Zeiten wie diesen. Die zur Debatte stehenden Summen sind beträchtlich, zudem legt man sich mit einer eigenen Immobilie auf einen sehr langen Zeitraum hinaus fest. Durchaus riskant. Umso mehr, wenn für die Finanzierung des Traumhauses eine satte Hypothek aufgenommen werden muss. Ich habe mich daher umfassend informiert, habe Makler, Anzeigenblätter und einschlägige Websites konsultiert, Dutzende Ratgeber gelesen. Ich wollte wirklich nichts falsch machen. Mit meiner Bank habe ich zudem verschiedene Finanzierungsalternativen besprochen. Von der Seite her war zumindest alles klar. Aber da der Immobilienmarkt in meiner Gegend überaus liquide ist, stellte sich eine ganz andere Frage am allerdringlichsten. Nämlich die: bauen oder kaufen?

Denn die Sache ist ja die: Natürlich wäre so ein ganz nach individuellen Vorstellungen realisiertes Heim das Nonplusultra, logisch. Die Decken so hoch, wie man sie immer schon wollte, die Anordnung der Zimmer intelligent, der Garten nicht zu groß, aber auch nicht zu klein. Und dann natürlich immer wieder die Lage, Lage, Lage. Denn vielleicht will man ja irgendwann doch wieder verkaufen. Aber wenn auf dem Markt Häuser angeboten werden, die den eigenen Vorstellungen recht nahekommen und im Preis womöglich sogar noch günstiger sind als ein Neubau, bei dem bekanntermaßen auch eine ganze Menge schiefgehen kann: Warum dann nicht einfach ein schon vorhandenes Haus kaufen? Warum die ganzen Risiken eingehen, den Stress, die Warterei und dann noch das monatelange Hin und Her auf der Baustelle? Warum neu bauen, wenn man das Ganze fix und fertig haben und gleich nach dem Notariatsakt mit Sack und Pack einziehen kann? Solcherart Fragen gingen uns also durch den Kopf. Ständig. Bauen oder kaufen – welche ist die bessere Lösung? Was verspricht unter dem Strich den höheren Nutzen?

Wissen Sie, wer bei seinen Geschäften genauso denkt? Die Banken. Auch sie stehen vor der Wahl, ob sie neu produzieren oder nicht einfach kaufen sollen. Was produzieren Banken? Vorhin haben wir es schon gehört: Zahlungsverpflichtungen. Banken produzieren Kredite. Sie vergeben Geld, um in Zukunft mehr Geld zurückzuerhalten. Wenn eine Bank einem Unternehmer einen Kredit über 100 000 Euro bewilligt und im Lauf der nächsten fünf Jahre 150 000 zurückerhält, dann hat sie 50 000 an Erträgen erzielt. So läuft das Geschäft, das man üblicherweise mit den Banken verbindet. Aber um dieselben 50 000 an Erträgen zu erwirtschaften, muss die Bank nicht unbedingt einen Kredit vergeben. Sie kann eine ebenso ertragreiche Position, mit vergleichbaren Risiken, auch zukaufen. Wo? An den Finanzmärkten natürlich. Heißt im Klartext: Die Banken haben die Wahl, ob sie ihr Geld mit Krediten oder Finanzanlagen verdienen wollen. Wie Politik und Wirtschaft im Nachgang zur Finanzkrise mit Verbitterung feststellen mussten. Denn plötzlich wurden die Banken sehr restriktiv in ihrer Kreditvergabe, was bei vielen Unternehmen zu Problemen führte. Von der »Kreditklemme« war vielerorts die Rede. Die Kreditinstitute wurden zwar durch die Zentralbanken üppig mit Liquidität ausgestattet, um die Kreditversorgung der Wirtschaft aufrechtzuerhalten, aber statt tatsächlich in diesem Sinne zu verfahren, beschränkten sie sich auf reine Finanzmarkttransaktionen. Sie fuhren die Produktion von Neukrediten zurück und kauften stattdessen Titel zu, die bereits an den Märkten verfügbar waren.

Wie der Soziologe Dirk Baecker sehr zutreffend schreibt, besteht das Geschäft der Banken im Handel mit Zahlungsversprechen.[102] Ob sie diese Zahlungsversprechen neu produzieren, indem sie Unternehmenskredite vergeben, oder als

Vermögensanlage an den Finanzmärkten nur zukaufen, ist nirgendwo festgelegt. Die Banken treffen diese Entscheidung vielmehr im Rahmen ihres höchst eigenen Nutzenkalküls, dem sie als gewinnorientierte Unternehmen unterliegen. Eben genauso, wie alle anderen Firmen auch. Und je nachdem, wie sie sich entscheiden, erleben wir Wachstum und steigenden Wohlstand oder konjunkturelle Trockenzeiten. Denn Kredite, mit deren Hilfe Investitionen durchgeführt werden können, schaffen Arbeit und Einkommen. Reine Finanzanlagen aber nicht. Sie machen höchstens denjenigen glücklich, der Titel aus seinem Bestand verkauft. Und vielleicht noch einige Spezialisten in den Banken, die den Handel in solchen Titeln abwickeln. Aber ansonsten wird damit kein einziger Arbeitsplatz geschaffen. Denken Sie an die eingangs gestellte Frage »Bauen oder kaufen?«: Die Entscheidung für den Neubau schafft Arbeit für eine Vielzahl von Menschen vom Architekten über den Maurer bis zum Heizungsinstallateur. Der alternative Kauf freut aber nur den Verkäufer und den Notar. Und vielleicht noch den Immobilienmakler. Die Tragweite dieser Entscheidung für die Wirtschaft als Ganzes ist also nicht zu unterschätzen.

Was genau bewegt aber nun Banken, Neukredite an Unternehmen zu vergeben oder in Finanzanlagen zu investieren? Erinnern wir uns an das, was wir oben über die Preise gesagt haben: Sie müssen von den Unternehmen jeweils so kalkuliert sein, dass sie Überschüsse der Einnahmen über die Ausgaben ermöglichen, sprich: Gewinn. Hohe Preise führen zu hohen Gewinnen. Firmen mit hohen Gewinnen werden anstandslos ihren Zahlungsverpflichtungen nachkommen können. Hohe Gewinne führen aber auch zu hohen Preisen bei Vermögenstiteln, die von Unternehmen emittiert werden: bei Anleihen, weil die Bonität als Schuldner dann besonders hoch eingeschätzt wird; bei Aktien, weil hohe Gewinne unmittelbar in die Kursbildung eingehen. Die Fähigkeit von Unternehmen, hohe Preise für ihre Produkte und Dienstleistungen zu erzielen, findet also ihren Niederschlag sowohl in der Realwirtschaft als auch an den Finanzmärkten. Will ich mich als Investor in einem solchen Unternehmen engagieren, habe ich daher grundsätzlich zwei Möglichkeiten: Ich kann dem Unternehmen einerseits direkt Geld zur Verfügung stellen, mittels Kredit oder Kapitalbeteiligung; oder ich kann an der Börse bestehende Titel des Unternehmens kaufen – Anleihen oder Aktien. Wenn ich 1000 Euro in ein Unternehmen investiere, dann kann es in seinen Betrieb investieren, neue Arbeitsplätze schaffen und zusätzliches Einkommen; wenn ich mir für dieselben 1000 Euro nur Aktien oder Anleihen an dem Unternehmen kaufe, dann hat es davon überhaupt nichts: Die komplette Summe wandert in die Tasche desjenigen, der mir die Papiere verkauft hat – zumeist irgendein anonymer Akteur an der Börse.

Wo kommen diese Finanztitel ursprünglich her? Sie werden parallel zu den Investitionen der Unternehmer produziert. Praktisch zeitgleich. Sie sind gewissermaßen ihr »Spiegelbild«. Nicht in der Realwirtschaft, sondern an den Finanzmärkten. Verdeutlichen wir uns das am Beispiel einer Unternehmensanleihe: Sie verbrieft einen Kredit, dessen Mittel für irgendwelche unternehmerischen Zwecke verwendet wurden, in der Regel eine größere Investition. Man kann sich eine solche Anleihe deshalb auch vorstellen als ein Bündel von Maschinen, Anlagen, Steuerungssystemen, Stromkabeln und allem sonstigen Drum und Dran, das vom Unternehmen mit den Mitteln aus dem Kredit angeschafft wurde.

Alle Güter dieses Bündels haben natürlich einen Preis, den der jeweilige Hersteller verlangt; eine Maschine aus diesem Bündel kostet so zum Beispiel 500 000 Euro, eine andere 100 000 Euro, die Steuerungssoftware 30 000 Euro usw. Nehmen wir mal an, dass unser Bündel, das wir mit den Mitteln aus der Anleihe gekauft haben, in Summe 1 Million Euro gekostet hat: Ein einzelnes, an der Börse gehandeltes Stück dieser Anleihe, mit einer Nominale, einem Nennwert von 1000 Euro, repräsentiert dann ein Tausendstel des Anschaffungswerts dieses Bündels.

An der Börse wird die Anleihe nun aber nicht immer zu den 1000 gehandelt, die dem Nominalwert entsprechen, sondern zu einem Kurs, der sich durch Angebot und Nachfrage bildet. Er hängt ab von einer ganzen Reihe von Faktoren, vor allem aber von den Zahlungen, die der Käufer über die gesamte Laufzeit der Anleihe erwarten kann; und von der Wahrscheinlichkeit, die der Markt dem Risiko beimisst, dass diese Zahlungen nicht wie erwartet eintreffen.

In unserer Anleihe treffen also zwei Preiswelten aufeinander: die der physischen Investitionsgüter auf der einen und die der Finanzmärkte auf der anderen Seite. Die spannende Frage an dieser Stelle lautet nun: Wie bewegen sich diese beiden Preise relativ zueinander? Die Antwort auf diese Frage kann gar nicht wichtig genug eingeschätzt werden: In ihr liegt der Schlüssel für das Verständnis der ökonomischen Probleme unserer Zeit, der Fragen des Wachstums, des Wohlstands, der Arbeitslosigkeit. Wie ist das zu verstehen?

Ganz am Anfang, als das Bündel Investitionsgüter gerade gekauft wurde und die Anleihe emittiert wurde, mögen sich die beiden Preiswelten ungefähr entsprochen haben. Aber schon kurz danach tun sie das nicht mehr: Die Anleihe wird im Kurs steigen oder fallen, im Einklang mit den Angebots- und Nachfrageverhältnissen an den Finanzmärkten; die Preise der physischen Maschinen hingegen richten sich nach den Verhältnissen auf den Investitionsgütermärkten. Auf beiden Märkten agieren aber gänzlich voneinander verschiedene Akteure: an den Finanzmärkten Banken, Pensions- und Hedgefonds und alle möglichen anderen Arten von Finanzinvestoren; an den Investitionsgütermärkten hingegen unterschiedliche Kategorien von Unternehmern, Fabrikanten von Maschinen und Hersteller von Konsumgütern, die diese Maschinen in ihrem Produktionsprozess einsetzen.

Mit anderen Worten: Ein und dasselbe Bündel Investitionsgüter, und damit ein und dieselbe Gewinnquelle, erzielt in der physischen Welt einen anderen Preis als an den Finanzmärkten. Die zukünftigen Zahlungsströme, die aus dieser Quelle fließen, werden von den Finanzmarktakteuren gemäß ihren Erwartungen und Risikovorstellungen bewertet. Von den Akteuren des physischen Investitionsgütermarktes aber nach ganz anderen, eigenen Kriterien. Damit kommen wir zum springenden Punkt: Wenn sich eine Preiskonstellation ergibt, bei der besagte Gewinnquelle auf dem Finanzmarkt relativ billiger angeboten wird als am Markt für physische Investitionsgüter, dann stellt sich für Investoren die gleiche Frage, die sich uns eingangs bei unserem Immobilienvorhaben stellte: Warum nicht einfach den am Markt gehandelten Titel kaufen? Warum sich mit Konstruktionszeichnungen, Finanzplänen und starrköpfigen Firmeninhabern herumschlagen, wenn dabei unter dem Strich weniger zu verdienen ist als mit dem bequemen Erwerb des Papiers? Oder, in der Logik einer Universalbank: Warum noch Kredite an die Realwirtschaft vergeben, wenn sich mit reinen Finanzmarktoperationen mehr Geld verdienen lässt und das sogar noch leichter?

Das gleiche Spiel funktioniert natürlich auch in die Gegenrichtung: Wenn die Preise für Finanztitel hoch sind und steigen, dann wird es ab einem gewissen Punkt attraktive Anlagemöglichkeiten in der Realwirtschaft geben. Es wird dann für Banken interessanter, Kredite für Investitionen zu geben, statt weiterhin mit Finanztiteln zu handeln. Im Immobilienmarkt ist es übrigens genau das Gleiche: Wenn der Markt für Gebrauchtimmobilien boomt, dann wird irgendwann nicht mehr nur mit Immobilien gehandelt, sondern der Fokus verlagert sich auf deren Neubau. Es ist dann nämlich rentabler, neue Gebäude zu errichten und zu (hohen) Preisen zu verkaufen, als bloß mit bestehenden Objekten zu handeln. Die Auswirkungen auf die Wirtschaft sind hier wiederum dieselben wie oben beschrieben: Der Bau von Häusern schafft Arbeit und Einkommen; der reine Handel aus dem Bestand aber nicht (oder nur in sehr geringem Maße). Die Präferenzen ändern sich also – abhängig von den jeweiligen Preisen. Mal ist die Investition in das Neue lukrativer, mal der Kauf des Bestehenden. Die Banken verhalten sich da nicht anders als der Immobilien- oder der Autokäufer. Auch die Abwrackprämie, mit der die Bundesregierung im Krisenjahr 2009 die deutschen Kfz-Hersteller unterstützen wollte, war in Wahrheit nichts anderes als eine staatlich subventionierte Absenkung des Preisniveaus von Neuwagen, um diese gegenüber Gebrauchtfahrzeugen attraktiver zu machen.

Dieser Wechsel zwischen neu und alt, Produktion und Bestand, macht den Kapitalismus krisenanfällig. Das eine Mal werden neue Einkommen geschaffen, das andere Mal aber nicht. Wenn über Investitionsvorhaben entschieden wird, die einer Kreditfinanzierung bedürfen, dann kommt es eben nicht nur auf die Präferenz der Unternehmer, sondern auch die der Banken an. Auch die ertragreichste Investition wird dann mitunter einen negativen Kreditbescheid erhalten, wenn die Bank zur Auffassung gelangt, dass ihr bei gleichem Risiko ertragreichere Möglichkeiten an den Finanzmärkten offen stehen. Die Bank kann ihr Geld so oder so verdienen. Damit wird eine sozialpolitische Front eröffnet: Denn die Bank verzeichnet aus ihren Finanzmarktoperationen weiterhin Milliardengewinne und beschert ihren Angestellten Rekordboni, während die Realwirtschaft dahindümpelt. Oder gar in einen Abwärtsstrudel gerät. Eine Asymmetrie, die zu politischem Unmut führt: »Sind wir alle irre?«, fragt Links-Ikone Sahra Wagenknecht in ihrer Krisenfibel ›Wahnsinn mit Methode‹. Doch die Antwort lautet: Nein – eben das gerade nicht. Die Banken verhalten sich ganz im Gegenteil absolut rational. Geradezu vorbildlich rational. Das mag der allgemeinen Moral arg zuwiderlaufen, ist aber so.

Noch einmal: Unsere zum Finanzmarktkapitalismus entwickelte Wirtschaft stellt zu jeder größeren Investition in die Realwirtschaft ein virtuelles Abbild an den Finanzmärkten zur Verfügung, das den Geschäftsinteressen einer gewinnorientierten Bankenwelt mitunter besser Rechnung trägt als das physische Original. Im Unterschied zu diesem schafft es aber keine zusätzliche Beschäftigung, keine realen Gewinne und kein reales Wachstum. Die Einzigen, die davon profitieren, sind die Banker selbst. Das muss man einfach berücksichtigen, wenn man der modernen Wirtschaft ernsthaft auf den Grund gehen will.

Die öffentliche Diskussion über diesen Zwiespalt ist übrigens weder neu noch eine Erfindung der Globalisierung, sondern sie ist so alt wie der langfristige Industriekredit selbst, dessen Entstehung wir ungefähr auf die Mitte des 19. Jahrhunderts datieren wollen. Zu dieser Zeit sprossen allerorts Publikumsbanken auf Aktien aus dem Boden, zunächst in England und Wales und später auch auf dem europäischen Festland. 1852 kam es zur Gründung des französischen »Crédit mobilier«, einer Bank mit Volksbeteiligung, die sich ausschließlich um die Finanzierung der industriellen Entwicklung verdient machen wollte. Im Gegensatz zu anderen Banken und den traditionellen Häusern der Hochfinanz, allen voran natürlich der Rothschilds, die mit ihrem Geld entweder kurzfristig spekulierten oder es an Staaten und Adelshäuser verliehen. Die Gründer des Crédit mobilier, die Brüder Pereire, sahen sich hingegen in der Tradition des sozialistischen Utopisten Saint-Simon, ebenso wie ihr größter Förderer, Louis-Napoléon Bonaparte, der sich kurz davor zum Kaiser Napoleon III. ausgerufen hatte. Nach seinem Willen sollte die Wirtschaft Frankreichs unter der Führung der neuen Bank umgestaltet und das Volk am Aufschwung beteiligt werden. In den darauf folgenden Jahren erlebte der Crédit mobilier tatsächlich einen sagenhaften Höhenflug und spielte eine zentrale Rolle in der langfristigen Finanzierung von Eisenbahn- und Industrieprojekten. Karl Marx, der über den Crédit mobilier als »merkwürdigste ökonomische Erscheinung unserer Zeit« mehrere Beiträge in einer New Yorker Zeitung verfasste, misstraute dem Vorhaben jedoch und sprach schon früh von »kaiserlichem Sozialismus«, dessen Ziel allein darin läge, die französische Wirtschaft unter die Kontrolle Napoleons zu bringen.[103] Wie dem auch sei: Schon zur damaligen Zeit hatte man jedenfalls den Unterschied erkannt, der zwischen der Finanzierung von echten Investitionen und dem Handel mit Vermögenstiteln bestand. Und welche Bedeutung er für die Volkswirtschaft hatte. Aber allen guten Vorsätzen zum Trotz: Auch die Gebrüder Pereire wurden schließlich vom Spekulationsfieber erfasst und gingen mit ihren Geldanlagen weit über die Industriefinanzierung hinaus. Sie verzockten sich ab 1864 mit Immobilien- und Baumwollanlagen, und gingen mit dem Crédit mobilier schließlich im Jahr 1867 pleite.[104]

Sie werden sich vielleicht noch an das Bonmot über die Siemens AG erinnern, das in den 80ern immer wieder zu hören war. Siemens sei eine »Bank mit angeschlossener Elektroabteilung«, hieß es da. Das Unternehmen hatte Mitte der 80er-Jahre Cash-Reserven von rund 20 Milliarden D-Mark angehäuft. Die investierte der Konzern aber nicht in den Ausbau seiner Produktion und damit in Beschäftigung und Arbeitsplätze, sondern überwiegend in Finanzanlagen. Und setzte sich damit durchaus heftiger Kritik seitens der Politik und der Gewerkschaften aus: Warum schneidet Siemens Zins-Coupons, statt zu investieren und Arbeit zu schaffen? Im Grunde also der gleiche Vorwurf wie der, den sich heute die Banken gefallen lassen müssen. Die Bankmanager stehen vor der Wahl: Sie können die Neuproduktion von Finanzvermögen ankurbeln, indem sie Kredite vergeben, mit denen unternehmerische Investitionen finanziert werden, oder sie kaufen bereits bestehendes Finanzvermögen: Aktien, Unternehmensanleihen, Staatsanleihen, Pfandbriefe. Oder sie investieren in eine der zahlreichen anderen Möglichkeiten, welche eine schrankenlos liberalisierte Finanzbranche in den letzten drei Jahrzehnten unter dem Stichwort »Finanzinnovation« hervorgebracht hat. Nicht immer sind solche Investments dem Gemeinwohl zuträglich. Doch dem fühlen sich die Banken, wenn überhaupt, nur in zweiter Linie verpflichtet. Ihr erstes Augenmerk gilt dem Renditeversprechen, das sie ihren Aktionären gegeben haben. Dieses gilt es einzulösen.

Es steht nirgendwo geschrieben, dass sich Schumpeters Unternehmer nur in der Realwirtschaft verdingen darf. Eine ganze Horde von »Financial Entrepreneurs« hat das Universum der kapitalistischen Finanzierung zu einem autonomen Renditekosmos umgestaltet, in dem es sich zumindest zeitweilig sehr auskömmlich leben lässt. In dem exorbitante Gewinne erwirtschaftet werden können – unabhängig von der konjunkturellen Situation der übrigen Wirtschaft. Während ich diese Zeilen schreibe, gehen die Arbeitslosenzahlen in den USA und allen anderen wichtigen Industriestaaten dramatisch in die Höhe; doch gleichzeitig meldet die Deutsche Bank wieder einen Jahresgewinn von 5 Milliarden Euro, und die

Investmentbanker zwischen New York, London und Frankfurt können sich an der Aussicht auf Rekordboni erfreuen. Eine Ungeheuerlichkeit für all jene, die noch immer glauben, Banken verdienen ihr Geld ausschließlich mit Krediten; keine große Überraschung jedoch für andere, die verstehen, dass Banken ihre Gewinne mit dem Handel von Zahlungsversprechen machen. Egal, aus welcher Quelle diese stammen mögen.

Eine nicht unmaßgebliche Rolle in der Entstehung dieser Asymmetrie spielten dabei ausgerechnet die westlichen Wohlfahrtsstaaten: Mit ihren kräftig steigenden Defiziten sorgten sie seit den 70ern für stetigen Nachschub an Kredittiteln höchster Bonität. Und verhalfen damit den Investmentbankern erst zu ihrem grandiosen Höhenflug. Ganz ähnlich übrigens, wie die geldklammen Fürsten des 16. Jahrhunderts zum Aufstieg der Fugger und Welser beitrugen; und die Krieg führenden europäischen Herrscherhäuser des 18. Jahrhunderts zum Monopol des Hauses Rothschild. Der Handlungsspielraum der Banken wurde durch die defizitären Regierungen um eine weitere Dimension ergänzt. Ihre zusätzliche Option lautete nun: Warum bei vergleichbaren Renditen nicht sichere Staatspapiere kaufen statt riskante Unternehmenskredite vergeben? Ein Phänomen, das wir ebenfalls im Zuge der jüngsten Finanzkrise bestens beobachten konnten, als Trillionen internationalen Anlagekapitals in deutsche und amerikanische Staatsanleihen flüchteten und deren Zins kurzzeitig sogar unter die Nulllinie drückten.

Empörter Protest nach dem Motto: »Aber es ist doch die Aufgabe der Banken, Unternehmer zu finanzieren!«, bringt da gar nichts. Solange die großen Player an den internationalen Kreditmärkten als Privatunternehmen konstituiert sind, die Gewinne machen wollen und müssen, wird sich an der grundlegenden Situation nichts ändern. Es gibt kein Gesetz, das die Banken verpflichten würde, ihre Gewinninteressen dem Gemeinwohl unterzuordnen. Auch wenn die Politik das häufig so darstellt und angesichts des Geschäftsgebarens der Banken gerne in »Appellitis«[105] verfällt. Statt ständig mit erhobenem Zeigefinger auf die Moral zu rekurrieren, sollte sie lieber entsprechende Gesetze beschließen. Diese Forderung ist weder »links« noch »staatsgläubig«, sondern findet sich bereits bei Kant: Selbst eine Gesellschaft aus Teufeln könne sich arrangieren, wenn die Gesetze nur gut genug seien. Die Lösung von Interessensgegensätzen bedarf daher keiner »besseren Menschen«, sondern der Schaffung adäquater Regeln. Doch davor scheut die Politik offenbar zurück. Sie versagt – ob aus Unwilligkeit oder Unvermögen. Interessanterweise sogar dann, wenn die Impulse zu einer restriktiveren Bankengesetzgebung ausgerechnet von den USA ausgehen, wie unlängst geschehen: Präsident Obama wollte einerseits die Größe der Banken begrenzen, andererseits das Kredit- vom Handelsgeschäft trennen. Beides begrüßenswerte Ansätze, die in ganz ähnlicher Form im unmittelbaren Nachgang zur amerikanischen Bankenkrise von 1933 auch verfolgt worden waren.

Doch wer spricht sich gegen eine solche Vorgehensweise aus? In seltener Einmütigkeit? Die EU-Finanzminister. Allen voran der deutsche. Man kann lange über die Vor- und Nachteile einer solchen Gesetzgebung diskutieren, aber es mutet doch recht merkwürdig an, wenn man sich einerseits vor der Verabschiedung konkreter Gesetze scheut, andererseits aber vom Bundespräsidenten abwärts alle an die »Moral der Märkte« appellieren. Die Märkte kennen keine Moral. Das sollen sie auch gar nicht. Dessen ungeachtet gleicht die deutsche Politik im Nachgang zur Krise einem Megastore der Moralität: für jeden etwas dabei. Der französische Philosoph Jean-Claude Michéa bringt die Scheinheiligkeit auf den Punkt: Die zelebrierte Betroffenheit der Politik angesichts verfallender Werte, obsoleter Traditionen und wachsender Egoismen sind nichts anderem geschuldet als Marketing in eigener Sache; von Leuten, denen sehr wohl bewusst ist, dass das optimale Funktionieren des Marktes von der fortlaufenden Unterminierung all dieser Werte abhängt.[106]

Und außerdem: Wer wollte den Bankmanagern einen Vorwurf daraus machen, dass sie angesichts einer auch ihnen unbekannten Zukunft in schwierigen Zeiten auf die Sicherheitsoption setzen und ihre Kreditvergabe einschränken? Oft genug tun sie das ohnehin nicht, wie wir immer wieder feststellen. Aber wenn bei gleich großen Gewinnpotenzialen die Anlage in Staatsanleihen das entscheidende Mehr an Sicherheit verspricht, wäre es geradezu fahrlässig, sich nicht für sie zu entscheiden. Zumal in Zeiten, in denen unter dem Gesichtspunkt des Risikos Alternativen ohnehin spärlich gesät sind.

Auch in einem weiteren Punkt sollten wir uns nicht täuschen: Selbst dann, wenn der Kredit gegenüber der Finanzanlage die höhere Rendite verspricht, ist damit noch lange nicht gesagt, dass die Bank ihn auch tatsächlich vergibt. In Krisenzeiten wird sie weder Kredit noch Finanzanlage tätigen, sondern schlicht ihr Geld zusammenhalten wollen. »Cash is King!«, lautet dann die Parole nämlich auch im Kreditsektor. Wenn die Zukunft unsicher erscheint und die Risikobereitschaft entsprechend gering ist. Die Zentralbank mag da die Zinsen senken, so tief sie will: Die Kreditinstitute werden sich dankend mit diesen Mitteln vollsaugen, aber trotzdem keinen Cent an die Realwirtschaft weiterleiten. Sie werden höchstens »sichere« Staatsanleihen kaufen. Um auf das Eigenheim-Beispiel von oben zurückzukommen: Schaffen Sie sich ein Haus an, wenn Sie nicht sicher sein können, ob Sie morgen noch Ihren Arbeitsplatz haben? Vermutlich nicht. Und zwar völlig unabhängig davon, ob Kauf oder Neubau die preislich attraktivere Lösung gewesen wäre. Unternehmer und Kapitalgeber denken da ganz genauso: Wenn die Prognosen unsicher sind, dann lieber das Pulver trocken halten und abwarten, wie sich die Dinge entwickeln. Aus unternehmerischer Sicht eine sehr vernünftige Strategie – für die Volkswirtschaft insgesamt aber überaus nachteilig. Warum, wissen wir bereits: Ausbleibende Investitionen pessimistischer Unternehmer sind gleichbedeutend mit ausbleibenden Gewinnen und Einkommen für alle. Besonders für diejenigen, die sich zuvor verschuldet haben und jetzt auf Krediten sitzen, die sie nicht mehr bedienen können.

Halten wir daher fest: Sowohl der Aufschwung als auch die Krise sind Musterbeispiele für selbst erfüllende Prophezeiungen. Wenn nur genügend Leute daran glauben, dass es aufwärts (oder abwärts) geht, und sich entsprechend verhalten, dann dreht sich der konjunkturelle Wind in diese Richtung. Die kapitalistische Gesellschaft verfügt damit tatsächlich über Kräfte, die einem Baron von Münchhausen nur in seinen Lügenmärchen zuteil wurden: Sie kann sich am eigenen Schopf aus dem Morast ziehen. Gerade die Hochzivilisation des anbrechenden dritten Jahrtausends unterliegt dem Gesetz der Savanne, den Animal Spirits, wie wir eingangs schon festgestellt haben. Präsident Franklin D. Roosevelt lag daher mit seiner Antrittsrede 1933 absolut richtig, in der er sagte: »Das Einzige, was wir fürchten müssen, ist die Furcht selbst.« Wenn keiner mehr was unternimmt, weil alle die Hosen gestrichen voll haben, dann tut sich auch insgesamt nichts. Die Zahlungsfähigkeit der Wirtschaft kann dann nicht mehr reproduziert werden, was gleichbedeutend ist mit: Absturz!

Der vollzieht sich tatsächlich blitzartig und senkrecht nach unten, ganz so, wie es dem dummen Kater Tom immer wieder ergeht, wenn er auf der Jagd nach Mäuserich Jerry über Klippen und Planken hinausstürmt: Für ein paar Sekundenbruchteile strampelt er noch mit den Füßen in der Luft, wird sich schließlich seines Unglücks gewahr und stürzt mit gellendem Schrei in die Tiefe.[107] »Verkaufen, verkaufen, verkaufen!«, heißt es dann an allen Ecken – bloß keine Vermögenswerte halten, deren Bewertung jetzt fragwürdig geworden ist. Liquide bleiben lautet stattdessen die Devise. Die nachfolgende Stille, jäh unterbrochen allenfalls vom Wehklagen über den einen oder anderen fallierenden Großschuldner und den Verlust Zigtausender Arbeitsplätze, mag mal kürzer, mal länger anhalten. Dann, ganz plötzlich, wenn man es schon gar nicht mehr vermutet hätte, richten sich die Ersten wieder auf, zunächst nur einige wenige, dann immer mehr – und plötzlich trabt die ganze Herde in die entgegengesetzte Richtung. Die Preise schießen nach oben, überall ist zu hören: »Kaufen, kaufen, kaufen!« Eine neue Runde im ewigen Spiel um das Geld hat begonnen – und alle wollen wieder mit dabei sein.

Sowohl der Aufschwung als auch die Krise stecken tief in uns Menschen, als Individuen, vor allem aber als soziale

Wesen, die miteinander kommunizieren, sich gegenseitig beobachten, permanent Ausschau halten, was die Konkurrenz oder der Nachbar macht und sich vom Optimismus oder Pessimismus ihrer Umwelt anstecken lassen. Je mehr einzelne Akteure ihre Beobachtungen zur Grundlage ihrer Entscheidungen machen, umso stärker kommt es zur unbewussten und bisweilen kontraproduktiven Koordination kollektiver Verhaltensweisen. Wie die Finanzkrise gezeigt hat, sind die komplexen Verflechtungen innerhalb des Kreditsektors nicht nur für Multimillionen-Finanzierungen von Bedeutung, sondern haben auch Auswirkungen auf den bescheidenen Kredit des lokalen Mittelständlers von nebenan. Dirk Baecker beschreibt den Finanzsektor als ein Netzwerk, dessen einzelne Elemente jeweils als Voraussetzung aller übrigen fungieren. Dabei bewegen sich alle Elemente gleichzeitig und parallel, was das Netz insgesamt ebenso störungsanfällig wie robust macht: Es kann seinen Schwerpunkt bis zu einem gewissen Punkt nach Belieben verlagern, denn es funktioniert ohne Zentrum und ohne Spitze. Aber es ist anfällig für Kettenreaktionen wie zum Beispiel im Fall eines allgemeinen Vertrauensverlusts.

Ermöglicht wird dieses Verhalten durch zwei gänzlich unterschiedliche Betriebsmodi, in denen derartige Netze operieren können: Im Zustand der »losen Kopplung« verfügen die einzelnen Elemente über eigene Spielräume, das Netz gewinnt an Elastizität, es kommt zu Reaktionsverzögerungen, mögliche negative Vorgänge werden isoliert und gegenüber anderen abgeschottet; im Modus der »rigiden Kopplung« steigt die Reaktionsgeschwindigkeit hingegen dramatisch, Probleme breiten sich blitzschnell über das gesamte Netz aus. »Wir wissen fast nichts über Netzwerke, die in diesem Sinne sowohl lose wie auch gekoppelt operieren können«, schreibt Baecker. »Der Beobachter wird von ihnen schon deswegen unter einen Dauerdruck der Überraschung gesetzt, weil er nie wissen kann, wann sie aus dem einen in den anderen Aggregatzustand wechseln. Wenn sie das tun, dann tun sie es aufgrund ihrer eigenen Geschichte und in Reaktion auf ihre Geschichte, und die ist für jeden Beobachter undurchschaubar.« Gleichzeitig hängt an diesem undurchschaubaren Netzwerk aber der Kern dessen, worum es in unserer Wirtschaft geht: Die Wahrnehmung riskanter Gewinnchancen und damit der Schlüssel zu Wachstum und Wohlstand. [108]

Ob seitens der Unternehmer investiert und ihrer Banken finanziert wird, hängt maßgeblich von den Erwartungen an die Zukunft ab. Und nicht von der Höhe des Notenbankzinssatzes, wie das Ökonomie und Finanzmedien zu glauben scheinen. Weshalb wir bereits seit über einem Jahrzehnt ein neuartiges Phänomen der Popkultur bestaunen dürfen, für das sich der Begriff »Zentralbankfolklore« eingebürgert hat: Die Welt hängt an den Lippen von Greenspan, Bernanke, Trichet und einer Reihe anderer Notenbanker. Als befänden ausgerechnet sie mittels ihrer Entscheidungen über das Wohl und Wehe der Weltwirtschaft. Eine These, der ich mich nicht so recht anschließen mag. Auch deshalb nicht, weil damit die irrige Vorstellung kultiviert wird, dass es die Politik und in ihrem Schlepptau die Notenbanker »im Griff« hätten; dass sie es seien, die über Aufschwung und Abschwung, Vollbeschäftigung oder Massenarbeitslosigkeit entscheiden könnten. Die Japaner dachten das auch mal, senkten die Zinsen jahrelang auf null und fuhren parallel Staatsdefizite, die jedem Dritte-Welt-Staat zur Ehre gereicht hätten. Genützt hat es ihnen nichts: Die 90er vertrockneten rein ökonomisch betrachtet trotz Nullzins zur »verlorenen Dekade«.

Wirtschaft wird nicht von Notenbankern und erst recht nicht von Politikern gemacht: Es wäre ein gewaltiger Fehler, sich auf ihre Künste zu verlassen. Auch die Unternehmen und ihre Kapitalgeber sind nicht alleine dafür verantwortlich – das wäre ebenfalls zu kurz gesprungen. Aber dennoch hängt die Entwicklung des materiellen Wohlstands ganz entscheidend davon ab, dass Unternehmer bereit sind, sich im Kredit zu verschulden und zu investieren; und dass Kapitalgeber bereit sind, sie dabei zu finanzieren: Nur dann kommt unser Michael J. Fox in seinem De Lorean auf die erforderliche Geschwindigkeit, um erneut in die Zukunft starten zu können. Nur dann geht das materielle Wohlstandswachstum in die nächste Runde.

Die »Ephoren« des Kapitalismus

Wenn Zeit im Spiel ist, dann werden die Dinge unsicher: Wer hätte mit dieser simplen Erkenntnis nicht schon seine unliebsamen Erfahrungen gemacht. Und je weiter Ereignisse in der Zukunft liegen, umso dichter und undurchdringlicher werden die Nebel, die sie verhüllen. Entscheidungen, die sich über einen langen Zeitraum auswirken, wie es bei Investitionen und Krediten üblicherweise der Fall ist, bedingen deshalb ein hohes Maß an Unsicherheit. Selbst dann, wenn die technische Machbarkeit eines Projektes bereits geklärt ist oder die Frage, ob es für ein neues Produkt überhaupt einen Markt gibt, bereits bejaht wurde. Je länger die Zeitspanne, die bis zum Rückfluss der investierten Summe verstreicht, und je höher der Betrag, der über externe Kapitalaufnahme finanziert werden muss, umso größer wird die Unsicherheit. Mitunter so groß, dass Unternehmen die Investition deswegen zurückstellen. Oder keine Kapitalgeber finden, die bereit wären, sie zu finanzieren.

Bei der Unsicherheit, von der hier die Rede ist, handelt es sich um eine absolute: Sie kann nicht mathematisch berechnet werden, wie das beim Glücksspiel in Monte Carlo oder Las Vegas möglich ist. Dafür müssten alle möglichen Zukunftsszenarien im Voraus bekannt sein und ihre Eintrittswahrscheinlichkeit jeweils beziffert werden können. Beim Würfeln geht das: Bei jedem Wurf erscheint mit Sicherheit eine von sechs möglichen Augenzahlen, die Eintrittswahrscheinlichkeit beträgt daher stets 1:6. Die Unsicherheit beim Glücksspiel enthält damit ein vergleichsweise hohes Maß an Sicherheit. Ein Luxus, auf den Unternehmer und Banken in der Regel verzichten müssen: Sie sind mit unendlich vielen möglichen Szenarien konfrontiert, eines komplexer als das andere. Dennoch müssen sie aber im Heute Entscheidungen treffen, an die sie auf Jahre hinaus gebunden sein werden. Natürlich liegen diesen Entscheidungen bestimmte Erwartungen zugrunde, denen höhere Eintrittswahrscheinlichkeit beigemessen wird als allen anderen. Aber wie hoch ist »hoch«, wenn alles Mögliche passieren kann, nachdem man seine Unterschrift unter den Kreditvertrag gesetzt hat? Was passiert, wenn man durch eine Realität eingeholt wird, die man kaum auf dem Schirm haben konnte? Oder gar nicht? Ein zukünftiges Ereignis wird nicht allein deshalb »wahrscheinlich«, nur weil ihm mathematisch ein bestimmter Wert zugeordnet werden kann. Sondern es bleibt unsicher. Ganz und gar unsicher.

Auch eine statistisch berechenbare Zukunft birgt unliebsame Überraschungen. Genau das versucht uns Nassim Nicholas Taleb mit seinem Schwarzen Schwan zu verdeutlichen. Selbst die auf dem Papier beste und profitabelste Geschäftsidee kann mit einem Schlag zum Rohrkrepierer werden – durch Jahrhundertcrashs an den Börsen, Revolutionen und Kriege, Terrorangriffe auf das World Trade Center, Pandemien in Asien und diverses andere mehr. Die Investmentbank Lehman Brothers, deren Insolvenz am 15. September 2008 die globale Wirtschaftskrise dramatisch verschlimmerte, galt bis dahin als top-solides Unternehmen, dem man gerne Kredit gab und in Form von Investmentzertifikaten seine Ersparnisse anvertraute. Beim deutschen Mittelstandsfinanzierer IKB oder der Münchner Immobilienbank Hypo Real Estate war es nicht anders. Doch die immer stärker austrocknenden Geldmärkte seit Mitte 2007, als »Liquidity Crunch« bezeichnet, die man in den eigenen Zukunftsprognosen nicht berücksichtigt hatte, bedeuteten für diese Firmen das unvermutete Aus. Eine Zeit lang hatten sie meisterlich gespielt – doch jetzt hieß es: Game over! Auf einen Schlag. Sie waren auf der Basis der modernen Finanztheorie davon ausgegangen, dass eine unberechenbare Zukunft eben doch berechenbar sei, und wurden Opfer ihrer eigenen Prognosen. Die statistische Eleganz ihrer Modelle vermittelte ihnen ein Gefühl der Unfehlbarkeit. Aber die »Unsicherheit« ist eben im wahrsten Sinne des Wortes »unsicher« – da beißt die Maus keinen Faden ab. Keynes wusste das schon anno 1937. Er schreibt: »Mit unsicherem Wissen, lassen Sie mich das erläutern, beabsichtige ich nicht bloß das, was als sicher bekannt ist, von dem, was nur wahrscheinlich ist, zu unterscheiden. Das Roulettespiel unterliegt in diesem Sinne nicht der Unsicherheit, ebenso wenig die Ertragsaussichten einer gezeichneten Kriegsanleihe. Oder, nochmals, auch die Lebenserwartung ist nur in geringem Maße unsicher. Selbst das Wetter ist nur mäßig unsicher. Der Sinn, in welchem ich den Begriff gebrauche, ist der, in welchem Ausmaß Unsicherheit herrscht über den Ausgang eines europäischen Krieges, oder über den Kupferpreis oder den Zinssatz in zwanzig Jahren. Oder das Veralten einer Neuerung, oder die Lage der privaten Vermögensbesitzer im Gesellschaftssystem von 1970. Für all diese Fragen gibt es keine wissenschaftliche Grundlage, auf der man irgendeine, was für eine auch immer, berechenbare Wahrscheinlichkeit bilden kann. Wir wissen es einfach nicht.«[109]

Die generelle Unsicherheit ist eines der großen Probleme der Marktwirtschaft. Sie zeigt sich in der schwankenden Bereitschaft von Unternehmen, Investitionen zu tätigen, und im Widerwillen von Banken, Kredite zu akzeptablen Konditionen bereitzustellen. Glücklich daher der Unternehmer, der seine Vorhaben aus eigenen Mitteln finanzieren kann: Solange er von seinen Zukunftsperspektiven überzeugt ist, braucht es ihn nicht zu kümmern, ob Banken und Finanzmärkte seine Auffassung teilen. Ist er jedoch bei der Finanzierung auf externe Gelder angewiesen, dann wird er diese nur erhalten und die Investition vornehmen können, wenn die Kredit gebende Bank zu einer ähnlichen Zukunftseinschätzung gelangt wie er selbst. Beide, sowohl Unternehmer als auch Bank, müssen sich hinreichend sicher bezüglich des Szenarios sein, das sie dem Investitionsvorhaben zugrunde legen: Zwischen dem, was idealerweise geschehen soll, und dem, was schlimmstenfalls passieren kann, muss es einen Sicherheitsabstand, eine Art »Puffer« geben. Nur dann wird der Kredit vergeben und die Investition realisiert. Keynes bezeichnete unsere Wirtschaft daher auch als ein System der Kreditaufnahme und -vergabe auf der Basis von »Sicherheitsmargen«.[110]

Besagte Sicherheitsmargen wirken auf eine Volkswirtschaft an zwei kritischen Punkten: Einerseits haben sie Einfluss auf die Investitionstätigkeit der Unternehmen, und andererseits bestimmen sie den Grad ihrer Verschuldung. Wenn Unternehmen und Banken vor der Entscheidung stehen, neue Kreditengagements einzugehen, orientieren sie sich an allgemein verfügbaren Konventionen. Zumeist nützen sie die jüngere Vergangenheit als Leitfaden. Sprechen die jüngeren Erfahrungen dafür, dass Unternehmen ihre Schulden problemlos bedienen können, dann werden die Sicherheitsmargen tendenziell reduziert und höhere Verschuldungsniveaus in Kauf genommen: Es finden mehr Investitionen statt. Und riskantere. Verschlechtern sich hingegen die Bonitätskriterien, dann werden die Sicherheitsmargen erhöht und die Kreditvergabe restriktiver. Eine ganze Reihe möglicher Projekte fällt damit unter den Tisch: weil nicht mehr lohnend genug oder schlicht zu riskant. Die Investitionen insgesamt gehen daher zurück.

Für Finanztitel, die wir schon oben spiegelbildlich zu den Investitionen diskutiert haben, gilt das genauso: Wenn eine Anleihe bestimmte periodische Zinszahlungen verbrieft, die noch weit in der Zukunft liegen, dann werden vorsichtiger gewordene Investoren einen Abschlag auf den Kurs verlangen, wenn sie den Titel kaufen. Durch den niedrigeren Einstandskurs in Relation zur Summe der künftigen Zinszahlungen, verringert sich das Risiko bzw. erhöht sich die Sicherheitsmarge. Im Jargon der Börse spricht man in diesem Zusammenhang von »steigenden Risikoprämien« – ein Ausdruck, der in den Medien während der jüngsten Finanzkrise häufig zu hören und zu lesen war.

Wie wir bereits mehrfach festgestellt haben, speist sich das materielle Wachstum einer Volkswirtschaft aus Investitionen. Wenn diese der Höhe nach aber im selben Ausmaß schwanken, wie Unternehmer und Kapitalgeber ihre Erwartungen an die Zukunft revidieren, dann kann auch die Wohlstandsentwicklung nicht stabil verlaufen. So lapidar diese Feststellung auch anmutet, sie enthält eine durchaus unbequeme Wahrheit: Die Entwicklung bei Beschäftigung und Einkommen hängt weniger von den Unternehmen selbst ab, als von der Finanzierungsbereitschaft von Banken und Finanzmärkten. Es liegt daher auf der Hand, dass der für Zwecke der politischen Rhetorik häufig strapazierte Gegensatz zwischen »Realwirtschaft« und »Finanzmarkt« in die Irre führen muss. Nicht das Geschehen in der Realwirtschaft bestimmt die Entwicklung an den Finanzmärkten, sondern es verhält sich genau umgekehrt: Der Finanzsektor entscheidet über das Wohl und Wehe in der Realwirtschaft. Und dieser Einfluss macht sich umso stärker bemerkbar, als eine Volkswirtschaft von Unternehmen mit kapitalintensiver Produktion beherrscht wird, die hohe Finanzierungserfordernisse mit sich bringt.

Natürlich investieren Unternehmer, um Innovationen zu realisieren, Prozesse effizienter zu gestalten oder neue Absatz- oder Beschaffungsmärkte zu erschließen. Das ist unbestritten. Und soweit sie das können, ohne auf externe Finanzierung angewiesen zu sein, wird das Investitionsgeschehen alleine von ihren Erwartungen bestimmt. Der Finanzsektor spielt in einem solchen Szenario nur die zweite Geige, wohlstandsrelevante Entscheidungen sind rein technischer und kommerzieller Art. Völlig unbeeinflusst also von den Portfolioentscheidungen der Finanzmarktakteure oder der Frage, wie sich die Vermögenspreise relativ zu den Investitionsgüterpreisen entwickeln. Wenn eine Wirtschaft so beschaffen ist, dass noch Tausende und Abertausende derartiger Entscheidungen von einer Vielzahl kleiner und mittlerer Unternehmen getroffen werden, statt gebündelt in wenigen Großkonzernen, würde die Volatilität der Investitionen sehr gedämpft sein. Gleichmäßige, dezentrale Investitionen bedeuten stabilere Gewinne. Die negativen Aspekte des Finanzmarktkapitalismus würden unter diesen Umständen in viel geringerem Maße wirksam werden. Aus diesem Grund forderten die akademischen Väter der Sozialen Marktwirtschaft in Deutschland, die Ökonomen Alfred Müller-Armack, Wilhelm Röpke und Walter Eucken auch stets eine staatliche Förderung von Klein- und Mittelbetrieben. Sie sollten im Fokus der Wirtschaftspolitik stehen.

Doch de facto wurde trotz des ganzen Geredes vom Mittelstand eine derartige Vision von sozialer Marktwirtschaft niemals realisiert. Noch jemals der politische Versuch dazu unternommen. Eine Fehlentwicklung, die der im bisherigen Verlauf schon öfter zitierte Wilhelm Röpke schon Anfang der 60er-Jahre mit Bitterkeit kommentierte: Eine Wirtschaft, in der Großkonzerne die führende Rolle spielen, sei zwar immer noch besser als die staatliche Zentralwirtschaft, so Röpke; sie käme dieser aber bereits sehr nahe.

Schumpeter, dessen innovativer Unternehmer noch immer die Hauptrolle im Heldenepos der Marktwirtschaft spielt, warf man seinerzeit vor, er würde lediglich das Unternehmertum verherrlichen und in seiner Bedeutung überhöhen. Dieser Vorwurf sticht allerdings nur dann, wenn man sich darunter eine Art ökonomischen »Rambo« vorstellt. Das ist es aber gerade nicht, was Schumpeter meinte: Er sah vielmehr jedermann in die Rolle des Unternehmers schlüpfen, der es versteht, Innovationen aufzugreifen und durchzusetzen, aus Freude am Gestalten, um des Erfolgs der Sache selbst willen. Schumpeters Unternehmer ist nicht zu verwechseln mit der Figur des Erfinders. Stattdessen ist sein kreativer Zerstörer ein Vehikel der gesellschaftlichen Reorganisation, dessen Aufgabe insofern speziell ist, als er »in jeder anderen Beziehung weder intelligent noch sonst interessant, kultiviert oder in irgendeinem Sinn ›hochstehend‹ zu sein«[111] braucht. Wie löst er seine Aufgabe? Indem er neue »Mythen« konstruiert, kommunikative Leitbilder, die geeignet sind, selbstreferenzielle Prozesse auszulösen, die quer durch die Gesellschaft verlaufen, und durch die Erfindungen, neue technische Verfahren oder einfach nur neue Produkte sozial »eingebettet« werden.[112] Derartige Mythen erzeugen, wenn sie erfolgreich sind, ihre eigene gesellschaftliche Wirklichkeit: Keiner will mehr ohne privaten PC auskommen, ohne Internet, ohne E-Mail-Adresse; der MP3-Player von gestern war o.k., aber wer dazugehören will, braucht mindestens den »iPod Nano«. Eigentlich war man auch mit dem alten Fernsehapparat noch ganz zufrieden, aber was wäre das moderne Wohnzimmer ohne Flachbildschirm mit Full HDTV? Und darunter natürlich Sony Playstation, Nintendo Wii oder Xbox – am besten gleich alle drei nebeneinander.

Die neuen Mythen müssen jedoch nicht erst bei der Vermarktung erfolgreich sein, sondern schon viel früher, nämlich wenn es darum geht, die für die Durchsetzung der Innovation erforderlichen Ressourcen zu mobilisieren, wenn Kapitalgeber gefunden werden müssen, die sich an der Finanzierung des Vorhabens beteiligen. Solange der Mensch willens ist, seine Vorstellungskraft zu bemühen und sich nach dem »next big thing« zu strecken, sind der Produktion neuer Mythen keine Grenzen gesetzt. 300 000 verkaufte »iPads« am ersten Wochenende können nicht lügen. Das in der Wirtschaft vorhandene Kapital würde deshalb niemals ausreichen, um den Entrepreneurs alle ihre Vorhaben zu finanzieren, schrieb Schumpeter; vielmehr bestünde permanenter Bedarf an zusätzlichem Kredit. Die Bankiers seien daher die wahren Herrscher der Marktwirtschaft, sie würden mit ihren Finanzierungsentscheidungen bestimmen, wo die Reise hingeht. Soll heißen: welche Entwicklungen sich durchsetzen und welche nicht; welche Innovationen eine Chance bekommen und welche vom Reißbrett schnurstracks in den Papierkorb wandern.

Um die Dominanz der Banken im Gefüge der kapitalistischen Wirtschaft zu unterstreichen, griff Schumpeter zum Vergleich mit einer mächtigen Figur der Antike: dem so genannten »Ephor«. Die Ephoren waren die höchsten Beamten Spartas, verpflichtet nur der Volksversammlung. Sie standen den spartanischen Königen als Kontrollorgane zur Seite, genossen politische Immunität und große Machtbefugnis. Und die nutzten sie auch: Es sind Fälle überliefert, in denen sie schwere Strafen gegen Könige verhängten – Verbannung und Todesstrafe eingeschlossen. Schumpeter in seiner Analogie auf die Banken: »Er (der Bankier, TS) steht zwischen jenen, die neue Kombinationen durchsetzen wollen (die innovativen Unternehmer, TS), und den Besitzern von Produktionsmitteln (den Investitionsgüterproduzenten, TS). Er ermöglicht die Durchsetzung neuer Kombinationen, stellt gleichsam im Namen der

Volkswirtschaft die Vollmacht aus, sie durchzuführen. Er ist der Ephor der Verkehrswirtschaft.«

Aus Schumpeters Sicht fungieren die Banken somit als Treuhänder für die übrige Volkswirtschaft, indem sie nur jene Projekte finanzieren, die ihnen aussichtsreich genug erscheinen. In dieser Rolle hätten sie sich die Alleinstellung gesichert: »Der Bankier ist also nicht so sehr und nicht in erster Linie Zwischenhändler mit der Ware ›Kaufkraft‹, sondern vor allem Produzent dieser Ware. Da aber heute normalerweise auch alle Rücklagen und Sparfonds bei ihm zusammenströmen und sich das Gesamtangebot, sei es vorhandener, sei es zu schaffender freier Kaufkraft, bei ihm konzentriert, so hat er gleichsam den privaten Kapitalisten ersetzt oder entmündigt.«

Damit hatte Schumpeter völlig recht, wie wir heute wissen: Eine industrielle Wirtschaft mit kapitalintensiver Produktion kann ohne den Finanzsektor nicht auskommen. Und daher unmöglich gegen ihn agieren. Was Schumpeter seinerzeit noch nicht abschätzen konnte, war das Ausmaß, mit dem sich seine Entrepreneurs irgendwann auch an den Kreditmärkten selbst tummeln würden; und dass die Kreditmärkte dabei eine ganze Palette von Finanzinnovationen hervorbringen sollten, die es ihnen nicht nur erlaubte, ihre Monopolstellung in der Kapitalbeschaffung für Unternehmen weiter auszubauen, sondern eines schönen Tages sogar darauf zu verzichten, ohne Gewinn einzubüßen. Was Schumpeter nicht wusste, war, dass Bankmanager eines Tages die Wahl haben würden, ihr Geld wie gewohnt mit Krediten an die Realwirtschaft zu verdienen oder mit reinen Finanzmarkttransaktionen. Er hatte keine Vorstellung davon, wie unglaublich mächtig die Ephoren des Kapitalismus an der Schwelle zum dritten Jahrtausend tatsächlich sein würden. Weniger in ihrer individuellen Rolle als »Bankiers«, sondern vielmehr als Teil jenes weitgehend anonymen Kollektivs, das den »Finanzmarkt« konstituiert.

Keineswegs im Unklaren über ihre Bedeutung in der großen kapitalistischen Maschinerie sind sich hingegen die Bankmanager selbst: So ließ vor kurzem der Feinste und Bestbezahlte unter den feinsten und bestbezahlten Bankern unserer Tage, Goldman-Sachs-Boss Lloyd Blankfein, verlautbaren, dass er sich und die Seinen im Auftrag des Allmächtigen wähne:»Wir helfen Unternehmen, die wachsen wollen, bei der Aufnahme von Kapital. Wachsende Unternehmen wiederum schaffen Wohlstand. Wir dienen also einem sozialen Zweck. Ich bin bloß ein Banker, der Gottes Werk verrichtet.«[113] So sagte er es in einem Interview mit der englischen ›Sunday Times‹. Woraus wir Normalsterblichen wohl schließen müssen, dass Blankfein den Vergleich Schumpeters mit den Ephoren für nicht angemessen hält, die Größe seiner Aufgabe adäquat zu vermitteln. Und fürwahr, wer für die Verrichtung seiner Arbeit 68 Millionen Dollar im Jahr erhält und damit zweifellos »göttlich« entlohnt wird, der muss sich mit irdischen Analogien nicht mehr zufriedengeben: Eine Beauftragung durch den Allmächtigen sollte man sich da schon zugutehalten dürfen. Mindestens. Pikant wird diese Selbstbeweihräucherung natürlich dann, wenn sich – wie unlängst im Fall der griechischen Schummeleien in puncto Staatsschulden – herausstellt, dass die Jünger aus Blankfeins Geld-Tempel mitunter in eher trüben Gewässern fischen: Demnach habe Goldman Sachs 300 Millionen Dollar an Honoraren dafür eingestrichen, Griechenland bei der Verschleierung seiner Defizite zu helfen. Um so den Beitritt zum Euro zu ermöglichen.[114] Noch dicker kam es für Blankfein dann im April 2010, als die amerikanische Finanzmarktaufsicht SEC Goldman Sachs wegen Wertpapierbetrugs verklagte: Bei der Vermarktung eines komplexen Pakets aus zweitklassigen Hypothekenanleihen soll die Bank ihren Kunden vorenthalten haben, dass ein großer Hedgefonds, der auf Ausfälle bei Immobiliendarlehen und auf fallende Häuserpreise wettete, bei der Auswahl der Anleihen mit von der Partie war. Von mindestens 700 Millionen Strafe und Schadenersatz war zunächst die Rede. Analysten spekulierten bereits über Blankfeins Rücktritt: Irgendwer müsse deswegen in sein Schwert fallen, meinte einer spöttisch.[115] Womit sich auch für Gottesdiener Blankfein ein alter Bibelspruch bewahrheitet hätte, wonach die Wege des Herrn unergründlich sind. Doch dem Goldman-Boss blieb die Hölle erspart, er kam nur ins Fegefeuer: In einem Vergleich einigte man sich auf die Zahlung von 550 Millionen Dollar an das US-Finanzministerium und geschädigte Anleger, zudem darf Blankfein seinen Job behalten. Eine mickrige Strafe angesichts der 3,5 Milliarden Dollar Gewinn, die Goldman Sachs alleine im 1. Quartal 2010 erzielte. Gott hat eben doch ein Herz für seine treuen Diener. Und die amerikanische Börsenaufsicht offenbar auch.

Heute noch Safety, morgen schon Ponzi

Als Samuel Insull im Februar 1931 die jährlichen Hauptversammlungen seiner beiden Holdinggesellschaften eröffnet, Insull Utilities Investments und Corporation Securities, will er die Bedenken seiner Aktionäre zerstreuen: Die Konjunktur werde sich bald wieder bessern, seine Firmen würden wieder dick verdienen, ihre Börsenkurse steigen. Und sie, die Aktionäre, würden dann auch wieder glücklich sein. Seine Bilanzen seien solide, jedermann könne sich davon überzeugen, die Geschäftsbücher lägen zur Einsichtnahme aus, es gäbe absolut nichts zu verheimlichen. Man durchlebe zwar jetzt einen kurzfristigen Einbruch, aber danach, danach würde es wieder umso stärker aufwärtsgehen. Doch die Realität sah anders aus: Im August 1931 hatte sich weder die Konjunktur erholt noch die Börsen. Die Banken stöhnten noch immer unter den faulen Krediten, die sie in besseren Zeiten vergeben hatten. Mit der Neuvergabe hielten sie sich deshalb zurück. Die Firmen waren vom Kreditstrom abgeschnitten und versuchten daher verzweifelt, ihre Kosten in den Griff zu bekommen. Massenentlassungen waren die Folge. Hunderttausende Arbeitslose. Die privaten Einkommen rauschten in den Keller. Eine gewaltige Deflationsspirale drohte die Vereinigten Staaten zu verschlingen.

Während die Depression über die Wirtschaft hereinbrach, machte sich Insull auf den Weg, um seinen alten Freund und Mentor zu besuchen: Thomas Edison. Gemeinsam hatten sie Geschichte geschrieben: die Stromversorgung der USA aufgebaut, aus kleinsten Anfängen die Firma geformt, die später zur mächtigen General Electric Corporation werden sollte, unzählige unternehmerische Schlachten geschlagen. Der 84-jährige Edison war kurz vorher zusammengebrochen, um seine Gesundheit stand es schlecht. Insull war besorgt: Er wollte persönlich nach dem Mann sehen, der ihn 1881 aus England zu sich geholt hatte, um ihn zu seinem persönlichen Assistenten zu machen. Seitdem war viel passiert: Insull war seiner eigenen Wege gegangen und erlebte einen kometenhaften Aufstieg. Zu einem echten Ostküsten-Tycoon war er geworden, der mit seinen Elektrizitäts-, Gas- und Eisenbahnunternehmen den Mittleren Westen beherrschte und dessen politischer Einfluss sich weit darüber hinaus erstreckte. Und der nebenbei zu einem der reichsten Männer der Welt geworden war. Als Edison in die Augen seines ehemaligen Mitarbeiters blickte, sah er das Finanzgenie und den blendenden Organisator von früher; den Mann, der das Powerplay beherrschte wie kein Zweiter, dessen Einfallsreichtum ihn, den begnadeten Erfinder, aber lausigen Geschäftsmann, so oft aus prekärer Lage gerettet hatte.

Was Edison allerdings nicht wissen konnte, war, dass es um die Unternehmungen Insulls zum damaligen Zeitpunkt schon nicht mehr gut stand. Sein ehemaliger Weggefährte, der in seinen ersten Jahren viel Geschick darin bewies, den geldklammen Unternehmungen von Edison neues Kapital zu beschaffen, hatte sich in seinen eigenen geschäftlichen Angelegenheiten übernommen: Eine gewaltige Woge von Schulden sollte bald über ihm zusammenbrechen, seine Unternehmen vernichten und ihn seines Reichtums berauben. Und nicht nur das: Als öffentliche Person sollte er bald in das Visier des neuen Präsidenten Franklin D. Roosevelt geraten und von diesem zur Verkörperung all des Schlechten stilisiert werden, das sich während des Booms der 20er-Jahre in der amerikanischen Wirtschaft zugetragen hatte. In einem aufsehenerregenden Gerichtsverfahren würde es schließlich um wesentlich mehr gehen als Geld: um seinen guten Namen, seine Stellung in der Gesellschaft, sein Lebenswerk.

Die Finanzierung von Insulls Unternehmungen stand seit dem großen Crash auf wackeligen Füßen. Das Gros der Kredite, die er aufgenommen hatte, war kurzfristig fällig. Rückzahlbar binnen weniger Monate. Insull gelang es zwar, einen Großteil des benötigten Geldes aufzutreiben; aber 11 Millionen Dollar – die musste er irgendwie umschulden. Durch einen Bankkredit. Doch da seine Kreditlinien bei den Chicagoer Banken voll ausgereizt waren, blieb ihm nur der Weg nach New York. Er rief Bankers Trust an, Central Hanover und Chatham-Phenix – alles Häuser, mit denen er in der Vergangenheit schon Geschäfte gemacht hatte. Doch deren Direktoren winkten ab: Insull konnte keine anderen Sicherheiten bieten als Firmenbeteiligungen, die seine beiden Holdinggesellschaften an den operativen Gesellschaften des Konzerns hielten. Die reichten den Wall-Street-Banken aber nicht. Nicht inmitten des größten Börseneinbruchs der Geschichte. Zumal ihnen Insull zuvor schon reichlich Aktien verpfändet hatte. Aktien, die seither im Kurs ständig fielen. Insull blitzte ab. Kein Geld mehr von den New Yorker Banken. Was tun? In seiner Not entschloss er sich zu einem außergewöhnlichen Schritt: Er nahm einen persönlichen Kredit auf. Bei der National City Bank of New York. Und verpfändete im Gegenzug sein Privatvermögen. Das Geld überwies er an seine Holdinggesellschaften, die damit ihren Kreditverpflichtungen nachkamen. Für einen Moment lang war wieder alles in Ordnung.

Diese Episode an der Wall Street sollte jedoch Folgen haben: Im September desselben Jahres waren die Aktien der Insull-Gesellschaften erneut gefallen. Die Banken, die Anteile als Pfand übernommen hatten, wurden nervös und verlangten weitere Sicherheiten. Und plötzlich machte ein hässliches Gerücht die Runde: Insull sei in New York beim Verlassen einer Bank gesehen worden, die ihm den Kredit verweigert habe. Sein ganzes Imperium stehe kurz vor dem Zusammenbruch. In Windeseile ging die Kunde von der New Yorker Wall Street an die Chicagoer LaSalle-Street, wo Insulls große Finanziers ansässig waren. Die wurden nervös. Er musste alles versuchen, um sie zu beruhigen. Ein Stillhalteabkommen sollten sie eingehen, ihm nur etwas Zeit geben, dann würde er seinen Verpflichtungen schon nachkommen. Oder zusätzliche Sicherheiten stellen. Falls sie aber jetzt auf Rückzahlung bestünden, wäre alles verloren. Die Banker willigten ein: Sechs Monate würden sie ihm Aufschub gewähren, dann müsse er die Karten auf den Tisch legen.

Zum Jahreswechsel 1931/32 wurde der Zustand von Insulls

Finanzen aber nicht besser. Er konnte auch keine weiteren
Sicherheiten auftreiben. Zumindest keine, die seine Gläubiger akzeptiert hätten. Die Banker brauchten dringend selbst
Liquidität, rangen um jeden Dollar, den sie kriegen konnten.
Ende Februar 1932 teilte ihm Central Hanover mit, dass sie
das Stillhalteabkommen aufkündigen würden. Ein Debakel
zeichnete sich ab. Und die Öffentlichkeit bekam Wind von Insulls Problemen: Die Zeitung ›The Financial World‹ berichtete,
dass der Wert der Beteiligungen, die in den beiden Holdinggesellschaften zusammengefasst waren, nur noch 100 Millionen
Dollar betrug und damit fast 300 Millionen Dollar unter den
Anschaffungskosten lag. 90 Prozent des Holdingvermögens
sei an Anleihegläubiger verpfändet, dennoch benötige Insull
weitere 166 Millionen zur Absicherung oder Rückzahlung von
Krediten, die er während des letzten Jahres aufgenommen
hatte. Wo sollte er die hernehmen? In der Vergangenheit hatte
Insull einfach das Kapital erhöht und neue Aktien ausgegeben, aber dieser Weg war nun versperrt: Niemand würde in
1932 neue Aktien zeichnen. Im Gegenteil: Alle wollten nur
verkaufen, verkaufen, verkaufen. Insull war erledigt. Sein per-
sönlicher »American Dream« mutierte zum Albtraum.

Ein späteres Gerichtsverfahren, das unter Präsident
Franklin D. Roosevelt gegen Insull angestrengt wurde, brachte ans Tageslicht, wie leicht es dem Tycoon in den Boomjahren
der 20er-Jahre gefallen war, bei den Banken in Chicago und
New York Großkredite zu ergattern. Und wie sehr eine laxe
Regulierung und wohlwollendes Verhalten seitens der Behörden ihm dabei von Nutzen waren: Zunächst bediente sich
Insull einer Praxis, die damals groß in Mode war. Er gründete
Holdinggesellschaften, in die er seine Firmenbeteiligungen
einbrachte. Im Gegenzug erhielt er die Kontrollmehrheit an
den neuen Unternehmen. Diese Vorgehensweise war sehr
weit verbreitet, zwischen 1919 und 1928 wurden über 4000
Versorgungsunternehmen in derartige Holdinggesellschaften
eingebracht. US-Bundesstaaten wie etwa Delaware änderten
extra ihr Gesellschaftsrecht, um für die Ansiedelung derartiger Holdinggesellschaften attraktiv zu sein. Einer der Vorteile

solcher Firmen bestand darin, dass einige einzelstaatliche Regulierungsmaßnahmen auf sie keine Anwendung fanden, sofern sie in mehr als einem Staat tätig waren. Was Insull aber vor allem interessierte, war der gigantische Hebeleffekt, den ihm das Verfahren gestattete: Die Möglichkeit, das in die Holdinggesellschaften eingebrachte Vermögen mit einem Vielfachen seines Wertes zu beleihen. Dadurch wurde er in die Lage versetzt, ein großes Beteiligungsportfolio mit vergleichsweise geringem Eigenkapital zu kontrollieren. Ein Einsatz von 50 Millionen Dollar würde ausreichen, um 500 Millionen an Firmenbeteiligungen zu kaufen. Der Rest war Kredit. Und es fiel ihm nicht schwer, den aufzutreiben, denn in den 20er-Jahren standen die Banken Schlange, um ihm Geld leihen zu dürfen. Solange die Konjunktur boomte und die Märkte nach oben gingen, machten alle Beteiligten nämlich ein Bombengeschäft: Wenn die Firmenbeteiligungen eine Rendite von 10 Prozent abwarfen, dann entsprach das einer Verdoppelung des eingesetzten Eigenkapitals. Und in der großen Elektrifizierungswelle, die das Amerika der zwanziger Jahre erfasste, verzeichneten Insulls Elektrizitätsunternehmen tatsächlich satte Gewinne. Niemand wollte zu dieser Zeit wahrhaben, dass sich das Blatt eines Tages wenden könnte; dass die Kurse fallen und die Gewinne ausbleiben könnten; dass die Kreditpyramiden, die sich hinter den Holdinggesellschaften verbargen, einstürzen könnten. Doch genau so kam es.[116]

Was diese Episode aus den 30er-Jahren, die Anlass gab zu den scharfen Regulierungsmaßnahmen im Rahmen von Roosevelts »New Deal«, zeigt, ist, dass zu unterschiedlichen Zeiten unterschiedliche Risiken in Kauf genommen werden. Von Seiten der Unternehmer, vor allem aber ihrer Kreditgeber. Die Praxis der 20er-Jahre, über fast ausschließlich kreditfinanzierte Holdinggesellschaften die Rendite zu maximieren, ist wieder populär. Im Zuge der jüngsten Kreditkrise trat sehr deutlich zutage, dass Banken bei ihren Geschäften auf einen starken Hebeleffekt setzen, um Renditen jenseits des Alltäglichen zu erzielen. Eigenkapitalquoten von lediglich 10 Prozent und darunter sind daher in heutigen Bankbilanzen eher die Regel als die Ausnahme. Kein Wunder: Der richtige Finanzierungs-Mix aus Eigen- und Fremdkapital entscheidet ganz wesentlich über die Rendite. Insbesondere in jener Arena, in der die ganz großen Summen bewegt werden. Sprich: bei Banken, Versicherungen, Hedgefonds und sonstigen institutionellen Investoren. In dieser Welt sind Entscheidungen über das richtige Verhältnis aus Eigen- und Fremdkapital mindestens genauso wichtig, wie die Auswahl von Anlageklassen und konkreten Investitionsobjekten.

Der Ökonom Hyman Minsky hat sich in der zweiten Hälfte des 20. Jahrhunderts sehr intensiv mit dem Finanzierungsverhalten von Unternehmen wie auch Banken beschäftigt und dabei wertvolle Einsichten gewonnen, die auch der Geschichte vom Aufstieg und Niedergang Samuel Insulls zugrunde liegen: Der Mix aus Eigen- und Fremdkapital, mit dem Unternehmen und Banken Investionen finanzieren, ist keine konstante Größe, sondern er schwankt. Er schwankt mit den steigenden oder sinkenden Sicherheitserfordernissen der Banken. Wie Insull und zahlreiche Kreditnehmer nach ihm feststellen mussten: Das Sicherheitsbedürfnis der Banken schwankt mitunter dramatisch. Minsky klassifizierte die unterschiedlichen Finanzierungstypen nach dem Risiko, das Unternehmer und ihre Kreditgeber jeweils bereit sind zu tragen, und unterteilte sie in drei große Gruppen: »abgesicherte« (Hedge), »spekulative« und »Ponzi«-Finanzierungen.[117] Was bedeuten diese drei Begriffe, von denen uns der letzte ja bereits im ersten Kapitel als Name des Anlagebetrügers Charles Ponzi begegnet ist?

Wir haben ja schon Überlegungen zur Sicherheitsmarge angestellt. Darauf können wir bei der Erklärung von Minskys Klassifikation zurückgreifen: Die Höhe der Kreditfinanzierung einer Investition im Verhältnis zu ihren erwarteten Erträgen bestimmt den Grad des Risikos. Falls Sie selbst schon einmal ein Darlehen aufgenommen haben, dann wird Ihnen die Idee dahinter gut bekannt sein. Ihr Bankberater stellte die von Ihnen beantragte Kreditsumme nämlich sicherlich auch Ihrem Einkommen gegenüber und schloss so auf das

Risiko. Dabei interessierte ihn vor allem, wie nachhaltig Ihr Einkommen ist, ob Sie also auch in Zukunft damit rechnen konnten. Bisweilen tun sich Banken mit Darlehen an Selbstständige und Unternehmensgründer schwer, während es für Beamte, Pensionäre und sonstige Personen mit regelmäßigem Einkommen vergleichsweise leicht ist, Kredit zu erhalten. Auch darin kommt die Idee zum Ausdruck, dass die Sicherheit zukünftiger Einkommensströme, aus denen ein Kredit zurückbezahlt werden muss, für die mögliche Darlehenshöhe entscheidend sein sollte.

Nach diesem Kriterium erstellte Minsky nun seine Klassifikation. Bei der abgesicherten oder Hedge-Finanzierung gehen die Banker das geringste Risiko ein: Die zu erwartenden Erträge einer Investition oder Finanzanlage sind hoch genug, so dass alle Zahlungsverpflichtungen aus der Finanzierung eingelöst werden können. Die Zinsen ebenso wie die Tilgung am Ende der Kreditlaufzeit. Stellen Sie sich beispielsweise vor, Sie hätten ein unternehmerisches Projekt auf dem Schreibtisch liegen, das über die nächsten 5 Jahre insgesamt 1 Million Euro abwerfen wird. Sie müssen dafür jedoch 500 Tausend Euro investieren. Die haben Sie dummerweise nicht flüssig. Also rufen Sie Ihren Berater bei der Bank an und fragen ihn nach einem Darlehen. Nach eingehender Diskussion offeriert er Ihnen einen Kredit über besagte 500 Tausend Euro, zu einem Festzins von 8 Prozent. Zahlbar jährlich im Nachhinein. Ihre Finanzierungskosten betragen damit jedes Jahr 40 Tausend Euro an Zinsen, 5 Jahre lang, macht in Summe 200 Tausend Euro. Und zusätzlich müssen Sie nach Ablauf der 5 Jahre weitere 500 Tausend verdient haben, um auch die Tilgung leisten zu können. Macht zusammen 700 Tausend Euro. Die Investition selbst bringt Ihnen in diesen 5 Jahren eine glatte Million Euro ein. Das ist deutlich mehr, als Sie der Kredit kostet. Daher: Alles im grünen Bereich! Gemäß der Klassifikation von Minsky sprechen wir hier über eine Hedge-Finanzierung. Sie ist sehr konservativ. Allerdings, das muss hinzugefügt werden: Da es sich bei diesem Beispiel um eine hundertprozentige Kreditfinanzierung der Investition handelt, werden die Anforderungen an die Plausibilität dieser einen Million an Erträgen sehr hoch sein. Oder Ihre Bank wird entsprechende Sicherheiten verlangen, etwa die Verpfändung geeigneter Vermögenswerte. Aber solange die eine Million an Erträgen plausibel erscheint und die Finanzierung zur Gänze daraus gestemmt werden kann, liegt jedenfalls eine abgesicherte Finanzierung vor.

Ebenfalls wichtig: Das Darlehen über die 500 Tausend muss Ihnen tatsächlich über den vollen Investitionszeitraum zur Verfügung stehen, in unserem Beispiel also 5 Jahre. Ist das nicht der Fall, weil die Bank sich nicht länger als 2 oder 3 Jahre verpflichten will, oder weil Sie selbst der Meinung sind, Sie würden bei kürzeren Laufzeiten bessere Zinskonditionen erwirken, dann liegt keine Hedge-Finanzierung vor. Sie sind dann nämlich nicht vollständig abgesichert, sondern müssen am Ende des zugesagten Finanzierungszeitraums nachfinanzieren. Das kann funktionieren, muss es aber nicht, wie anno 1932 Samuell Insull feststellte.

Und ein dreiviertel Jahrhundert später, im September 2008, auch die Münchner Hypo Real Estate. Zur großen Überraschung ihres Managements und zum noch größeren Schaden des deutschen Steuerzahlers. Sie hatte die durchaus übliche »Aus-kurz-mach-lang«-Praxis der Banken maßlos übertrieben und ihre langfristigen Immobilien- und Kommunaldarlehen kurzfristig am Geldmarkt refinanziert. Dort waren Schulden in der Regel binnen 30 Tagen rückzahlbar, dafür aber extrem niedrig verzinst. Die Differenz zwischen der Zinshöhe für langfristige Darlehen, welche die Hypo Real Estate vergab, und den niedrigen Geldmarktzinsen, sackten die Bankmanager nur zu gerne ein: ein netter Extragewinn, eine schöne Erfolgsstory an der Börse. Aber wie sagt das amerikanische Sprichwort so treffend? »No such thing as a free lunch«: Ohne erhöhtes Risiko waren die Niedrigzinsen eben nicht zu haben. Und was jahrelang funktionierte, klappte eines schönen Tages im September 2008 plötzlich nicht mehr. Das Ergebnis: ein absolutes Desaster, das den Steuerzahler bislang weit über hundert Milliarden Euro an Garantien und

Finanzierungshilfen für die Bank kostete. Und darüber hinaus zu ihrer zwangsweisen Verstaatlichung führte.

Abgesehen von derartigen Extremfällen fällt es Banken auch aus Prinzip schwer, im Rahmen ihrer Geschäfte Hedge-Finanzierung zu betreiben; das ergibt sich schon aus ihrer Rolle in der so genannten »Fristentransformation«. Dabei muss man nicht gleich an irgendwelche schlagzeilenträchtigen Investmentfirmen und ihre komplexen Multimilliarden-Deals denken, die kein Außenstehender mehr versteht und sie selbst offenbar auch nicht; man muss sich nur in die Lage einer kleinen Ortssparkasse versetzen, die sich aus täglich fälligen Einlagen ihrer Sparer finanziert und dieses Geld als langfristige Darlehen an Unternehmen, Selbstständige, Häuslebauer usw. vergibt: Auch sie ist weit davon entfernt, ihr Geschäft im abgesicherten Modus betreiben zu können. So gut wie keine Bank kann das – weshalb eine der wichtigsten Funktionen der Zentralbank ja auch die ist, im Notfall einzuspringen und zusätzliches Geld bereitzustellen. Für den Fall, dass die Sparer in einem »Bankrun« ihre Einlagen auf einen Schlag abheben wollen oder der Geldmarkt als Finanzierungsquelle versiegt. Wie es im Zuge der Finanzkrise der Fall war. Dirk Baecker zieht aus einer Untersuchung über das Risikoverhalten von Kreditinstituten daher auch eine eindeutige Schlussfolgerung: »Noch die sicherste Bank ist ein unsicheres Geschäft.«[118]

Eine abgesicherte oder Hedge-Finanzierung lässt sich also vollständig und fristenkonform aus den absehbaren Erträgen einer Investition bedienen, sowohl hinsichtlich der Zinsen als auch der Tilgung. Sie kann damit als sehr konservativ gelten. Bei der nächsten Kategorie, der spekulativen Finanzierung, ist das nur noch eingeschränkt der Fall. In der Regel können im Rahmen eines derartigen Arrangements zwar die laufenden Zinszahlungen aus den erwarteten Erträgen geleistet werden, die Tilgung aber schon nicht mehr. Zumindest nicht vollständig. Bei Fälligkeit müssen Darlehen daher unbedingt erneuert werden. Und wenn das nicht gelingt, dann droht die Zahlungsunfähigkeit. Banken fallen typischerweise in diese Kategorie: Die spekulative Finanzierung ist gewissermaßen ihre »Natur«.

Der oben behandelte Fall der Hypo Real Estate kann als Lehrbuchbeispiel dafür gelten, welche dramatischen Risiken sich hinter dieser Art von Verhalten verbergen. Das, darauf sei nochmals hingewiesen, im Fall der Münchner Hypothekenbank zwar extreme Folgen hatte, als solches aber zur gelebten Praxis des gesamten Bankensektors zählt. Und zwar weltweit. Ein derartiges Geschäftsgebaren ist auch keineswegs neu – als vermeintliche Folge der Globalisierung, des »ungehemmten Neoliberalismus« oder dergleichen. Es ist vielmehr so alt wie das Bankgeschäft selbst.

Warum begeben sich Unternehmen und Banken in spekulative Finanzierungsformen? Ganz einfach: Weil sie so einen höheren Gewinn erzielen können. Wie? Indem sie den Zinsunterschied ausnutzen, der sich aus einer langfristigen Vermögensanlage mit kurzfristiger Finanzierung ergibt; oder indem sie vom Start weg zukünftige Wertzuwächse beim angeschafften Vermögenswert selbst einkalkulieren. Dieser Vermögenszuwachs soll dann die Tilgung des ursprünglichen Darlehens ermöglichen. Das ist ungefähr so, als kauften Sie eine Immobilie auf Kredit. Die wollen Sie vermieten. Problem dabei: Die laufenden Mieteinnahmen decken zwar die Zinsen und die Betriebskosten der Immobilie, aber nicht die Darlehensrückzahlung. Die planen Sie aus dem Erlös des späteren Verkaufs. Und wer weiß: Vielleicht bleibt Ihnen aus dem erwarteten Wertzuwachs noch ein schöner Gewinn obendrauf – nach Abzug der Darlehenstilgung. Derartige Modelle waren bekanntlich in den 1990ern unter Deutschlands steuersparenden Zahnärzten sehr beliebt, die mittels solcher Arrangements Milliarden D-Mark in den neuen Bundesländern versenkten. Auf diese Art wurde ein sagenhaftes Überangebot an Wohn- und Gewerbeimmobilien in ostdeutschen Städten aufgebaut, und als schließlich alle ihre Darlehen tilgen und zu diesem Zweck ihre Eigentumswohnungen und Bürohausanteile verkaufen wollten, kollabierten natürlich die Preise. Vorbei war es da plötzlich mit der geplanten Darlehensrückzahlung aus dem Verkaufserlös: Es folgte ein wahres Festmahl für den Pleitegeier.

Spekulative Finanzierungsformen müssen allerdings nicht immer der ursprünglichen Absicht entsprechen, sondern können auch auf einen »Betriebsunfall« zurückgehen. Denn was passiert mit einer Hedge-Finanzierung, wenn die Erträge hinter den Erwartungen zurückbleiben? Wenn also, um bei unserem Beispiel von oben zu bleiben, die Erträge einer Investition von 500 Tausend Euro nach 5 Jahren nicht mit 1 Million, sondern nur mit 600 Tausend Euro zu Buche stehen? Dann hat sich die ursprünglich beabsichtigte Hedge- nachträglich in eine spekulative Finanzierung verwandelt: Die Zinsen können aus den Rückflüssen zwar noch bequem geleistet werden, aber die Tilgung schon nicht mehr. Hunderttausend Euro fehlen Ihnen dafür, die müssen Sie anderweitig aufbringen. Falls Ihnen das nicht binnen der vereinbarten Fristen gelingt, werden Sie zahlungsunfähig.

Was verbirgt sich nun hinter der Ponzi-Finanzierung? Sie ahnen es bereits: Sie ist noch einen Tick riskanter. Bei ihr können weder die Tilgung noch die Zinsen aus den geplanten Erträgen bestritten werden. Bereits die Aufrechterhaltung der laufenden Zinszahlungen bedarf einer zusätzlichen Nachfinanzierung. Was unweigerlich dazu führt, dass die ursprünglich aufgenommenen Schulden im Zeitablauf immer größer werden. Den Namen des Anlagebetrügers aus den 1920er-Jahren, Charles Ponzi, tragen solche Arrangements daher zu Recht: Sie funktionieren im Grunde wie Kettenbriefe, Schneeballsysteme und Pyramidenspiele – bei denen die Gewinnversprechen an die Erstanleger aus immer neuen Einzahlungen weiterer Anleger geleistet werden müssen. Bleiben diese aus, dann reißt die Kette, und alle noch nicht voll ausbezahlten Anleger, insbesondere die zuletzt hinzugetretenen, verlieren ihren Einsatz. So wie unlängst die Geschädigten des amerikanischen Großbetrügers Bernard Madoff. Und diverser Pyramidenspieler vor ihm. Ponzi ist vor allem an den Finanzmärkten gang und gäbe; überall dort, wo mittels Kredit auf nicht viel mehr als reine Wertsteigerungen spekuliert wird.

Es sollte unmittelbar einsichtig sein, dass derartige Finanzierungen eine extrem riskante Angelegenheit sind. Sie werden nicht nur durch das Ausbleiben erwarteter Erträge zum Einsturz gebracht, sondern reagieren unabhängig davon auch äußerst sensibel auf Änderungen an den Finanzmärkten. Nehmen wir beispielsweise an, dass eine Bank eine ähnliche Strategie fährt wie die Hypo Real Estate, dabei aber nicht nur ihre Anlagen kurzfristig über den Geldmarkt finanziert, sondern auch noch die daraus resultierenden Zinsen. Das plötzliche Austrocknen des Geldmarktes, wie wir es im Zuge der Finanzkrise beobachten konnten, wird dann unmittelbar zur Zahlungsunfähigkeit führen. Es brennt nämlich bereits, wenn für die Zinsen keine Anschlussfinanzierung mehr aufzutreiben ist. Von Tilgung ist da noch gar keine Rede. Und selbst wenn die Pleite nicht sofort eintritt: Was passiert wohl mit der Bilanz einer Ponzi-Bank, wenn wider Erwarten die Zinsen steigen? Sie verschlechtert sich dramatisch! Denn jedes neue Darlehen, das aufgenommen werden muss, um die Zinsen aus früheren Darlehen zu finanzieren, wird dann immer teurer: Die Zinsbelastung steigt, was den Bedarf an zusätzlichen Darlehen ständig erhöht. Und die ohnehin dünnen Erträge weiter schmälert. Ein Teufelskreis!

Ebenso wie Hedge-Finanzierungen spekulativ werden können, wenn die Erträge hinter den Erwartungen zurückbleiben, können spekulative Arrangements zu Ponzi-Pyramiden mutieren. Und da auch bei ihnen der Bedarf einer zumindest teilweisen Anschlussfinanzierung von Anfang an einkalkuliert ist, passiert das nicht nur wegen ausbleibender Erträge, sondern auch wegen der Verschlechterung der allgemeinen Finanzierungsbedingungen. Während spekulative und Ponzi-Finanzierungen also in »normalen« Zeiten durchaus tragbar sein können, führen Turbulenzen an den Finanzmärkten und damit einhergehende Verschlechterungen bei den Finanzierungsbedingungen bereits zu Massenpleiten. Selbst dann, wenn sich bei den Unternehmenskrediten und Finanzanlagen im Vermögen der Bank keine gravierenden Verschlechterungen abzeichnen.

Die Stabilität der Wirtschaft ist unmittelbar davon abhängig, welche Finanzierungspraktiken vorherrschend sind. Fällt das Gros der Kredite in die spekulative oder gar in die Ponzi-Kategorie, dann kann man nicht mehr von Stabilität sprechen. Mehrere Staaten, allen voran Island und die Schweiz, aber im erweiterten Sinne alle westlichen Industrienationen mit voll entwickeltem Banken- und Finanzsektor, mussten diese Lektion im Zuge der Finanzkrise lernen. Und zwar auf die harte Tour. Sehr zum Unmut der jeweiligen Bevölkerung. Die Erkenntnis, dass es sich dabei um ein systemisches Problem und nicht das Verschulden einzelner Bankmanager oder das Versagen ihrer Aufsichtsorgane handelte, konnte sich aber bislang nicht durchsetzen. Stattdessen wird von der Politik wie auch den Medien das Bild des gierigen Bankers gezeichnet und ein Moraldiskurs geführt. Als ob alle Bankmanager weltweit und zur gleichen Zeit die Lust an der Verfehlung entdeckt hätten! Der Kern des Problems wird damit zielsicher verfehlt. Über die Schuldenkrisen des Kapitalismus lässt sich daher mit Gewissheit das Gleiche sagen wie über erfolgreiche Hollywood-Blockbuster: Fortsetzung garantiert!

Nun ist aber nicht immer und überall gleich Ponzi. Stattdessen wechseln sich stabile Phasen wirtschaftlicher Entwicklung mit Crashs und Krisen ab. In den letzten 20 Jahren übrigens in immer kürzeren Zyklen, mit einem größeren Kollaps so etwa alle fünf bis zehn Jahre. Wie entstehen diese Zyklen? Die Wirtschaft pendelt zwischen Phasen stabilen und fragilen Finanzierungsverhaltens hin und her. Damit es zu einem größeren Crash kommen kann, muss sich das System in einem fragilen Zustand befinden, d. h., spekulative und Ponzi-Finanzierungen müssen das Geschehen dominieren. Wer sorgt dafür, dass es dazu kommt? Die Banken selbst: Sie sind Handelsreisende in Sachen Schulden. Die aggressive Vermarktung von Krediten ist nun einmal ihr Geschäft. Damit machen sie ihren Gewinn, und – das wird gerne vergessen – um den geht es in der Marktwirtschaft nun mal. Die Banken bilden da keine Ausnahme.

Der Gewinn der Bank lässt sich steigern, wenn man in einem konservativen Kreditumfeld, das sich durch einen hohen Anteil von abgesicherten Finanzierungen auszeichnet, das Risiko erhöht. Das kann sehr einfach dadurch geschehen, dass langfristige Anlagen zunehmend kurzfristig finanziert werden, wie wir es vorhin schon beschrieben haben. Denn in einem konservativen Finanzierungsumfeld werden die Zinssätze am kurzen Ende der Renditekurve deutlich niedriger liegen als am langen. Die Fristenkongruenz zwischen Anlagen und ihrer Finanzierung aufzugeben und mehrjährige Kreditengagements nicht mehr über eigene, langfristige Ausleihungen zu finanzieren, sondern über kurzfristige Geldmarktpapiere, die turnusmäßig alle 30 bis 90 Tage wieder getilgt und erneut vergeben werden müssen, erscheint da natürlich verlockend. Zudem erfolgt diese Bewegung selbst verstärkend, denn durch den Kauf von Vermögenswerten mittels kurzfristiger Mittel steigt deren Nachfrage und damit ihr Preis. In dem Ausmaß, wie die gekauften Vermögenswerte als Sicherheiten für Kredite dienen, ergibt sich somit eine so genannte Überbesicherung, ein Missverhältnis zwischen dem realisierbaren Wert einer Kreditsicherheit und der gesicherten Forderung. Und damit neue, zusätzliche Kreditspielräume. Die können für die Finanzierung weiterer Ankäufe genutzt werden: Die Akteure an den Märkten kaufen sich gegenseitig hoch, die Hausse nährt die Hausse.

Es kann vor diesem Hintergrund nicht verwundern, dass die entscheidenden Finanzinnovationen der letzten Jahrzehnte allesamt im Marktsegment der kurzfristigen Finanzierungen stattgefunden haben. Allen voran die sogenannten »Asset Backed Securities« (ABS), mittels derer unterschiedliche Vermögensanlagen der Banken gebündelt und über den Geldmarkt refinanziert werden können. Die ABS waren auch Geburtshelfer der aktuellen Finanzkrise: Durch sie wurden dem Kredit neue Terrains erschlossen, die bis dahin für die Finanzindustrie absolut uninteressant waren. Der amerikanische Subprime-Markt zum Beispiel: Dass Erwerbslose und Geringverdiener ihren Finanzierungsverpflichtungen unmöglich nachkommen werden können – das war von vornherein klar. Aber dank Mini-Zinsen in der eigenen Refinanzierung und den antizipierten Wertsteigerungen bei den Immobilien ließ sich selbst daraus eine profitable Geschäftsstrategie entwickeln. Zumindest in der Theorie (sofern man mit ein wenig Mathematik nachhalf).

Welches Verhaltensmuster wird immer wieder erkennbar? Ab einem bestimmten Zeitpunkt werden Wertzuwächse nicht mehr nur als erfreuliches Nebenprodukt mitgenommen, sondern von Anfang an in das Vorhaben einkalkuliert. Bis irgendwann sogar Produkte auf den Markt kommen, die sich ausschließlich aufgrund des spekulativen Elements rechnen. Bingo! Ab jetzt wedelt der Schwanz mit dem Hund, und der Kollaps ist nur noch eine Frage der Zeit.

Unmittelbar nach dem großen Crash ist es dann genau umgekehrt: Regierungen, Zentralbanken und Aufsichtsorgane sind jetzt typischerweise bemüht, die Trümmer der Ponzi-Kredite der Vorkrisenzeit zu beseitigen bzw. umzustrukturieren. Zumeist unter Einschluss staatlicher Garantien und großzügiger öffentlicher Finanzierungshilfen. Auch Banken und Unternehmen werden zu diesem Zeitpunkt eine eher konservative und risikoscheue Position einnehmen, und neue, spekulative Finanzierungsformen meiden. Da die Staatsdefizite in einer solchen Phase regelmäßig in die Höhe schnellen, und Staaten ihre eigene Verschuldung üblicherweise über den privaten Bankensektor abwickeln, bekommen die Kreditinstitute ausreichend Gelegenheit, ihre Anlageportfolios mit Staatsanleihen bester Bonität aufzufüllen. Alleine schon dadurch entspannt sich die Risikosituation der Banken dramatisch: Indem der Finanzsektor seine dubiosen Ponzi-Anlagen ausbuchen und im großen Stil durch öffentliche Titel ersetzen kann, geht die Volkswirtschaft tatsächlich mit einem gesünderen Finanzierungsmix aus der Krise hervor, als sie ihn vor der Krise aufwies.[119] Zumindest in diesem einen Punkt hätte Bundeskanzlerin Merkel also Recht mit ihrer Prognose, dass Deutschland gestärkt aus der Krise hervorgehen könne. Allerdings nur, wenn man die Augen davor verschließt, dass jetzt der Staat, und damit die Allgemeinheit, die Lasten schultert, die überhaupt erst zur Krise geführt haben.

Wenn Banken Gewinnpotenziale ausnutzen, die sich aus einem zunehmend riskanteren Finanzierungsmix ergeben, dann bedeutet das natürlich nicht, dass das von einem Tag auf den nächsten geschieht. Und nach der Krise steht dem die Risikoscheu der Banken entgegen, die sich unter dem Eindruck dieser Krise gebildet hat. Auch auf Seiten der Unternehmen wird man eine Zeit lang deutlich konservativer zu Werke gehen: Bedeutende Wachstumsinvestitionen oder größere Firmenübernahmen werden bis auf weiteres nicht stattfinden. Dies schon deshalb, weil sich die künftigen Erträge von Investitionen jetzt deutlich weniger genau vorhersagen lassen und zudem niedriger ausfallen als früher. Und man mit den gesunkenen Bilanzansätzen bestehender Vermögensanlagen auch so schon seine liebe Not hat. Von der Politik wird ebenfalls Druck auf den Finanzsektor ausgeübt werden, der ihn davon abhält, die Ponzi-Praktiken früherer Tage einfach beizubehalten: Regularien, denen die Banken unterliegen, werden strenger gehandhabt; einige besonders riskante Finanzierungsformen sogar ganz verboten. Nicht, dass das die Banken daran hindern würde, über kurz oder lang Umgehungstechniken und Hintertürchen zu finden. Aber das dauert eben eine gewisse Zeit. Kurzum: Die Wirtschaft erhält in dieser Phase eine allgemeine Verschnaufpause. Dem Wachstum schadet das nicht unbedingt, weil der Staat die ausbleibenden Investitionen mit hohen Defiziten kompensiert. Solange dieser Zustand anhält, fährt das System bei annähernd gleichbleibenden Einkommen sein Risiko dramatisch herunter. Und eröffnet sich damit die Chance auf eine zumindest zeitweilige Entwicklung ohne größere Turbulenzen.

Allerdings dauert es in der Regel nicht lange, bis bei Unternehmern, Bankern, Aufsichtsorganen, Talkshow-Experten und allen voran natürlich Politikern die Erinnerung an frühere Debakel verblasst. Dann wird wieder mit lautem Trara zur Jagd geblasen: Wachstum muss sein. Wachstum sichert Jobs. Wachstum ermöglicht Investitionen in die Bildung. Wachstum ist sozial. Außerdem – und das ist für Deutschland besonders wichtig –, muss der Exportweltmeistertitel verteidigt und das

Land für neue Zukunftstechnologien fit gemacht werden: das digitale Jahrtausend, den grünen Kapitalismus, das benzinlose Automobil, das glühbirnenlose Heim und dergleichen mehr. Mögliche Folgen? Keine! Weil – dieses Mal ist alles ganz anders! Jetzt haben wir aus der Krise gelernt, von nun an ist alles unter Kontrolle. Die nächste Welle der Kreditexpansion kann daher beginnen – mit staatlicher Förderung und großzügigen Garantien.

Was soll man davon halten? Um ein bekanntes Gleichnis zu bemühen: Wir sind zwar als Kleinkinder nicht so dumm, unsere Hand zweimal hintereinander auf die glühend heiße Herdplatte zu legen; aber als Erwachsene immerhin einfältig genug zu glauben, dass es glühend heiße Herdplatten gibt, an denen man sich nicht die Hand verbrennt, wenn man sie drauflegt. Und so versuchen wir es eben erneut. Weil – dieses Mal wird es gutgehen … Autsch!

Vom Exportweltmeister zur Staatspleite

Was dem Konsul Johann Buddenbrook zeit seines Lebens verborgen blieb, stellt für uns kein Mysterium mehr dar: Investitionen auf Kredit sind der Motor des kapitalistischen Wohlstandswachstums. Ihnen verdanken wir den größten Teil dessen, was wir rückblickend unsere großen Errungenschaften nennen. Sie stecken hinter den Wirtschaftswundern des 20. Jahrhunderts: dem großen Infrastrukturboom der 1920er-Jahre oder den deutschen Wiederaufbaujahren nach dem Zweiten Weltkrieg. Wenn von »Wirtschaftswachstum« die Rede ist, dann stehen die Investitionen im Mittelpunkt, auch und vor allem aus der Sicht der staatlichen Wirtschaftspolitik. Bei den verschiedensten Versuchen westlicher Regierungen seit den 1950er-Jahren, per staatlich geförderten Investitionsprogrammen die Wirtschaft anzukurbeln, erfuhr dieses Theorem seine beschäftigungspolitische Umsetzung. Abzulesen auch an der immer wieder von Neuem ins Rennen geschickten Parole vom »Investitionsstandort Deutschland«, dessen Attraktivität man im internationalen Wettbewerb unbedingt erhalten und fördern müsse. Sie ist nur eine weitere Facette des gleichen Prinzips.

Der langfristige Preis, der für eine solche, auf immer neue und höhere Investitionen fokussierte Strategie entrichtet werden muss, ist hoch: Mit den Investitionen steigen die Finanzierungserfordernisse, die Bedeutung des Kreditsektors nimmt zu, die Realwirtschaft wird immer stärker dominiert von den Finanzmärkten. Die »Economies of Scale« bevorzugen die Großkonzerne, der mittelständische Unternehmer wird zunehmend aus dem Spiel gedrängt. Eine derartige Konstellation ist hochgradig krisenanfällig und vernichtet mitunter mehr an Wohlstand, als sie zu schaffen vermag.

Betrachten wir drei weitere Wachstumsquellen, die einer Volkswirtschaft neben den Investitionen offenstehen: der Exportüberschuss, das Staatsdefizit und der Privatkonsum.

Allen dreien ist eines gemeinsam: Statt der heimischen Unternehmer verschuldet sich jetzt jemand anders; erklärt sich bereit zur Fahrt mit der Zeitmaschine, um zusätzliches Einkommen aus der Zukunft in die Gegenwart zu holen, das für Wirtschaftswachstum unerlässlich ist. Einer muss sich dafür immer verschulden, muss stets in Vorleistung gehen: So viel sollte deutlich geworden sein. Aber während wir uns bislang ausschließlich auf die Unternehmer in der Rolle der Zeitreisenden konzentriert haben, wollen wir uns nachfolgend den anderen möglichen Schuldnern zuwenden: dem Ausland, der öffentlichen Hand und dem Konsumenten.

Die Wirkungsweise des Außenhandels auf die Gewinnsituation heimischer Produzenten und damit das allgemeine Wirtschaftswachstum ist leicht zu verstehen: Exporte bedeuten zusätzliche Nachfrage nach inländischen Produkten, was inländischen Unternehmen ein höheres Beschäftigungsniveau und höhere Gewinne ermöglicht, als wenn sie nur für den heimischen Markt produzieren. Da sich nun eine höhere, weltweite Kaufkraft um eine begrenzte Produktionsmenge »streitet«, eröffnet sich den Produzenten zudem die Möglichkeit, die Preise auch im Inland anzuheben und somit den Gewinn zu steigern. Mit anderen Worten: Exporte wirken auf das heimische Preisniveau inflationär. Dadurch werden Unternehmen wiederum dazu angeregt, in ihre Produktion zu investieren, was noch höhere Gewinne und die Schaffung von zusätzlicher Beschäftigung zur Folge hat. Die daraus fließenden Einkommen wandern wiederum in den Konsum und erhöhen damit die Gewinne der Konsumgüterhersteller. Was die zu neuen Investitionen anregt, wodurch sich der Gewinn auf der Ebene der gesamten Volkswirtschaft erneut vergrößert. Mit einem Wort: Eine steigende Exportnachfrage kann einen richtiggehenden »Boom« entfachen.

Importe wirken in die Gegenrichtung: Inländische Kaufkraft fließt an ausländische Produzenten ab, was die Gewinne der heimischen Industrie schmälert. Denn bezahlt wurden die Einkommen, mit denen der importierte Konsum bestritten wird, aus inländischen Beschäftigungsverhältnissen. Daher stellen sie aus der Sicht der heimischen Unternehmen Lohnkosten dar, denen keine entsprechenden Umsätze gegenüberstehen; die also nicht an sie zurückfließen. Wenn man sich eine geschlossene Volkswirtschaft als Kreislauf vorstellt, in dem der Grundsatz gilt, was für den Einen Einnahmen, sind für den Anderen Ausgaben, dann wird dieser Kreislauf durch Im- und Exporte durchbrochen. Importe bewirken, dass den Ausgaben keine gleich hohen Einnahmen gegenüberstehen; Exporte hingegen führen zu zusätzlichen Einnahmen, denen keine Ausgaben vorangehen. Betrachtet man die Welt in ihrer Gesamtheit, dann entsprechen sich Einnahmen und Ausgaben selbstverständlich – aber eben nur über Ländergrenzen hinweg. Gäbe es keine Nationalstaaten, in deren Grenzen sich Wirtschaftspolitik vollzieht, dann wäre die gesonderte Betrachtung des Außenhandels unnötig. Solange aber insbesondere die Steuerpolitik nur nationale Wirkung entfalten kann und auf internationaler Ebene kein adäquater Ausgleichsmechanismus zur Verfügung steht, kommt dem Außenhandel eine kritische Rolle zu.

In unserem Gedankenexperiment weiter oben haben wir alle Unternehmen einer Volkswirtschaft in zwei Sektoren zusammengefasst und uns angesehen, wo das Wachstum herkommt. Nutzen wir es für die Betrachtung des Außenhandels erneut: Wir sind darin wieder der einzige Konsumgüterhersteller des Landes, der alle Arbeitskräfte außerhalb der Investitionsgüterindustrie bei sich beschäftigt und ihnen dafür Löhne von 100 Millionen bezahlt. Aus diesem Einkommen bestreiten unsere Mitarbeiter ihren gesamten Konsum, indem sie es zur Gänze bei uns ausgeben, sprich: die Produkte kaufen, die sie selbst herstellen. Neben uns gibt es noch den Maschinenfabrikanten, seine Arbeitskräfte erhalten 20 Millionen an Einkommen pro Jahr, welche sie ebenfalls restlos bei uns konsumieren. Der Umsatz unseres Konsumgüterunternehmens beläuft sich in Summe also auf 120 Millionen. Das ergibt abzüglich der 100 Millionen an Lohnkosten für unsere Arbeitnehmer einen Gewinn von 20 Millionen. Die Frage stellt sich allerdings erneut: Wer kauft dem Investitionsgüterhersteller seine Maschinen ab? Unsere bisherige Antwort lautete: wir selbst. Unter der Annahme, dass wir dem Investitionsgüterhersteller dafür 20 Millionen bezahlen, die er benötigt, um nach Abzug seiner Lohnkosten keinen Verlust zu machen, entspricht der Gesamtgewinn in unserer Modellwirtschaft genau den 20 Millionen, die wir mit unserem Konsumgüterunternehmen erzielen. Gleichzeitig entspricht er genau den 20 Millionen, die wir investieren, sprich: dem Investitionsgüterhersteller für seine Maschinen bezahlen, um sie in unseren Fabriken einzusetzen.

Beziehen wir jetzt allerdings das Ausland in unsere Überlegungen mit ein, dann ergibt sich noch eine ganz andere Möglichkeit: Der Investitionsgüterhersteller könnte seine Produktion ganz oder teilweise exportieren. Nehmen wir einmal an, er verkauft seine Maschinen nicht an uns, sondern komplett ins Ausland, wobei er einen Umsatz von 30 Millionen Euro erzielt: Am Jahresende bilanziert er dann, abzüglich der 20 Millionen Euro an Löhnen für seine Mitarbeiter, einen Gewinn von 10 Millionen Euro. Dieser Gewinn entsteht in der Volkswirtschaft zusätzlich zu unserem eigenen, der nach wie vor 20 Millionen beträgt. In Summe verzeichnen wir nun also 30 Millionen Euro Gewinn. Und das, obwohl innerhalb der Grenzen unseres Modells nicht ein einziger Cent investiert wird: Diese Aufgabe übernimmt dankenswerterweise das Ausland. Und da wir gleichzeitig keine Importe aus dem Ausland verzeichnen, erhöht sich der Gesamtgewinn unserer Volkswirtschaft exakt um den Betrag, der aus den Exporten erzielt wird.

Wie sieht es aber nun aus, wenn gleichzeitig auch Importe stattfinden? Ändern wir dafür die Annahmen unseres Beispiels wie folgt: Der Investitionsgüterhersteller verkauft nach wie vor seine komplette Produktion für 30 Millionen ins Ausland. Seine und unsere Mitarbeiter geben ihre insgesamt 120 Millionen an Einkommen aber jetzt nicht mehr komplett bei unserem Konsumgüterunternehmen im Inland aus, sondern verwenden 20 Millionen für den Konsum von importierten Waren, z. B. Kleidungsstücken und Spielsachen aus China,

Käse und Wein aus Frankreich, Schokolade aus der Schweiz, Blumen aus Holland und so weiter. Wie sieht die Rechnung jetzt aus? Der Umsatz unseres Konsumgüterunternehmens sinkt von 120 Millionen auf 100 Millionen Euro. An Lohnkosten für unsere Mitarbeiter verzeichnen wir nach wie vor 100 Millionen Euro, ergo schrumpft unser Gewinn auf null. Die Kollegen aus der Investitionsgüterindustrie verzeichnen weiterhin einen Gewinn von 10 Millionen Euro, was auch der neuen Gesamtsumme entspricht. Zwischen den 30 Millionen Gewinn von vorhin und den nunmehrigen 10 Millionen jetzt liegen also genau die 20 Millionen, die der heimischen Produktion nicht mehr als Kaufkraft zur Verfügung stehen, sondern ins Ausland abfließen.

Halten wir also fest: Der Saldo aus Exporten und Importen hat dramatische Auswirkungen auf die Höhe der Gewinne und damit die Wohlstandsentwicklung einer nationalen Volkswirtschaft (wie in allen früheren Beispielen lassen wir Verteilungsfragen außen vor und betrachten Änderungen des Gewinns stellvertretend für das gesamte Sozialprodukt).

Zu Beginn des Buches kam bereits der Merkantilismus zur Sprache, die Epoche, in der die europäischen Nationalstaaten ihren Außenhandel darauf ausrichteten, Exporte zu fördern und Importe zu erschweren. Die Motive hinter einer solchen Politik sollten sich jetzt mühelos durchschauen lassen: Wer Exportüberschüsse erzielt, »saugt« Gewinne aus dem Ausland ins Inland, wo sie der heimischen Industrie und ihren Beschäftigten zusätzlich zur eigenen Kaufkraft zur Verfügung stehen. Die Volkswirtschaft insgesamt wird dadurch reicher, erhöhte Gewinnerwartungen führen mitunter zu Anschlussinvestitionen und zusätzlicher Beschäftigung, wodurch der positive Effekt noch verstärkt wird.

Den ausländischen Produzenten fehlen diese Gewinne natürlich. Auch das ist leicht nachvollziehbar, sind doch unsere Exporte aus ihrer Sicht Importe, sprich: zusätzliches Güterangebot auf dem heimischen Markt, das dortige Kaufkraft auf sich zieht. Den Produzenten in den Importländern ergeht es daher genauso, wie oben dargestellt: Löhne wurden an die eigenen Beschäftigten im Rahmen der Produktion zwar bezahlt, diese fließen aber jetzt nicht zur Gänze als Umsatzerlöse zurück. Der Gewinn wird daher entsprechend zurückgehen, so wie in unserem Beispiel oben von 20 Millionen auf null.

Was aber nun, wenn die betroffenen Unternehmen diese 20 Millionen dringend benötigt hätten, um Kredite bedienen zu können, die aus früheren Investitionsprojekten noch offen sind? Mittels derer sie Fabriken gebaut und Jobs geschaffen haben, in denen ihre Beschäftigten gutes Geld verdienten? Die Antwort ist ernüchternd: Falls der Zustand anhält, werden sie Kapazitäten zurückfahren und einen Teil ihrer Beschäftigten entlassen müssen, um auch bei gesunkener Nachfrage noch Gewinne zu erzielen. Gewinne machen müssen sie, da bleibt ihnen gar keine andere Wahl, weil sie ansonsten ihre Schulden nicht bedienen könnten, was früher oder später die Insolvenz zur Folge hätte. Es sollte angesichts solch gravierender Folgen nicht verwundern, dass einseitige Außenhandelsbeziehungen zu allen Zeiten ein Grund für Zwietracht und Krieg unter den Nationalstaaten waren. Das trat nirgendwo deutlicher zutage als zur Zeit des europäischen Absolutismus zwischen dem 15. und 18. Jahrhundert, als sich die Ideale des Merkantilismus mit den egoistischen Motiven der sich konstituierenden Nationalstaaten verbanden. Bei Historiker Fernand Braudel lesen wir dazu: »Die Merkantilisten haben den Staat erfunden, sofern nicht die im Werden begriffene Nation oder Pseudo-Nation gleichzeitig mit sich selbst auch den Merkantilismus erfand.«[120]

Mit dem Aufkommen der Nationalstaaten und der auch in wirtschaftlicher Hinsicht durchaus gewalttätigen Verteidigung ihrer Grenzen feierte der Merkantilismus einen ersten Siegeszug quer durch Europa: Bereits im 13. Jahrhundert erlässt das spanisch-katalanische Königreich Aragon eine »Navigationsakte«, ein Schifffahrtsgesetz, das Handel und Fischerei zugunsten von Aragon regelte und den wesentlich bekannteren britischen Varianten damit um mindestens zweihundert Jahre vorausgeht. England verhängt 1355 ein Einfuhrverbot für ausländisches Eisen und spricht 1390 Ausländern das Recht ab, Gold und Silber außer Landes zu schaffen; zudem werden sie gezwungen, ihre in England erzielten Gewinne in Waren aus englischer Produktion umzusetzen. Auch die Handelsgeschichte der italienischen Städte war von Zeit zu Zeit von ganz ähnlichen Maßnahmen gekennzeichnet. Die in der Geschichtsschreibung unter Verweis auf den Merkantilismus deutlich stärker hervorgehobenen Erlässe des 17. Jahrhunderts, etwa die englische Navigationsakte von 1651 oder die vom französischen Finanzminister Colbert 1664 über ausländische Schiffe verhängte Tonnagesteuer, waren im Grunde genommen nichts Neues. Auch Schwedens »Produktplakat« von 1724, mit dem das Land holländische Salzschiffe aussperrte, hatte sowohl hinsichtlich seiner positiven wie auch seiner negativen Auswirkungen historische Vorbilder. Die ausbleibenden Salzimporte führten einerseits natürlich zu einer Verringerung des Salzangebots auf dem schwedischen Markt und damit zu drastischen Preiserhöhungen; aber andererseits gelang Schweden so der Ausbau seiner eigenen Marine, die bald auf allen Weltmeeren vertreten war. Der Merkantilismus war so gesehen immer eine höchst egoistische Angelegenheit, die jeder für sich und alle gegeneinander betrieben. »Der Vorteil des einen kann dem anderen nur zum Schaden gereichen«, bemerkte Montaigne dazu noch recht allgemein, während Voltaire präzisierte: »Es liegt auf der Hand, dass ein Land nicht gewinnen kann, ohne dass ein anderes verliert.«[121]

Zur Zeit der Goldwährungen bestand der größte Gewinn für den merkantilistischen Staat darin, einen möglichst hohen Anteil der weltweit vorhandenen Edelmetallreserven ins Land zu ziehen und anschließend dafür zu sorgen, dass sie im Inland blieben. Der Grundsatz, dass der Reichtum eines Staates der von ihm angehäuften Edelmetallmenge entspricht, beherrschte die Politik und zeitigte vielfältige ökonomische Folgen. Was uns heute als Modernisierungspolitik erscheint, die Herstellung und Ausfuhr von Fertigwaren statt des simplen Exports von Rohstoffen zum Beispiel, geht ebenfalls auf ganz andere, ausnehmend egoistische Motive zurück. In einem um 1603 erlassenen Edikt sprach Heinrich IV. von Frankreich zum Beispiel davon, dass »im Ausbau von Manufakturen das einzige Mittel, Gold und Silber nicht aus dem Königreich zu schaffen, um unsere Nachbarn reich zu machen« bestehe. Und im Jahr 1663 wies der Brünner Advokat Malivsky Kaiser Leopold I. von Österreich in einem ausführlichen Bericht darauf hin, dass die Habsburger Monarchie alljährlich Millionen für Waren aus dem Ausland ausgebe, die man ebenso gut auch zu Hause herstellen könne. Aus diesen und ähnlichen Zeugnissen fiskalisch motivierter Außenhandelspolitik zog Werner Sombart schließlich die Schlussfolgerung, dass von den Kreuzzügen bis zur Französischen Revolution ein enger Zusammenhang zwischen dem Staat und der Edelmetallgewinnung bestand: »Oder anders gefasst: So viel Silber (später Gold) – so viel Staat!«[122]

In der Epoche der Globalisierung mögen uns derartige Überlegungen fremd vorkommen, doch sie spielten noch in den ersten Jahrzehnten des 20. Jahrhunderts eine bedeutende Rolle. Mit teilweise verheerenden politischen Konsequenzen. So war zum Beispiel die Zeit zwischen den beiden Weltkriegen von merkantilistischen Egoismen auf verschiedenen Seiten geprägt, wodurch das durch das Abkommen von Versailles zu hohen Reparationszahlungen verpflichtete Deutschland in eine nahezu ausweglose Situation gebracht wurde. Die benötigten Summen konnten, wenn überhaupt, nur im Export erwirtschaftet werden. Doch das erwies sich als unmöglich, denn die großen Industrienationen, allen voran die Siegermächte des Ersten Weltkrieges, schotteten ihre Märkte gegenüber Importen ab. Hören wir dazu erneut den Ökonomen Wilhelm Röpke, der 1932 in einer Rede klagte: »Zu dieser internationalen politischen Verschuldung in dem bekannten gigantischen Umfange kommt hinzu die Weigerung der Gläubigerländer, die Zins- und Tilgungsraten auf diese politischen Schulden in der Form entgegenzunehmen, in der sie logischerweise auf die Dauer nur entrichtet werden können, nämlich in der Form der gegenüber den Importen vermehrten Warenexporte, d. h. in der Form, dass die Schuldnerländer einen höheren Aktivsaldo ihrer Handelsbilanz erzielen. Das Land, das für diese verhängnisvolle Entwicklung am meisten verantwortlich ist – wir wollen es ruhig aussprechen –, sind die Vereinigten Staaten mit ihrer Hochschutzzollpolitik gewesen. Denn diese Hochschutzzollpolitik lief eben darauf hinaus, dass die Vereinigten Staaten sich nicht entschließen konnten, die logische Folgerung aus ihrer Stellung als politische Weltgläubiger zu ziehen und Waren aus den Schuldnerländern entgegenzunehmen. Die Folge war, dass eine Pervertierung der Weltwirtschaft eintrat, die sich im Anwachsen der Verschuldung der Schuldnerländer äußerte, die, je mehr diese Entwicklung fortschritt, die verhängnisvolle Form der kurzfristigen Verschuldung annahm.«[123]

Was Röpke kritisiert, war der Zustand der Weltwirtschaft im unmittelbaren Vorfeld des Börsencrashs von 1929. Die 20er-Jahre des vorigen Jahrhunderts erlebten sowohl ein weltweites Ansteigen nationaler Protektionismen, wie auch mehrere erfolglose Versuche, sie zu begrenzen. Nach Ende des Ersten Weltkrieges galten in vielen Ländern Zölle dem Schutz neuer Industrien, die man nach Unterbrechung der alten Handelsströme aufgebaut hatte. Auch die neuen Länder sollten so geschützt werden, die sich nach dem Zusammenbruch der österreichisch-ungarischen Monarchie konstituiert hatten. Auf mehreren internationalen Konferenzen hatte man sich seit 1920 gegen die Einführung immer neuer und höherer Zölle gewandt – zumeist ohne Erfolg: Die nationalen Interessen überwogen die ökonomische Einsicht, die durchaus vorhanden war. Gegen den »Fordney-McCumber-Zolltarif« der USA von 1922 oder die britischen Zölle, die durch das »Gesetz zum Schutz der Wirtschaft« 1921 eingeführt worden waren, konnten die Verhandlungsdelegationen der übrigen Länder nichts ausrichten.[124] Dass es dadurch insbesondere der deutschen Regierung so gut wie unmöglich gemacht wurde, ihren Reparationszahlungen an die Alliierten nachzukommen, wussten deren Vertreter nur allzu gut. So lesen wir bei Christopher Kopper, dem Biografen des damaligen Reichsbankpräsidenten Hjalmar Schacht, von einem Bankett mit amerikanischen Bankiers und Industriellen, bei dem die engagierte Tischrede Schachts von seinem Gastgeber unter lautem Beifall sämtlicher Anwesenden mit den Worten kommentiert wurde:»Wie, zum Teufel, sollen die Deutschen zahlen können, wenn wir nicht ihre Waren kaufen?«[125]

Der neu gegründete Völkerbund war über die steigenden Zölle durchaus beunruhigt, und machte sie 1927 zum Thema der Weltwirtschaftskonferenz von Genua. Das Fatale war, dass das Problem insgesamt nicht als besonders kritisch eingestuft wurde, weil die internationalen Kapitalströme vieles von dem wettmachten, was die egoistische Außenhandelspolitik einzelner Länder zuvor angerichtet hatte. Mit anderen Worten: Da die aus den Exportüberschüssen resultierenden Einkommen ab einer gewissen Höhe im eigenen Land nicht mehr konsumiert oder investiert werden konnten, flossen sie als Kapitaltransfers in die Importländer zurück, wo sie wiederum zur Finanzierung der Einfuhren herangezogen wurden. Für Gläubiger wie Schuldner ein auf den ersten Blick bestechendes Arrangement, denn Exporte und Importe finanzieren sich damit quasi gegenseitig.

Wenn Sie die aktuellen Wirtschaftsnachrichten verfolgen, dann werden Sie wissen, dass ein nahezu identisches Arrangement auch heute besteht. Und zwar im ganz großen Stil, nämlich zwischen China als Gläubiger- und den USA als Schuldnernation. Auch der »Exportweltmeister« Deutschland befindet sich seit Jahren in einer Gläubigerposition gegenüber einer ganzen Reihe seiner Handelspartner, die man etwas überspitzt auf folgende Formel bringen kann: Wir exportieren Maschinen, Autos und Chemikalien und importieren im Gegenzug Schulden. Ein gutes Geschäft? Nicht immer – wie die jüngste Bankenkrise gezeigt hat.

Anno 1927 war gegen den wachsenden Einfluss merkantilistischer Wirtschaftspolitik in den großen Wirtschaftsnationen jedenfalls nichts auszurichten: Man einigte sich unter Vorbehalt auf einen sukzessiven Abbau diverser Einfuhrbeschränkungen, und selbst diese ohnehin löchrige Übereinkunft wurde von den meisten Konferenzteilnehmern anschließend nicht ratifiziert. Der politische Populismus tat ein

Übriges: So versprach zum Beispiel Herbert Hoover in seinem Wahlkampf vom Sommer 1928 den amerikanischen Farmern, die Zölle auf landwirtschaftliche Einfuhren in die USA anzuheben, um sie vor fallenden Preisen zu bewahren. Hoover wurde gewählt und setzte diese Maßnahme auch prompt um. Nur war im daraus resultierenden »Smoot-Hawley-Zollgesetz« von einer Beschränkung auf Agrarprodukte plötzlich keine Rede mehr – stattdessen wurden in einem wahren Rundumschlag die Tarife in über 20 000 Warengruppen auf Rekordhöhe getrieben. Die USA waren dem Völkerbund ohnehin nie beigetreten, aber die Europäer verhielten sich genauso: Deutschland führte 1926 die Zölle auf Getreide wieder ein, Mussolini eröffnete im Juli 1925 seine »Weizenschlacht«, und die Franzosen verhängten Zölle und Vermahlungsquoten, welche die heimischen Mühlen verpflichteten, in großem Umfang Weizen aus französischem Anbau den Importen beizumischen.[126] Es gibt neben Röpke eine Reihe von Kommentatoren, die in den gegenseitigen Handelshemmnissen einen wesentlichen Grund für die rasche Ausbreitung der Weltwirtschaftskrise sahen. Der Versuch einzelner Länder, ihre Marktanteile bei landwirtschaftlichen Produkten durch Quoten und Importzölle auf der einen und Exportsubventionen auf der anderen Seite zu erhöhen, musste laut ihrer Ansicht einfach dazu führen, dass man sich die Pläne gegenseitig vereitelte und die Dinge dadurch nur verschlimmerte.

Auf den ersten Blick mag es seltsam anmuten, wie tragend die Rolle der Landwirtschaft in der Weltwirtschaftskrise gewesen sein soll. Doch außerhalb Westeuropas war die Landwirtschaft noch immer von großer Bedeutung: In den USA war vor 1929 noch immer ein Viertel aller Arbeitnehmer in der Landwirtschaft beschäftigt, und die Exporte machten rund 30 Prozent der amerikanischen Farmeinkommen aus; auf Agrarprodukte entfielen beinahe 40 Prozent des damaligen Welthandels, und weitere 20 Prozent auf mineralische Rohstoffe. Seit Ende des Ersten Weltkriegs waren die Weltrohstoffmärkte zudem durch ein strukturelles Überangebot und ab 1925 durch stetig sinkende Preise gekennzeichnet. Die

Schuldnerländer gerieten dadurch in eine nahezu ausweglose Situation, in der sie bei wegbrechenden Exporterlösen steigende Kredit- und Zinslasten nicht mehr finanzieren konnten. Der große, internationale Schuldencrash war also eigentlich nur eine Frage der Zeit.

In Deutschland paarte sich das immer schlechter werdende Exportklima noch mit einer sehr speziellen Problematik, die markante Parallelen zur Kreditkrise 2008 aufwies: der kurzfristigen Auslandsverschuldung. Die deutschen Städte waren nach der Hyperinflation von 1922/23 an der Modernisierung ihrer Infrastruktur und an Investitionen in das Bildungswesen interessiert. Außerdem sollte der Wohnungsbau, der Anfang der 20er-Jahre fast vollständig zum Erliegen gekommen war, wieder im großen Stil in Angriff genommen werden. In der schweren Aufwertungsrezession 1925/26, die der Einführung der neuen »Rentenmark« folgte, war es zudem politisch wichtig, die Arbeitslosen ruhigzustellen. Ihre fast vollständige Entschuldung durch die Hyperinflation machte deutsche Kommunen im Ausland zu begehrten Kreditnehmern. Eine unkontrollierte Aufnahme von Krediten hätte aber nach Ansicht der Reichsbank nicht nur zur möglichen Überschuldung Deutschlands geführt, sondern auch die Rückzahlung der langfristigen »Dawes-Anleihe« gefährdet, die Deutschland im Rahmen der Reparationsverhandlungen von den Alliierten zur Verfügung gestellt wurde. Also wurde auf Drängen von Reichsbankpräsident Schacht eine Beratungsstelle für die Aufnahme von Auslandskrediten gegründet, die alle öffentlichen Haushalte, die Kredite und Anleihen im Ausland aufnehmen wollten, vorab konsultieren mussten. Der entscheidende Konstruktionsfehler dabei: Sie war nur für langfristige Kredite zuständig. Was machten daher die nach wie vor klammen Kämmerer in den Ländern, Städten und Gemeinden? Sie vereinbarten mit ihren ausländischen Gläubigern fortan Kredite mit kurzen Fälligkeiten, und das muntere Leben auf Pump ging ungehindert weiter.[127]

Im Wesentlichen kam das Kapital aus den USA, die ihre im Export angesammelten Ersparnisse ertragreich in Deutschland investieren wollten. Die Renditelogik der damaligen Sparer ruhte auf den gleichen tönernen Füßen wie die deutscher Geldanleger, die anno 2008 ihre Spargroschen der isländischen Kaupthing-Bank überließen: Aufgrund wachsender Verschuldung mussten deutlich höhere Zinsen bezahlt werden, als anderweitig üblich. Für die damaligen US-Investoren also ein renditeträchtiges Geschäft und für die Kreditnehmer die Gelegenheit, rasch an Geld zu kommen. Das änderte sich, als das Vertrauen in die Zahlungsfähigkeit Deutschlands schwand: Die Gläubiger verlängerten ihre kurzfristigen Kredite nicht mehr, stattdessen zogen sie ihr Geld in gigantischen Ausmaßen aus dem Land ab. Eine Tragödie nahm ihren Lauf. Die Wankelmütigkeit des kurzfristig verliehenen Kapitals wurde den Schuldnern der 30er-Jahre ebenso zum Verhängnis wie rund 75 Jahre später der Hypo Real Estate und anderen Banken, die langfristige Engagements über den Geldmarkt ultra-kurzfristig finanzierten. Die Geschichte hätte hier wieder einmal als Lehrer fungieren können, aber wie wir mittlerweile wissen: Das Lernen aus vergangenen Erfahrungen gehört nicht gerade zu den Stärken des Homo capitalisticus.

Aber auch aus einem anderen, wichtigeren Grund ist die Weltwirtschaftskrise ein Lehrmeister, dem wir offenbar kein Gehör schenken wollen: Die Ungleichgewichte im Welthandel sind heute mindestens so gravierend wie damals. Im Zuge der fortschreitenden Globalisierung der Weltwirtschaft und insbesondere der vollständigen Liberalisierung der Finanzmärkte in den 1990ern ließen die großen Volkswirtschaften der Welt ihre frühere Maxime der ausgeglichenen Handelsbilanz fallen. Stattdessen lieferten sich Länder wie Japan, China und Deutschland einen Wettstreit um den Titel des »Exportweltmeisters« und häuften dabei immer höhere Forderungen an das Ausland an; und die anderen, allen voran die USA, entdeckten die Segnungen eines tiefroten Außenhandelsdefizits und konsumierten Importware, als gäbe es kein Morgen. Wie konnten sie sich das leisten? Auf exakt dieselbe Art, die in der Weltwirtschaftskrise der 1930er das internationale Finanzkartenhaus zum Einsturz brachte: Die glücklichen Exporteure finanzierten mittels wachsender Ersparnisse ihren Absatz an die Importeure. Sie lieferten BMWs, Miele-Waschmaschinen und Stihl-Kettensägen aus Deutschland, Nintendos, Toyotas und Sony Playstations aus Japan sowie Textilien, Spielsachen und allerlei Billig-Tand aus China, und erhielten dafür im Gegenzug ausländische Schulden. Das Arrangement glich dem der 20er-Jahre aufs Haar: Die Exporteure gefallen sich in ihrer Rolle als Gläubigernationen und machen es zum Ziel ihrer Wirtschaftspolitik, ihre führende Stellung im Außenhandel zu behalten; die Schuldnerländer wiederum fühlen sich in ihrer wachsenden Defizit-Position zunehmend unwohl, umso mehr als die heimischen Produktionsunternehmen angesichts schrumpfender Gewinne mit Massenentlassungen drohen und politischen Druck ausüben. Dieser Druck findet seinen Weg auf die politische Weltbühne und führt zu Spannungen in den internationalen Beziehungen.

In den Importländern verläuft die Gewinnentwicklung des produzierenden Sektors im Zuge eines Konjunkturaufschwungs gedämpft, da mit steigenden Importen Kaufkraft ins Ausland abgegeben wird und im Inland nicht zu Umsätzen und Gewinnen führt. Um in einer solchen Wirtschaft Vollbeschäftigung zu erreichen, sind auf Dauer entweder hohe private Investitionen oder hohe Staatsdefizite vonnöten. Der amerikanischen Regierung blieb daher im Zuge der Krise gar nichts anderes übrig, als mittels gigantischer Ausgabenprogramme auf Pump dafür zu sorgen, dass die wegbrechenden Gewinne der amerikanischen Industrie zumindest teilweise kompensiert werden. Ansonsten wären Massenentlassungen in noch viel höherem Ausmaß die Folge gewesen, als ohnehin der Fall.

In Deutschland beobachten wir seit Jahren die gegenläufige Entwicklung: Anders als die meisten westlichen Volkswirtschaften hat bei uns der Industriesektor in den letzten drei Jahrzehnten an Bedeutung gewonnen – und das trotz Kostendruck und Standortwettbewerb. Fast ein Drittel der deutschen Wertschöpfung kommt aus zwei Branchen: dem

Maschinenbau und der Automobilindustrie inklusive Zuliefer-
betriebe. Darüber hinaus wird sie überwiegend im Export erzielt, womit Deutschlands Industrie wesentlich von der weltweiten Investitionsbereitschaft abhängt: China mag heute als
die Konsumgüterfabrik der ganzen Welt gelten, aber die Maschinen, auf denen die Chinesen ihre Waren herstellen, sind
in der Regel »Made in Germany«. Ganz ähnlich verhält es sich
mit langlebigen Konsumgütern: Von der Waschmaschine bis
zum Luxusschlitten – Deutschland beliefert überwiegend die
oberen Kaufkraftklassen der Welt.

Der rasante Anstieg unserer Exportquote begann Mitte
der 90er-Jahre und war das gewollte Ergebnis deutscher Wirtschaftspolitik von Kohl über Schröder bis Merkel. Besonders
im letzten Aufschwung seit März 2003 entwickelt sich der
deutsche Export überproportional gut und hatte vier Jahre
hindurch zweistellige Zuwachsraten. Im Zeitraum zwischen
2004 und 2007 resultierten rund 60 Prozent des deutschen
Wirtschaftswachstums aus den Exporten. Der Haken dabei:
Die deutsche Wirtschaft hängt damit auf Gedeih und Verderb
von den Zukunftserwartungen des Auslands ab; viel stärker
als etwa die USA, wo der Konsument in Fragen von Aufschwung und Krise das entscheidende Wörtchen mitzureden
hat. Falls er sich entschließt, keine BMWs oder Miele-Waschmaschinen mehr zu kaufen, dann lässt das amerikanische
Hersteller kalt – versetzt der deutschen Industrie aber einen
schweren Schlag. Wie soll sie die ausfallenden Umsätze wett-
machen? Im Fall der Automobilindustrie griff die Bundesregierung bekanntlich zu einem teuren Trick: Mittels »Abwrackprämie« sollte der deutsche Konsument dazu veranlasst
werden, sich für den Kauf eines Neuwagens zu verschulden,
wo es der ausländische Autokäufer nicht mehr konnte. Er
kam dieser Aufforderung auch gerne nach und kaufte mit
staatlichem Bonus rund 2 Millionen Neufahrzeuge – aus überwiegend japanischer, koreanischer und rumänischer Produktion. Die Kosten für die Abwrackprämie beliefen sich auf rund
2,6 Milliarden Euro – genutzt hat sie den deutschen Auto-
mobilherstellern aber recht wenig. Die werden sich deshalb

nach wie vor fragen müssen, wo sie zukünftig ihre Gewinne machen sollen, wenn ausländische Autofahrer sich deutsche Wertarbeit nicht mehr im gewohnten Umfang leisten wollen oder können.

Die neo-merkantilistische deutsche Wirtschaftspolitik hat aber noch weitere gravierende Nachteile: Einerseits verhindert die unbedingte Orientierung an den Verhältnissen auf den Weltmärkten eine Einkommenspolitik nach der Logik eines Kreislaufsystems, bei der die absolute Lohnhöhe letztlich egal ist, weil höhere Ausgaben zu höheren Einnahmen führen und umgekehrt. Wenn ein Großteil der Beschäftigten für den Export arbeitet, dann gelten keine nationalen Lohnkriterien mehr, sondern dann heißt es nur noch:»Wir müssen wettbewerbsfähig bleiben!« Das ist logisch, und den auf den Weltmärkten konkurrierenden Unternehmen kann man diesbezüglich auch kaum einen Vorwurf machen; einer Politik, die eine solch extreme Fokussierung auf den Export nach allen Regeln der Kunst auch noch fördert, hingegen schon. Umso mehr, wenn das Mantra der internationalen Wettbewerbsfähigkeit eine jahrelange Reallohnstagnation heraufbeschwört, wie wir sie in Deutschland seit nunmehr schon 10 Jahren erleben: Welchen Wert haben Serienerfolge bei der Exportweltmeisterschaft, wenn die realen Einkommen der deutschen Arbeitnehmer gleichzeitig unter das Niveau der Jahrtausendwende sinken? Und wir damit im EU-Vergleich zum einsamen Schlusslicht werden, während bei unseren Nachbarn die realen Bruttolöhne um bis zu 40 Prozent, in einigen Ländern des ehemaligen Ostblocks sogar um mehr als 100 Prozent zulegten. Deutschland erkaufte sich seinen Spitzenplatz in der Rangliste der Exportüberschussländer auf recht schmerzliche Art: mittels Kasteiung seiner Arbeitnehmer.

Das andere Problem dieser Art von Wirtschaft sind die hohen Erlöse, die damit einhergehen. Wohin mit dem ganzen Zaster? Diese Frage taucht früher oder später auf, wenn es in einem Land, das den Binnenmarkt so konsequent aus den Augen verloren hat wie Deutschland und dessen am Export orientierte Großunternehmen mit guten Gründen gleich dort produzieren, wo sie ihre Produkte auch verkaufen wollen, nicht mehr viel zu investieren gibt. Die im Export angesammelten Gelder beginnen daher, kreuz und quer über den Globus zu vagabundieren, ständig auf der Suche nach Rendite: amerikanische Subprime-Kredite irgendjemand? Deutsche Banken griffen beherzt zu; Lehman-Zertifikate gefällig? Aber gerne: Der deutsche Investmentsparer konnte gar nicht genug davon kriegen.

Und als drittes und vielleicht brisantestes Problem bringt es die prinzipielle Weltmarktorientierung unserer Wirtschaft mit sich, dass für eine wachsende Schicht von Minderqualifizierten keine adäquaten Jobs mehr geschaffen werden können. Wo sollten die herkommen, wenn die deutschen Exporteure mit den Besten der Welt konkurrieren und sich daher durch stetig steigende Produktivität und Innovationsleistung auszeichnen müssen, während sie alle einfachen, manuellen Tätigkeiten in Billigländer verlagern können? Deutschland ist seit Jahren das internationale Schlusslicht in der Schaffung von Aufstiegsmöglichkeiten für die Schichten seiner Bevölkerung, denen mangels Alternativen im Erwerbsleben nichts anderes übrig bleibt, als mit Hartz IV an der unteren Grenze der Menschenwürde dahinzuvegetieren. Und wie in keinem anderen Land ist in Deutschland dieses Unterschichtenphänomen erblich: Aus den Sozialhilfe-Familien von heute stammen die Underdogs von morgen. Ein sozialer Teufelskreis!

Nun sind im Zuge der allgemeinen Krise unsere Netto-Exporte massiv eingebrochen, nach offiziellen Angaben bei Drucklegung dieses Werkes um rund 30 Prozent gegenüber dem Vorjahr. Wenn Sie sich die Ausführungen vom Beginn des Kapitels vor Augen führen, werden Sie ahnen, was das bedeutet: Weniger Exporte, weniger Gewinne für die deutschen Unternehmen. Das ist völlig klar. Und dazu eine ganze Reihe struktureller Probleme, denn was sollen die auf Maschinen und Autos fokussierten deutschen Hersteller jetzt mit ihren Überkapazitäten machen? Einfach auf den deutschen Markt umstellen und versuchen, dort mehr zu verkaufen, ist unmöglich.

10 Jahre Reallohnstagnation bei der Masse der Bevölkerung lassen grüßen: Da kauft man sich bestenfalls *einen* BMW, aber sicher nicht zwei. Zumal, wenn man wegen der wachsenden Arbeitsplatzunsicherheit sowieso nicht weiß, ob man sich eine größere Anschaffung überhaupt leisten soll. Da hält man doch lieber erst einmal das Geld zusammen und wartet ab.

Was also tun? Wer rettet die deutsche Exportindustrie und ihre Arbeitsplätze? Der deutsche Staat – Hurra! Sosehr wir gestern auch noch über ihn geschimpft und in unserer Begeisterung für den Markt seine Bedeutung in Abrede gestellt haben: Wenn man sich im Ernstfall auf so einen potenten Staat wie den deutschen stützen kann, der aus dem Stand ein Budgetdefizit von fast 80 Milliarden Euro stemmen kann, dann ist das natürlich schon recht praktisch. Denn so eine Villa im Westend ist zwar was Schönes, aber wenn plötzlich all diese Arbeitslosen mit ihren Protestplakaten davor aufmarschieren … Nein, das muss es nun wirklich nicht sein! Dann schon lieber einen aktiven Staat, der in seinen Rettungsbemühungen auch noch überaus kreativ ist: Die Idee der Abwrackprämie für Gebrauchtwagen, selbst solche, die noch gut in Schuss sind und mit modernen Umweltstandards durchaus im Einklang, die konnte eigentlich nur aus Deutschland stammen. Und auch die flexible Handhabung des Kurzarbeitergeldes, eine Maßnahme, die Zehntausende von Beschäftigten vor der umgehenden Entlassung bewahrte, bedurfte keiner langwierigen politischen Debatte. Allerdings erscheint Letztere sehr sinnvoll, was man von der Abwrackprämie alleine schon aus ökologischen und energetischen Gründen keineswegs behaupten kann, auch wenn sie von einer einfallsreichen Regierungspropaganda frech »Umweltprämie« getauft wurde.

Die Logik des real existierenden Finanzmarktkapitalismus an der Schwelle zum dritten Jahrtausend lautet: Wenn alle Stricke reißen, wenn sich die Unternehmer im Rahmen von Investitionen nicht verschulden wollen und wenn auch das Ausland sich dem Gewinntransfer aus Importüberschüssen versagt, dann muss der Staat in Aktion treten. Und mit Ausgaben auf Pump retten, was noch zu retten ist. Die Wirkung auf die privaten Sektoren der Volkswirtschaft ist dabei die exakt gleiche wie beim Unternehmerkredit oder beim Export: Es entstehen zusätzliche Gewinne bzw. werden Gewinneinbrüche abgemildert. Unternehmen bleiben folglich solvent und können ihren Verpflichtungen weiterhin nachkommen, ohne unbedingt Kapazitäten stilllegen und Beschäftigte entlassen zu müssen. Die Volkswirtschaft insgesamt bricht daher nicht so stark ein, wie ohne staatliche Stützungsmaßnahmen; die allgemeine Stimmung kippt nicht vollends ins Negative; Politiker und Parteien werden wieder gewählt.

Ein sehr sinnvolles Arrangement für alle Beteiligten, wie bereits Keynes überzeugend darlegte. Allerdings nur auf kurze Sicht, als punktueller Eingriff, um eine Wirtschaft vor dem Totalabsturz zu bewahren. Die längerfristige Gestaltung des wirtschaftlichen Geschehens lässt sich mittels staatlicher Defizite nicht bewerkstelligen – denn irgendwann droht auch dem solventesten Staat die Pleite. Davon ist Deutschland zwar nach wie vor weit entfernt. Wir stehen als Volkswirtschaft (also öffentliche und private Haushalte zusammengenommen) der übrigen Welt als Gläubiger und nicht als Schuldner gegenüber. Diese Situation ist eine völlig andere als in den 20er- und 30er-Jahren. Die gute Nachricht lautet also: Die Welt hat noch höhere Schulden bei uns als wir bei ihr. Eine echte Schuldenkrise, wie wir sie aus den Zeiten der Weimarer Republik kennen oder in jüngerer Zeit am Beispiel lateinamerikanischer und asiatischer Länder miterlebt haben, erscheint daher in Bezug auf Deutschland in nächster Zukunft ausgeschlossen. Bei anderen Ländern, insbesondere solchen, die sich nicht in ihrer eigenen Währung verschulden können, kann man sich da keineswegs so sicher sein: Dubai hat seinen drohenden Bankrott gerade so noch abwenden können; Meldungen über Griechenlands Zahlungsunfähigkeit und die Wirksamkeit oder Nicht-Wirksamkeit der Rettungsmaßnahmen seitens der EU beherrschen die Medien wie auch die Börsen; Portugal, Spanien, Italien und einige osteuropäische Länder sind ebenfalls in Gefahr. Die EU musste einen Rettungsfonds für klamme Mitgliedsländer einrichten, obwohl das in den entsprechenden Verträgen nicht vorgesehen ist. Aber das Risiko, dass ein Bankrott Griechenlands auf andere Mitgliedsländer ausstrahlt, war zu hoch. Ganz zu schweigen von Spanien oder Italien. Solche Zahlungsausfälle würden bei den Großbanken der EU erneut zu Milliardenverlusten führen, für die erst recht wieder die Steuerzahler geradestehen müssten. So oder so, die übrigen Staaten, auch Deutschland, sind also mit im Boot. Dadurch reduziert sich das Ganze auf eine reine Kosten-Nutzen-Rechnung: Wenn es billiger kommt, die Griechen und allfällige weitere Staaten mit EU-Mitteln zu retten, dann sollte man das auch tun.

Deutschland selbst scheint trotz Rekorddefizit im Zuge der Wirtschaftskrise nicht in Gefahr. Jedenfalls nicht in nächster Zukunft. Allerdings steht unser Land mit seinen wachsenden Staatsschulden vor einem anderen Problem, nämlich dem der sozialen Gerechtigkeit: Die öffentlichen Haushalte, allen voran der Etat der Bundesregierung, müssen die Mittel für Zins und Tilgung aus dem allgemeinen Steueraufkommen bestreiten, und dieses wird keineswegs nur von den Wohlhabenden aufgebracht, sondern über Abgaben und Verbrauchssteuern wie etwa der Mehrwertsteuer von jedermann. Auch Budgetkürzungen und Preiserhöhungen in Bildung, Pflege, Nahverkehr oder dem öffentlichen Kulturangebot, die wegen steigender Zins- und Tilgungslasten vorgenommen werden müssen, betreffen die Allgemeinheit. Die Empfänger der Zinsen sind aber vor allem wohlhabende Private sowie die Aktionäre inländischer Banken: Sie sind wichtige Kreditgeber der öffentlichen Haushalte. Daher: Staatsschulden führen zur Umverteilung von unten nach oben. Um diesem unerwünschten Effekt beizukommen, müssten also wiederum entsprechende Steuerungsmaßnahmen vorgesehen werden, die primär die wohlhabenden Bürger des Landes träfen. Dazu mag man persönlich stehen, wie man will, der politische Wille zu solchen Maßnahmen scheint jedenfalls aktuell noch nicht vorhanden: Das zeigt das sogenannte Sparpaket der Bundesregierung. Wachsende Staatsschulden werden mit steigender sozialer

Ungerechtigkeit einhergehen – für diese Prognose bedarf es keiner hellseherischen Fähigkeiten.

Was also tun? Soll der Fokus auf den Exportüberschuss auch zukünftig der Königsweg deutscher Wirtschaftspolitik bleiben? Macht es Sinn, sich weiterhin auf die Verschuldungsbereitschaft des Auslands zu verlassen, auf den Gewinn durch Exporte zu setzen und dabei die reale Einkommensentwicklung der Beschäftigten in Deutschland völlig zu vernachlässigen?

Die Politik wird sich über kurz oder lang mit diesen Fragen beschäftigen müssen. Ich persönlich meine: Nein – das aktuelle Arrangement der Weltwirtschaft ist nicht mehr lange durchzuhalten. Deutschland und die anderen großen Überschussländer, allen voran China, leben de facto auf Kosten der übrigen Wirtschaftsnationen: Sie ziehen Gewinne ab, die anderswo fehlen. Und erzeugen damit finanzielle Instabilität. Und darüber hinaus tun sie sich mit Blick auf ihren eigenen Binnenmarkt und den sozialen Frieden zu Hause nichts Gutes.

Mit meiner Ansicht stehe ich keineswegs alleine: Das renommierte Wirtschaftsmagazin ›The Economist‹ widmete dem Thema kürzlich einen überaus kritischen Aufmacher und kam zu folgendem Fazit: »Die Gefahr besteht, dass Deutschland aus dieser Krise die falschen Schlüsse zieht. Es könnte sich darin bestätigt sehen, dass Finanzwesen und Dienstleistungssektor keine Basis für ökonomisches Wachstum darstellen, wie die Amerikaner und die Briten meinen. Es könnte daher schlicht seine langjährige Exportfokussierung sogar noch ausbauen wollen. Aber ein etwas nachdenklicheres Deutschland gelangt vielleicht zur Erkenntnis, dass es die unvernünftige Verwendung seiner eigenen Ersparnisse war, die diese Krise mit verursacht hat, deren Folgen der deutsche Steuerzahler noch lange zu tragen haben wird. Sie werden sich womöglich wünschen, dass sie ihr Erspartes besser selbst konsumiert hätten.«[128]

Auch andernorts wurde dieser Zustand in der Zwischenzeit zum Anlass für recht heftige Kritik genommen, allen voran die

USA, mit denen Deutschland alleine zwischen 2006 und 2008 einen Exportüberschuss von über 75 Milliarden Euro erzielte. So schrieb zum Beispiel US-Ökonom Adam S. Posen in einem Gastbeitrag für die Tageszeitung ›Die Welt‹: »Und so boomt infolge des Wachstums im Ausland und im Schatten des Euro zwar die Exportindustrie, doch der relativen Deflation bei den Gehältern hat das Land nur wenig entgegenzusetzen. In Deutschland hat die Absenkung des Lohnniveaus Innovationen ersetzt, den Einstieg in neue Wirtschaftszweige und die Reform des Unternehmenssektors. Doch was am schwersten wiegt: Die einseitige Ausrichtung auf die Exportwirtschaft führt entweder zum Wertverlust der Währung, was den Wohlstand der Bevölkerung untergräbt, oder sie drückt auf die Gehälter im Exportsektor, was zum Rückgang bei den Realeinkommen führt und die heimische Nachfrage abwürgt. Doch Druck auf die Gehälter wird sich ebenso wenig als ein nachhaltiger Wachstumsbeitrag erweisen, wie es die nominalen Abwertungen in Großbritannien und Italien zwischen den 1970er- und Mitte der 1990er-Jahre waren.« [129]

Besser als Posen kann man das Problem kaum auf den Punkt bringen: Die Reallöhne aller inländischen Beschäftigten stagnieren, weil die deutsche Wirtschaft an den entscheidenden Stellen nicht in der Lage ist, aus eigener Kraft eine tragfähige Binnenkonjunktur zu entfachen und für steigende Einkommen zu sorgen. Das kann sie nur, wenn das Ausland als Lokomotive dient; aber dafür heißt es wiederum »Wettbewerbsfähig bleiben!« – gegenüber Chinesen, Rumänen und Koreanern. Was wiederum Druck auf die deutschen Löhne in der Exportindustrie bedeutet und damit indirekt auch zur Stagnation der Einkommen aller übrigen Beschäftigten führt. Wenn die am Weltmarkt orientierten deutschen Hersteller nicht ohnehin ihre Produktion gleich ins billigere Ausland verlagern, nach China etwa, was betriebswirtschaftlich gesehen nahe liegend ist, wenn man sowieso den dortigen Markt im Blickfeld hat.

In einem solchen Umfeld gibt es aber in Deutschland selbst nichts mehr groß zu investieren. Diese Einkommensquelle der

Volkswirtschaft versiegt. Arbeitsplätze werden zur Mangelware. Das durch die Exportüberschüsse angesammelte Kapital findet im Inland kaum vernünftige Anlagemöglichkeit mehr und startet erneut seine Reise um den Globus, auf der ewigen Suche nach Rendite. Zuletzt wurde es bei US-amerikanischen Immobilienkrediten fündig – Folgen bekannt. Wo wird es beim nächsten Mal landen?

Das bringt uns direkt zum letzten Wachstumstreiber, dem privaten Konsum. Wenn Sie die Krisennachrichten im Laufe der letzten Monate aufmerksam verfolgt haben, dann wird Ihnen zweifellos aufgefallen sein, dass eines der mächtigsten Wesen des Universums einen eindeutigen Namen trägt: »amerikanischer Verbraucher«. Seine Spendierlaune hält nicht nur die US-Wirtschaft am Laufen, sondern mit ihr auch alle anderen Volkswirtschaften der Welt, die davon leben, ihre Produkte in die USA zu exportieren. Ohne übergroßen Zynismus kann man daher sagen: Von den Shoppingtouren des amerikanischen Konsumenten lebt die Weltwirtschaft. Und bis vor kurzem eigentlich ganz gut.

Denn in der Tat ließen die Amerikaner sich in den letzten zwei Jahrzehnten nicht lumpen, was ihre Kauflaune anbetraf: Jegliche Spartätigkeit wurde eingestellt, die Kinder auf den Rücksitz der SUVs und die Kreditkarten ins Portemonnaie gepackt – und ab ging's zur »Great Mall of America«. Dieser »Spleen«, wie man vor hundert Jahren vielleicht noch gesagt hätte, brachte ihnen nicht nur die lebenslange Freundschaft von American Express, Mastercard und Visa ein, sondern kulminierte darin, dass zeitweise mehr für den Konsum ausgegeben wurde, als an Einkommen überhaupt zur Verfügung stand.

Die amerikanischen Unternehmen hatten dagegen natürlich nichts einzuwenden. Die Politik auch nicht. Und der Rest der Welt erst recht nicht. Insbesondere wir Deutschen: »Mister Jones, ein neuer BMW gefällig? Oder eine Miele-Einbauküche? Ein grandioses Heimwerker-Set von Bosch hätten wir außerdem im Angebot. Kommen Sie, Mister Jones: Greifen Sie zu, solange der Vorrat reicht!« Der amerikanische Verbraucher war Gott sei Dank aus einem völlig anderen hedonistischen Holz geschnitzt als die deutschen Rekordsparer, die ihm einerseits zuriefen, was für ein elender Schuldenmacher er doch sei, während sie ihm andererseits die Mittel überwiesen, um seine Shopping-Extravaganzen nur ja nicht enden zu lassen.

Der US-Verbraucher entwickelte sich so zu einem kapitalistischen Wunderwesen: Er hatte zwar kein Geld, schwamm aber trotzdem darin. Alles, was er dafür tun musste, war, ein leeres Versprechen abzugeben: »Das zahle ich irgendwann mit Zinsen zurück« – schon rollte der Rubel. Und am Schluss musste er noch nicht mal mehr das: Die modernen Alchemisten des Kapitals entdeckten nämlich irgendwann gegen Mitte der 90er die schwarze Magie der strukturierten Finanzierung. Sie führte zu der interessanten Überzeugung, dass zwar ein einzelner insolventer Schuldner, bei dem ein Blinder sieht, dass er seinen Verpflichtungen niemals wird nachkommen können, ein Problem darstellt – Tausende derartiger Schuldner im Paket aber nicht. Und schon war ein weiteres Weltwunder geboren, das unter einem markanten Namen zu allgemeiner Berühmtheit gelangen sollte: »Subprime«. Die Folgen dieses Geniestreichs sind bestens bekannt.

Betrachten wir das Verhalten des US-Verbrauchers am Beispiel des kleinen Modells, das uns in den bisherigen »Gedankenexperimenten« so gute Dienste geleistet hat: Denken wir uns dafür wieder in unser Konsumgüterunternehmen, mit dem wir 20 Millionen Gewinn im Jahr machen wollen. Dafür verkaufen wir unseren eigenen Beschäftigten und denen der Maschinenfabrik Waren für insgesamt 120 Millionen, sodass die erhofften 20 Millionen nach Abzug der 100 Millionen an Lohnkosten für unsere Mitarbeiter in unserer Bilanz als Gewinn erscheinen. Unsere bisherige Lösung lautete stets, dass noch andere Konsumenten auf der Bildfläche erscheinen als die eigene Belegschaft: Entweder die Beschäftigten der Maschinenfabrik oder ausländische Konsumenten, deren Importnachfrage nach unseren Produkten sich zum heimischen Absatz gesellt. In beiden Fällen wurden die fehlenden 20 Millionen durch zusätzliche Konsumenten aufgebracht.

Aber die sind in einem Land mit entwickeltem Verbraucherkreditsektor eigentlich gar nicht nötig. Stellen wir uns vor, dass unsere Mitarbeiter zu Weihnachten eine Kreditkarte geschenkt bekommen, die ihnen einen zusätzlichen Einkaufsrahmen von 20 Millionen ermöglicht. Vielleicht bekommen sie diesen Kredit sogar von uns selbst, den Konsumgüterproduzenten, dann hätten wir damit gerade das Ratengeschäft erfunden. Aber egal woher: Wichtig ist nur, dass die Beschäftigten als Konsumenten auf diesen Kredit zugreifen können und das auch tun. Was passiert dann? Genau: Beschäftigte mit einem Einkommen von 100 Millionen Euro konsumieren für 120 Millionen Euro! Wir jubeln: Die 20 Millionen Gewinn sind im Sack.

Doch jetzt die schlechte Nachricht: Jeder Kredit hat einen Fälligkeitstermin, zu dem er zurückgezahlt werden muss. Mit Zinsen. Nehmen wir mal an, das passiert im darauf folgenden Jahr: Da verlangt die Kreditkartenfirma das Geld zurück, plus 10 Prozent Zinsen. In Summe also 22 Millionen. Was hat das für Folgen für unser Geschäft? Die Mitarbeiter verdienen nach wie vor ihre 100 Millionen. Statt dass sie aber jetzt zusätzliche 20 Millionen an Kaufkraft über einen Kredit aufbringen, um für insgesamt 120 Millionen bei uns einzukaufen, müssen sie 22 Millionen dafür verwenden, um ihren Kredit aus dem Vorjahr abzustottern. Was bleibt ihnen danach noch, um bei uns einzukaufen? 78 Millionen. Und kein Cent mehr.

Das sind wirklich schlechte Nachrichten: Wir verzeichnen nämlich nur 78 Millionen an Umsatzerlösen, haben aber weiterhin 100 Millionen an Lohnkosten. Unter dem Strich machen wir also einen Verlust von 22 Millionen. Gut möglich, dass wir daran bankrott gehen. Vielleicht versuchen wir auch, eine andere Bank zu finden, die den Mitarbeitern ihre Kreditrückzahlung aus neuen Krediten finanziert, sodass sie ihre Einkommen weiterhin voll bei uns ausgeben können. Aber damit nicht genug: Wir wollen weiterhin unseren Gewinn von 20 Millionen machen – ergo brauchen die Mitarbeiter zusätzlich zum neuen Kredit über 22 Millionen, mit denen sie ihre alten Kredite samt Zinsen bedienen, noch einen weiteren Kredit über 20 Millionen, mit denen sie erneut bei uns einkaufen können. Über ihre 100 Millionen an laufenden Einkommen hinaus. Mit einem Wort: Es werden also bereits im darauf folgenden Jahr nicht nur 20 Millionen und auch nicht 22 Millionen, sondern 42 Millionen an Krediten benötigt, damit das Spiel auf dem bereits erreichten Niveau weiterlaufen kann.

Und im dritten Jahr? Rechnen wir es zusammen: Da wären die 20 Millionen aus dem ersten Jahr plus Zinsen für das erste und das zweite Jahr, jeweils 2 Millionen, in Summe also 24 Millionen; dazu die 20 Millionen plus Zinsen aus dem zweiten Jahr, zusammen 22 Millionen. Insgesamt daher 46 Millionen.

Und so weiter und so fort: Sie kommen bereits nach recht kurzer Zeit auf gigantische Beträge, die an Neukrediten aufgebracht werden müssen, um überhaupt nur den Status quo aufrechtzuerhalten. Was ist ein »Kettenbrief«? *Das* ist ein Kettenbrief! Im ersten Kapitel war unter diesem Begriff die Rede von betrügerischen Kreditpraktiken, mittels derer die Herren Ponzi und Madoff zu trauriger Berühmtheit gelangt sind. Aber wie Sie eben gerade gesehen haben, gibt es imposante Kettenbriefe auch in legaler Form. Der weitaus größte unter ihnen hat einen gut eingeführten Namen. Er heißt: »Kapitalismus«.

KAPITEL IV

Im Tiefschlaf in den Sozialismus

Wir schreiben den 30. Mai 1887: Der junge Bostoner Aristo-krat Julian West bedient sich wieder einmal der Hilfe von Dr. Pillsbury. Julian leidet unter starker Schlaflosigkeit, und nur unter dem Einfluss von Dr. Pillsburys Hypnose will es ihm gelingen, in einen schlafähnlichen Zustand zu fallen. Um das Einschlafen nicht durch Straßenlärm zu erschweren, hat er sich im Keller seines Hauses eine schalldichte Schlafkammer bauen lassen. Dort versetzt ihn Dr. Pillsbury auch an diesem Abend wieder in den Hypnoseschlaf. Es wird das letzte Mal sein: Denn einerseits verreist Dr. Pillsbury unmittelbar im Anschluss an die Sitzung, andererseits bricht ausgerechnet in dieser Nacht ein entsetzlicher Brand aus, der Julians Haus in Schutt und Asche legt. Und weil niemand um die im Keller verborgene Schlafkammer weiß, wird allgemein angenommen, Julian hätte den Feuertod gefunden.

Über hundert Jahre später, die Welt feiert das Jahr 2000, erwacht Julian in seiner unterirdischen Kammer und blickt in das verdutzte Gesicht von Dr. Leete, dem nunmehrigen Be-sitzer des Grundstücks. Der entdeckte die Kammer bei Aus-grabungsarbeiten für einen Neubau im Garten seines Hauses. Und, oh Wunder: Nicht nur, dass unser Julian das Feuer unver-sehrt überstanden hat. Nein: Er ist seit 1887 auch kein biss-chen gealtert. Dr. Leete nimmt den jungen Mann mit zu sich nach Hause. Was für ein seltsamer Fund! Julian ist neugierig, will sich umsehen. Gemeinsam steigen sie aufs Dach und be-trachten das Panorama des modernen Boston: Die rauchenden Schlote von einst sind verschwunden, schmucke Hochhäuser nehmen ihren Platz ein. Die Szenerie wirkt sauber und auf-geräumt; der Himmel ist blau, die Luft rein und klar. Nichts mehr von dem Schmutz und dem beißenden Rauch, dem Ge-stank und dem Elend längst vergangener Zeiten. Wie das möglich sei, fragt der erstaunte Julian seinen Gastgeber. Der erteilt bereitwillig Auskunft. Und bemerkt anschließend:

»Ich würde viel darum geben, wenn ich einen Blick auf das Boston Ihrer Zeit tun könnte. Ohne Zweifel waren die Städte von damals, wie Sie andeuten, recht armselig. Wenn Sie sie hätten glänzend machen wollen, und ich bin nicht so unhöflich, dies zu bezweifeln, so würden bei der herrschenden Armut, welche das Resultat Ihres merkwürdigen industriellen Systems war, die Mittel dazu gefehlt haben. Außerdem vertrug sich der weitgehende Individualismus, welcher damals herrschte, nicht mit dem Gemeinsinn. Das bisschen Reichtum, das Sie besaßen, scheint fast lediglich für Privatluxus verschwendet worden zu sein. Heutzutage dagegen ist keine Verwendung des Überschusses an Reichtum so allgemein beliebt als die für Verschönerung der Stadt, die alle gleichmäßig genießen.«

Und wenig später, nachdem Dr. Leete dem jungen Gast seine Tochter vorgestellt hat, die liebreizende Edith, in die unser wieder auferstandener Held sich auf den ersten Blick verliebt, erklärt er ihm, dass das 20. Jahrhundert, während er schlief, einige gravierende gesellschaftliche Änderungen erlebt hatte: Das Privateigentum sei abgeschafft worden, nachdem es sich zunehmend in den Händen weniger Monopolunternehmer konzentriert hatte; der Staat organisiere nunmehr die Wirtschaft in Eigenregie. Ergebnis? Die soziale Wohlfahrt erreiche nie zuvor gekannte Ausmaße. Das Bildungswesen sowie das komplette kulturelle Angebot sei kostenlos zugänglich; es herrsche freie Berufswahl, allerdings bestehe eine allgemeine Arbeitspflicht, die alle Bürger zwischen dem 21. und dem 45. Lebensjahr zur aktiven Erwerbsarbeit verpflichtet; danach stehe es aber allen frei, staatlich alimentiert ihren ganz persönlichen Interessen nachzugehen. Die Frau sei unabhängig und in allen Belangen dem Mann gleichgestellt; Kriege gäbe es schon lange keine mehr, Kriminalität auch nicht, demzufolge seien alle Gefängnisse geschlossen worden.

Ob die Intellektuellen des Jahres 1887 angesichts des offenkundigen Elends nicht das Gefühl gehabt hätten, dass mit ihrem System etwas nicht in Ordnung sein könne, will Dr. Leete von Julian wissen. »Das haben wir allerdings klar genug gesehen«, erwidert der. »Wir fühlten, dass die Gesellschaft keinen Ankergrund mehr hatte und in Gefahr war, ein Spiel der Wellen zu werden. Wohin sie treiben würde, konnte niemand sagen, aber alle fürchteten die Klippen. Ich kann nur sagen, dass, als ich in den langen Schlaf fiel, die Aussichten derart waren, dass ich mich nicht gewundert haben würde, wenn ich heute von Ihrem Dache aus auf einen Haufen verkohlter und mit Moos bedeckter Ruinen, anstatt auf diese herrliche Stadt geblickt hätte.« Julian seinerseits will von Dr. Leete auch wissen, wie sich der Wandel des 20. Jahrhunderts genau vollzog: Gab es schlimme Revolutionen, mit Gewalt auf den Straßen und entsprechend viel Blutvergießen?

»Im Gegenteil«, erwiderte Dr. Leete, »es fand nicht der geringste Gewaltakt statt. Man hatte den Wechsel lange vorhergesehen. Die öffentliche Meinung war reif dafür und die ganze Masse des Volkes unterstützte ihn. Weder Gewalt noch Gründe konnten ihm widerstehen. Auf der anderen Seite fühlte man keine Bitterkeit mehr gegen die großen Korporationen, da man gelernt hatte, dieselben als notwendige Verbindungsglieder und Übergänge in der Entwicklung des wahren industriellen Systems anzusehen. Die bittersten Feinde der großen privaten Syndikate mussten jetzt anerkennen, wie unschätzbar und unentbehrlich ihre Dienste gewesen waren, um das Volk dafür zu erziehen, sein Geschäft selbst in die Hand zu nehmen. Fünfzig Jahre früher würde die Konsolidation der Industrie unter nationaler Kontrolle selbst dem Sanguiniker als ein sehr gewagtes Experiment geschienen haben. Aber die großen Korporationen hatten dem Volke durch Anschauung ganz neue Begriffe darüber beigebracht. Es hatte viele Jahre lang gesehen, wie Syndikate über Einkünfte verfügten, größer als die von Staaten, wie sie Hunderttausende von Arbeitern mit einer Geschicklichkeit und Wirtschaftlichkeit regierten, die in kleinen Verhältnissen nicht zu erreichen gewesen wären. Man hatte es als ein Axiom anerkannt, dass je größer das Geschäft, desto einfacher die zur Anwendung kommenden Grundsätze seien; dass das System, welches in einem großen Geschäftsbetrieb dasselbe ist, was in einem kleinen des Meisters Auge, zu besseren Resultaten führt. So kam es, dass, als der Vorschlag gemacht wurde, die Nation solle die Funktionen der Korporationen selbst übernehmen, selbst der Furchtsame sich der Sache gewachsen fühlte. Gewiss war es ein großer Schritt, aber die Tatsache, dass die Nation die einzige Korporation wurde, befreite das Unternehmen von vielen Schwierigkeiten, gegen welche die einzelnen Syndikate hatten kämpfen müssen.«

Halten wir an dieser Stelle ein: Die vorstehenden Passagen stammen aus ›Looking Backward or Life in the Year 2000‹[130] – einem Roman des amerikanischen Autors Edward Bellamy, veröffentlicht 1887. Es handelt sich um eine der meistgelesenen Sozialutopien des 19. Jahrhunderts, übersetzt in diverse Sprachen und kontrovers diskutiert, Blaupause für eine ganze Reihe späterer politischer Parolen von Arbeiter- und Studentenbewegungen. Bellamy verarbeitet darin seine Unzufriedenheit mit den gesellschaftlichen Zuständen seiner Epoche, wählte angesichts der auf ihn einwirkenden Zwänge aber die Ausdrucksform der fantastischen Utopie. Das Buch erregte nach seinem Erscheinen ein gewaltiges Aufsehen: Für viele Zeitgenossen Bellamys war es eine Offenbarung, in welcher der Autor das konkret aussprach, was sie selbst nur als diffuses Gefühl wahrnahmen, was sie insgeheim dachten oder träumten. Reformer, Frauenrechtlerinnen, Intellektuelle jeglicher Couleur, die Studentenbewegung: sie alle fanden ihre eigenen Visionen in Bellamys Werk in aller Ausführlichkeit wieder. Die liberale Presse überschüttete es mit positiven Rezensionen, von der konservativen Seite hagelte es hingegen die schärfsten Angriffe.

Bei aller Begeisterung für den Sozialismus, wurde ›Looking Backward‹ in Marxisten-Kreisen eher negativ aufgenommen. Warum? Bellamys Vorstellungen darüber, wie die Transformation der alten industriellen Ordnung vonstatten gehen sollte, konnte denjenigen natürlich nicht recht gefallen, die von der Revolution des Proletariats träumten. Der Klassenkampf will sich in Bellamys Welt nicht gewaltsam entladen, Gleichheit wird in Frieden und aus Einsicht hergestellt. Aus heutiger

Sicht liest sich Bellamy denn auch weniger wie Karl Marx, sondern eher wie der späte Joseph Schumpeter oder der Psychoanalytiker Erich Fromm, und beide wurden hinsichtlich ihrer eigenen Vorstellungen vom linken Lager aus ähnlichen Gründen gescholten.

Das Werk entwickelte bereits um die vorletzte Jahrhundertwende die interessante Utopie eines gewaltlos »befriedeten« Kapitalismus. Zudem enthält es einige Gedanken, die vom aktuellen Standpunkt aus als nicht gänzlich utopisch angesehen werden sollten: das Grundeinkommen zum Beispiel oder diverse Formen staatlicher und privater Kooperation. Auch die Arbeitszeitverkürzung – das große beschäftigungspolitische Thema des ausgehenden 20. Jahrhunderts – wurde von Bellamy durchaus richtig antizipiert. Und das Unbehagen. Das unterschwellige, nicht immer klar benenn- und beschreibbare Gefühl, dass »irgendetwas nicht stimmt«. Die diffuse Ahnung, die gegen Ende des 20. Jahrhunderts für mehr und mehr Menschen zur Gewissheit wird, und sie in Vereinigungen wie »Greenpeace« oder »Attac« zu einer aktionsbereiten, durchaus schlagkräftigen Masse bündelt. Nicht alle Menschen, klar, und nicht alle aus demselben Anlass oder für die gleiche Sache. Von der »Multitude« sprechen daher auch die Autoren Antonio Negri und Michael Hardt: einer in sich heterogenen und chaotischen Bewegung, die sich aber in ihrer Gesamtheit doch dem »Empire« des Kapitals entgegenstellt.[131]

Bei Bellamy haben es die Intellektuellen geahnt, dass die herrschenden Zustände das Maß des Erträglichen überschritten; ein diffuses, unangenehmes Gefühl habe viele von ihnen beschlichen; schon seit langem, selbst in Aristokratenkreisen, räumt Julian kleinlaut gegenüber Dr. Leete jetzt ein. Der unfreiwillige Zeitreisende ist ob seiner historischen Rolle konsterniert: Als letzter Vertreter einer Epoche auf dem Podest zu stehen, die »es« zwar sehr wohl geahnt, aber nichts an den Zuständen geändert habe – keine schöne Vorstellung. Was denken die fortschrittlichen Bewohner des 20. Jahrhunderts wohl über ihn? Sehen sie in ihm ein Relikt der Barbarei? Werden sie ihn behandeln wie einen »Elephant Man« des kapitalistischen

Zeitalters? Wird seine Liebe zu Leetes Tochter Edith die krassen Gegensätze in den soziokulturellen Biografien der beiden überbrücken können?

Falls Sie die Antworten auf all diese Fragen interessieren, lesen Sie am besten selbst nach: Das Werk ist im Web frei zugänglich, auch in deutscher Fassung (Webadresse im Literaturverzeichnis). Als kleiner Hinweis: Werke wie dieses enden nicht ohne Happy End – so einsichtig war Bellamy auch schon anno 1887. Zunächst hatte er gar nicht vor, mit »Looking backward« ein Programm zur Reform der Gesellschaft vorzulegen: Lediglich eine fantastische Novelle wollte er abfassen, nichts weiter; ein »Märchen des sozialen Glücks«, wie er es selbst nannte. Aber je tiefer er in das Werk vordrang, umso klarer sei ihm geworden, dass er aus Versehen über die »vorherbestimmten Grenzsteine einer neuen Gesellschaftsordnung« gestolpert war. Und in jenem Moment verwandelte sich das unschuldige Märchen in ein brisantes Manifest.

Kommen wir damit zur spannenden Frage: Ist Bellamys Traum vom Sozialismus eine realistische Zukunftsvision? Wird er den Finanzmarktkapitalismus dereinst ablösen und uns aus der ständigen »Flucht nach vorne« erlösen? Lachen Sie nicht: Mit Schumpeter und Keynes meinten zumindest die zwei bedeutendsten Ökonomen des 20. Jahrhunderts: Ja – genau so wird es kommen. Zwar jeder auf seine Weise, und Keynes wollte seine Sicht der Dinge auch ausdrücklich nicht mit dem Etikett »Sozialismus« versehen wissen. Schumpeter hatte da ein paar Jahre später deutlich weniger Skrupel: Für ihn war das Ende der Marktwirtschaft unausweichlich, der Übergang in den Sozialismus vorprogrammiert. »Kann der Kapitalismus überleben?«, fragt er in seinem Bestseller ›Capitalism, Socialism and Democracy‹; und liefert die Antwort gleich nach: »Nein. Ich glaube nicht, dass er das kann.« Zweifellos ein überraschender Sinneswandel für jemanden, der gerade eben noch als Verfasser kapitalistischer Heldenmythen im renommierten Harvard brillierte. Und dessen Name auch heute noch als Erstes fällt, wenn von den Vorzügen des freien Unternehmertums die Rede ist. Konnte man von einem solch glühenden Verfechter des freien Unternehmertums, vom Taufpaten aller »kreativen Zerstörer«, erwarten, dass er auf dem Höhepunkt seines Schaffens die Flagge der Marktwirtschaft einrollen und das rote Banner des Sozialismus hissen würde? Ich für meinen Teil halte das für einen erstaunlichen Sinneswandel. Wobei man hinzufügen muss: Schumpeter formulierte seine Version vom »Ende der Geschichte« nicht als persönliche Präferenz. Sondern schlicht als faktische Notwendigkeit. Oft genug weist er in seinem Werk darauf hin, dass man den Sozialismus keineswegs mögen müsse, um zu erkennen, dass er früher oder später unvermeidlich sei. Seiner Deutung nach war der Kapitalismus immer schon ein evolutionärer Prozess. An dessen Ende er sich zu einer noch nie da gewesenen Höchstleistung steigern werde, um danach im Sozialismus sein Leben auszuhauchen. Allerdings, so Schumpeter, werde das Ende erträglich: Keine Revolution, kein Geschrei, kein Blutvergießen – ganz so wie in Bellamys Roman. Statt sich in Straßenschlachten die Köpfe einzuschlagen und erbittert um die Revolution des Proletariats zu raufen, würde sich die Gesellschaft vielmehr angewidert vom Geldscheffeln abwenden. Und in Frieden und Eintracht den Schritt in ein neues System vollziehen.

So weit, so versöhnlich. Was aber brachte den guten Mann dazu, seinem Heldenepos auf die kreativen Zerstörer ein Requiem für die Marktwirtschaft hinterherzuschicken? Schumpeter nennt mehrere Gründe. Sein zentraler Gedanke: Der Kapitalismus untergrabe seine eigenen Voraussetzungen. Vor allem der freie Unternehmer, für den sich Schumpeter zeit seines Lebens so begeistern konnte, habe es zunehmend schwerer: Von immer größer und dominanter werdenden Großunternehmen an die Wand gedrängt, müsse er schließlich die Segel streichen. Den Innovationsprozess könnten zwar auch die Konzernbürokratien am Laufen halten, aber nur noch im Einklang mit den vielschichtigen Zielen von komplexen Großorganisationen. Darüber hinaus, so Schumpeter, könnten bloße Angestellte niemals das gleiche Maß an Identifikation mit ihren Unternehmen aufbringen, das für den persönlich

engagierten Unternehmer so typisch sei. Für die Aktionäre
gelte das gleichermaßen: Auch sie seien in der Regel weit
verstreute Kapitalanleger, die sich nicht mehr für den unternehmerischen Kurs interessieren, sondern nur noch für die
finanziellen Resultate.

Klingt vertraut? Das ist doch eigentlich der Eindruck,
den man in den letzten Jahren vom »Shareholder-Value«-
Kapitalismus gewinnen musste, finden Sie nicht auch? In
einem solchen Kontext verliert das Privateigentum nach Ansicht Schumpeters seine ökonomische Bedeutung. Und wird
schließlich obsolet. Das Ende des Kapitalismus sei damit nur
noch eine Frage der Zeit, meint er. Allerdings, so trotzig an die
Adresse der Marxisten, gehe er nicht durch linke Propagan-
da zugrunde, sondern an seinem eigenen Erfolg. Die wahren
Schrittmacher des Sozialismus seien daher nicht die Jünger
von Marx und Engels, sondern – ganz im Gegenteil – die Industriemagnaten vom Schlage eines Vanderbilt, Carnegie oder
Rockefeller.[132]

Der kapitalistische Schuh drückt Schumpeter aber auch
noch an einer anderen Stelle; just der, die ich auf den ersten
Seiten dieses Buches kurz angerissen habe: der bürgerlichen
Moral. Irgendwann gehorchen die Leute seiner Meinung nach
nämlich nur noch dem kleinen, utilitaristischen Teufel in ihrem Kopf; agieren nur noch nach dem Nutzen, nicht mehr
nach dem Herzen. Die egoistische Jagd nach dem Geld sprenge
Traditionen und Wertvorstellungen, schreibt er. Vor allem die
bürgerliche Familie und mit ihr die »Ethik des Kapitalismus« blieben damit auf der Strecke. Das Generationenpro-
jekt »Arbeiten für die Zukunft« gerate aus der Mode, Väter
und Mütter schafften keine Unternehmen mehr, um sie ihren
Kindern und Kindeskindern zu hinterlassen. Die wiederum
hätten daran aber sowieso kein Interesse mehr. Wozu noch den
ganzen Stress – mit den Beschäftigten, dem Finanzamt, den
Kunden –, wenn man das Ererbte auch einfach in ein Staats-
anleihendepot stecken und von den Zinsen leben kann? Auf
diese Weise sterbe das Unternehmertum gewissermaßen aus.
Nicht von einem Tag auf den nächsten, aber nach und nach.

Komplettiert werde die Malaise schließlich auf dem politischen Parkett: Ein öffentlicher Diskurs, der wachsende Ungleichheit und steigende Arbeitslosigkeit gleichermaßen in den Fokus rückt, mache uns den Kapitalismus madig. Frustrierte Intellektuelle, die das Bildungssystem zwar noch in großer Zahl hervorbringe, die Wirtschaft aber in ebensolcher Zahl nicht mehr adäquat beschäftigen könne, setzten sich an die Spitze sozialer Protestbewegungen. Desillusionierung und Skepsis machten sich in der öffentlichen Meinung breit, die Marktwirtschaft werde zunehmend als Bedrohung begriffen und nicht mehr als Chance. Opportunistische Politiker würden dem nachgeben und die Unternehmen in ein immer engeres, sozialstaatliches Korsett zwängen. So lange, bis irgendwann selbst die hartnäckigsten Kapitalisten keine Lust mehr hätten: Statt sich wachsendem Volkszorn und giftigen Polemiken auszusetzen, votierten auch sie lieber für das Angestellten-Dasein. Der Marktwirtschaft gingen damit die allerletzten Fans verloren. Keiner weine ihr mehr eine Träne nach, wenn schließlich der letzte Schritt anstehe: Durch die Verstaatlichung der Großbetriebe werde die Wirtschaft in öffentliche Hand überführt und das Privateigentum abgeschafft.

Wie schon das System in Bellamys Roman entpuppt sich Schumpeters Sozialismus jedoch keineswegs als Paradies für Faulenzer. Im Gegenteil: Industrielle Perfektion steht jetzt erst recht an oberster Stelle. Aber immerhin kann auch er sich vorstellen, dass die Arbeit in Form einer Dienstpflicht mit variabler Dauer organisiert wird. Marxens Vision einer kommunistischen Gesellschaft wäre damit zumindest ansatzweise verwirklicht, »wo jeder nicht einen ausschließlichen Kreis der Tätigkeit hat, sondern sich in jedem beliebigen Zweige ausbilden kann, die Gesellschaft die allgemeine Produktion regelt und mir eben dadurch möglich macht, heute dies, morgen jenes zu tun, morgens zu jagen, nachmittags zu fischen, abends Viehzucht zu treiben, nach dem Essen zu kritisieren, wie ich gerade Lust habe, ohne je Jäger, Fischer, Hirt oder Kritiker zu werden«.[133] Schumpeters Sozialismus wäre also anderer Machart als bei Marx aber er wäre trotzdem kein bisschen weniger sozialistisch.

Wenn der Staat für die Wirtschaft zuständig ist und keiner mehr investiert, was passiert dann aber mit den Geldvermögen? Wie ergeht es dem Sparer? Und zwar unabhängig von der Frage, ob Privateigentum verboten ist oder nicht? In diesem Punkt treffen sich Schumpeters Überlegungen mit denen von Keynes. Dessen Zukunftsvision gibt sich der Form nach kapitalistisch und behält das Privateigentum ausdrücklich bei; dennoch weist sie große Ähnlichkeiten mit der Skizze Schumpeters auf. Und sie trägt einen originellen Titel: »Der sanfte Tod des Rentiers« – so der Slogan, unter dem Keynes seine sozialethische Utopie publik machte. Der Sparer darf darin zwar sein Geld behalten, wird damit aber nicht mehr glücklich. Wie muss man sich das konkret vorstellen?

Zu Beginn der 30er-Jahre verfasste Keynes einen Aufsatz mit dem Titel ›Ökonomische Möglichkeiten für unsere Enkelkinder‹. Darin wagte er eine Vorschau auf die folgenden hundert Jahre und lag damit gar nicht so verkehrt: Der Wohlstand würde sich in dieser Zeit verachtfachen und die Arbeitszeiten würden sich dramatisch verkürzen, prophezeite er. Die so gewonnene Freizeit würden die Bürger nutzen, um sich der Kultur und der Bildung zu widmen; jetzt, wo die materiellen Grundbedürfnisse befriedigt seien und es weder Sinn noch Freude mache, ständig nur dem Geld hinterherzujagen. Auch die Mehrarbeit habe ihren Reiz verloren, wo doch das »ökonomische Problem«, das die Menschheit die Jahrtausende hindurch geplagt habe, nun endgültig gelöst sei.[134] Zwar werde es noch immer einige Unverbesserliche geben, die der Kapitalrendite hinterherhetzten; aber das müsse den großen Rest der Gesellschaft nicht weiter kümmern. Mit derlei Gedanken verblüffte Keynes die Zöglinge der besseren englischen Gesellschaft, an deren Eliteschulen er gelegentlich Vorlesungen hielt. Die allgemeine Stimmung lag zu dieser Zeit am Boden, der ökonomische Pessimismus grassierte. Der britische Ökonom wollte ein Leuchtfeuer der Zuversicht entzünden. Anderweitig wurden seine Prophezeiungen nicht rezipiert, weder in

Ökonomenkreisen noch außerhalb. Sieben Jahre später griff Keynes selbst seine Vision im Schlusskapitel der ›Allgemeinen Theorie‹ wieder auf. Darin benannte er die Arbeitslosigkeit und die Verteilungsungerechtigkeit als das Hauptübel des Kapitalismus. Zwar habe es seit dem 19. Jahrhundert große Fortschritte in der Verringerung des Abstands zwischen Arm und Reich gegeben, schreibt er, vor allem seit der Einführung der direkten Besteuerung von Einkommen und Vermögen. Aber derartige Umverteilungsmaßnahmen würden nicht weit genug gehen, weil die Politik sich davor scheue, an die Wurzel des Übels zu gehen: die private Spartätigkeit. Dies tue sie in der irrigen Annahme, dass eine hohe Ersparnis Voraussetzung für Wachstum und Wohlstand sei.[135]

Keynes selbst war da ganz und gar anderer Ansicht: Der Sparer sei eher schädlich als nützlich – so seine feste Überzeugung. Er verabscheute das Sparen um des Sparens willen, nannte es in Anlehnung an Freud wiederholt eine »psychische Krankheit«. Freud wie auch sein Schüler Sándor Ferenczi hatten zuvor im Rahmen der Psychoanalyse den »fäkalen Charakter« von Geld bemerkt, wie er sich in verschiedenen umgangssprachlichen Redewendungen äußert. Im Deutschen etwa in »die Gans, die goldene Eier legt« oder »der Esel, der Dukaten scheißt«. Von dort war es für Freud kein großer Sprung zur Theorie eines besonderen Menschenschlags, der pedantisch, verbissen und geschäftstüchtig sei und in seiner Kindheit überdurchschnittlich lange gebraucht habe, infantile Inkontinenz zu überwinden. Insbesondere der Drang zur Geldhortung sei auf eine frühkindliche, anal-erotische Entwicklungsstörung zurückzuführen. Ferenczi ging 1914 noch einen Schritt weiter als sein Lehrer und diagnostizierte diese Störung als symptomatisch für den Kapitalismus: »Der Charakter des Kapitalismus, der nicht alleine auf den praktischen Nutzen abstellt, sondern auch libidinöse und irrationale Züge aufweist, wird in der anal-erotischen Phase betrogen: Das Kind findet Befriedigung darin, in sich selbst zu horten.« Der Drang, Geld um seiner selbst willen anzusammeln, statt im Güterkreislauf für Dinge auszugeben, die das Leben lebenswert machen, sei daher ein entscheidendes, irrationales Element des Kapitalismus; in ihm äußere sich ein nicht überwundener, anal-erotischer Egoismus.[136]

Keynes, der von Freud und der Psychoanalyse tief beeindruckt war, nahm derartige Ansichten in seine Überlegungen auf: Wer hortet, pervertiere jeglichen gesellschaftlichen Austausch, indem er das Geld zurückhält, das die in ihm verkörperten sozialen Beziehungen belebt. Der sanfte Tod des Rentiers sei daher mehr als eine bloße Option: Er sei gewissermaßen ein fundamentaler Aspekt der gesellschaftlichen Daseinsvorsorge; eine Frage der öffentlichen Sicherheit.[137]

Halten wir an dieser Stelle kurz inne: Der kleine Riester-Sparer – ein wirtschaftlicher Osama bin Laden? Muss man ihm per Gesetz das Handwerk legen? Doch Keynes gibt Entwarnung: Wenn der Tag gekommen sei, dann würde es auf Sparanlagen ohnehin nichts mehr zu verdienen geben. Irgendwann hätte daher auch der Hartnäckigste ein Einsehen, dass es keinen Sinn mehr mache, weiterhin Geld als Renditekapital anzusparen. Die Leute würden vielmehr erkennen, dass sie mehr davon hätten, ihr Einkommen voll und ganz zu konsumieren. Und ab einem gewissen Punkt aufzuhören, nach höherem Einkommen zu streben. Wozu auch? Wenn die Bedürfnisse erst einmal erfüllt und die Schubladen mit allem möglichen Tand vollgestopft sind, wenn man für weiteren Konsum daher kein Geld benötigt, sich das Sparen bei Nullzinsen aber auch nicht mehr lohnt: Dann gibt man sich tatsächlich besser der Muße hin. Tritt etwas kürzer, genießt das Leben. Alles andere wäre ja nicht besonders schlau. Meinte zumindest Keynes.

Eine derartige Gesellschaft, in der das materialistische Streben in den Hintergrund tritt und das »Sein« gegenüber dem »Haben« wieder an Bedeutung gewinnt, hätte sicher auch Erich Fromm gefallen: Die psychische Krankheit, die der Analytiker bei der Gesellschaft der Moderne im Allgemeinen diagnostizierte, würde im Szenario von Bellamy, Keynes und Schumpeter einer Heilung zugeführt. Unser sozioökonomisches System müsse sich ändern, so Fromm 1976, nicht nur, weil es die Menschen krank mache, sondern auch, weil es in die ökologische Katastrophe führe. »Wie ist es möglich, dass der stärkste aller Instinkte, der Selbsterhaltungstrieb, nicht mehr zu funktionieren scheint?«, fragte er sich bereits vor über dreißig Jahren. Über die heutigen Zustände würde er da wohl erst recht den Kopf schütteln. Doch falls Keynes und Schumpeter Recht behalten und ›Looking Backward‹ im Laufe der kommenden Jahrzehnte Realität werden sollte, dann könnte der Mensch zur »Existenzweise des Seins« zurückfinden, zu einem authentischen Leben im »Hier und Jetzt«.[138]

Schumpeter prognostizierte den Sozialismus ausdrücklich. Ob man die keynessche Vision analog versteht oder nach wie vor als »kapitalistisch« betrachtet, liegt in der Präferenz des Betrachters: Privateigentum ist zwar weiterhin vorgesehen, aber in Form von Geldvermögen würde es mangels Rendite keinen großen Nutzen mehr erfüllen. Die Renditefähigkeit wäre ihm fast vollständig genommen, und sofern man die fortgesetzte Akkumulation von Geld in privaten Händen als ein zentrales Merkmal des Kapitalismus ansieht, dann wäre das nicht mehr gegeben. Die »Reichen« stünden deshalb vor der Wahl, den Teil ihrer Einkommen und Vermögen, den sie nicht im Konsum verausgaben, zu verschenken. In diesem Punkt treffen sich die Utopien von Keynes und Bellamy mit der des Philosophen Peter Sloterdijk, der in einer »neuen, thymotischen Kultur des Schenkens« seitens der Vermögenden einen Weg propagiert, mit dem diese die Anerkennung einer dankbaren Gesellschaft zurückgewinnen könnten, statt sich in einem moralisch fragwürdigen Dschungel aus Steuersparmodellen zu verlieren, mittels derer sie sich der »gierigen Hand« des Wohlfahrtsstaates zu entziehen versuchen.[139] Verbleibende Restvermögen, welche die kollektive Freude am Sozialismus dann noch trüben könnten, müsste man allenfalls auf herkömmliche Art aus dem Verkehr ziehen, nämlich durch Steuern auf Einkommen, Vermögen und Erbschaft; auf diese Weise könnten sie noch einen letzten fiskalischen Dienst leisten, bevor sie endgültig von der Bildfläche verschwinden, schreibt Schumpeter.[140] Geld in unserem heutigen Sinne gibt es in seiner Vision keines mehr. Zwar würde weiter ein allgemeines Zahlungsmittel zirkulieren, das als Arbeitslohn verdient und für Einkäufe ausgegeben würde; dabei handelt es sich aber um schlichte »Bezugsscheine«, mit denen nach zentralen Planvorgaben produzierte Waren bei den öffentlichen Verteilungszentren abgeholt werden können, und nicht mehr um Geld, das im Kredit geschaffen wird. Denn Kredite im heutigen Sinne gäbe es selbstverständlich auch nicht mehr. Auch keine sonstigen Schulden, die »bezahlt« werden müssten. In diesem Punkt treffen Schumpeter und Keynes erneut auf Bellamy: Auch er schafft in seinem Roman Geld und Kredit ab. Den eines Tages von einem Stadtausflug ins Haus von Dr. Leete zurückkehrenden Julian West lässt er ganz erstaunt berichten: »Aber was mich am meisten überraschte, war, dass ich weder Läden noch Banken in den Straßen fand. Was haben Sie mit den Kaufleuten und Bankiers gemacht? Haben Sie sie vielleicht aufgehängt, wie es zu meiner Zeit die Anarchisten wollten?« – »So schlimm nicht«, entgegnet ihm Dr. Leete. »Wir haben sie ganz einfach abgeschafft. Ihre Tätigkeit ist in der neuen Welt veraltet.« Darauf Julian umso neugieriger: »Wer verkauft Ihnen, was Sie zu kaufen wünschen?« Und Dr. Leetes Antwort: »Heutzutage wird weder verkauft noch gekauft; die Verteilung der Waren geschieht auf andere Weise. Was die Bankiers betrifft, so brauchen wir diese Herren nicht, da wir kein Geld haben.«

Mit der Abschaffung des Geldes verwirklicht die utopische Gesellschaft Bellamys denn auch den Übergang vom Haben zum Sein im Sinne Erich Fromms. Denn wo kein Geld, da auch kein Geldwert. Und dadurch ändert sich die Bedeutung des persönlichen Eigentums schlagartig, wie aus folgender Schilderung Dr. Leetes hervorgeht: »Bei der gegenwärtigen Organisation der Gesellschaft werden Anhäufungen von persönlichem Eigentume in dem Augenblick lästig, wenn sie über das hinausgehen, was zum eigentlichen Komfort gehört. Wenn zu Ihrer Zeit ein Mann in seinem Hause Gold und Silber, seltenes Porzellan, teure Möbel usw. aufgehäuft hatte, so galt er für reich, denn diese Dinge repräsentierten Geld und konnten jederzeit in Geld verwandelt werden. Wenn heutzutage die Legate von hundert Verwandten, welche gleichzeitig stürben, einen Mann in dieselbe Lage versetzen sollten, so würde er für sehr unglücklich gelten. Die Gegenstände, da sie unverkäuflich sind, würden für ihn keinen anderen Wert haben, als dass er sie gebrauchen und sich an ihrer Schönheit erfreuen könnte. Auf der anderen Seite würde er durch das Mieten von Häusern, in denen er die Schätze aufbewahrt, sein sich gleichbleibendes Jahreseinkommen schmälern und noch außerdem Leute zu bezahlen haben, welche die Gegenstände in Ordnung halten. Sie können sich darauf verlassen, dass dieser Mann nichts eiliger zu tun haben würde, als die Dinge, die ihm nur Ausgaben verursachen, unter seine Freunde zu verteilen, und dass keiner dieser Freunde mehr davon annehmen würde, als er in seinen Räumen unterbringen und selbst beaufsichtigen könnte. Sie sehen also, dass es eine überflüssige Vorsicht für die Nation sein würde, die Vererbung persönlichen Eigentums zu verbieten, um große Anhäufungen zu verhindern. Auf den einzelnen Bürger kann man sich verlassen, dass er sich nicht überbürden lässt. In dieser Richtung ist er so vorsichtig, dass die Verwandten gewöhnlich ihre Ansprüche auf die Effekten aus einem Nachlass aufgeben und sich nur besondere Gegenstände vorbehalten. Die Nation übernimmt die Mobilien, auf die verzichtet worden ist, und einverleibt das Wertvolle davon wieder dem allgemeinen Vermögen.« Das private Eigentum wird also trotz sozialistischer Organisation der Gesellschaft nicht angetastet. Durch Absenz von Geld ließe es sich aber nicht mehr bewirtschaften. Und würde damit eher als Last denn Reichtum angesehen.

Wäre das eine schöne Welt? Eine bessere Welt? Die Meinungen darüber dürften sehr unterschiedlich ausfallen: Für die einen entspräche sie dem Paradies, für die anderen der Hölle. Der Sparer hätte darin jedenfalls seine Schuldigkeit getan. Der Finanzmarktkapitalismus, wie er im Verlauf dieses Buches diskutiert wurde, hätte sein Leben verwirkt. Ohne Wenn und Aber. Aus der Sicht seiner Kritiker wäre die Bestie besiegt, die Drachenreiter der Moderne, die Banker und

Fondsmanager, würden arbeitslos. Die einstigen »Ephoren« des Kapitalismus, die in göttlichem Auftrag ihr Werk verrichteten, wie sie selbst proklamierten, müssten ihre Jetons abgeben und akzeptieren, dass es auch in ihrem Casino fortan heißt: »Rien ne va plus!« Die Realwirtschaft hätte am Ende doch noch gesiegt. Der Wachstumszwang wäre durchbrochen. Die atemlose Flucht nach vorne, der Zwang zu immer neuen Schulden, die ihrerseits wieder neue Schulden erforderlich machen, hätte ein Ende.

Folgt man Erich Fromm, dann hat die Existenzform des »Habens«, die »Religion des Industriezeitalters«, welche die Habgier predigt, in dem Moment eingesetzt, als die Aufklärung ihren Durchbruch feierte. So gesehen wäre der Übergang in eine neue ökonomische Ära des »Seins« nichts weniger als das größte soziokulturelle Ereignis seit der Französischen Revolution. Wie immer man das persönlich beurteilen mag, die Menschheit hätte jedenfalls ihren nächsten großen Schritt getan.

Capitalism forever! Forever?

Sie wollen aber nicht eines Morgens im Sozialismus aufwachen? Und von Ihren Ersparnissen wollen Sie sich erst recht nicht trennen? Ich kann Sie beruhigen: Ihnen droht keine Gefahr. Die Schilderungen auf den vorangegangenen Seiten sind reine Utopie. Und vor Utopien muss man sich nicht fürchten. Denn definitionsgemäß sind sie nicht realisierbar. Zumindest im herrschenden gesellschaftlichen Kontext nicht. Der kann sich zwar ändern, wie Schumpeter betonte, und auf die eine oder andere Art und Weise wird er das sicher auch. Jedoch spricht aus heutiger Perspektive deutlich mehr dafür, dass die noch verbliebenen sozialistischen Länder des Planeten zum Kapitalismus konvertieren, als dass ihm die westliche Industriegesellschaft Lebewohl sagt.

So gut Keynes und Schumpeter die Funktionsweise der Ökonomie auch durchschaut haben, in ihren langfristigen Prognosen haben sich beide geirrt. Nach aktuellem Stand der Dinge sollte man die Frage, ob der Kapitalismus überleben könne, daher mit einem deutlichen »Ja« beantworten. Man muss deswegen nicht gleich mit Francis Fukuyama das »Ende der Geschichte« ausrufen, denn weltpolitische Widersprüche, an denen sich große Konflikte entzünden können, gibt es wahrlich noch genug. Aber noch verwegener erschiene es mir, für die kommenden Jahrzehnte den Beginn einer neuen, sozialistischen Ära zu erwarten.

In diesem Buch war häufig die Rede davon, dass die Zukunft unsicher und nicht vorhersehbar ist. Und natürlich gilt das auch für mich: Was vor uns liegt, weiß ich nicht. Kann ich gar nicht wissen. Gleichwohl ist mein Eindruck: Der Kapitalismus erfreut sich nach wie vor bester Gesundheit. Er weckt zwar nicht mehr die Bewunderung, die man ihm vielleicht früher entgegengebracht hätte und die ihm selbst Marx und Engels nicht verwehren konnten; aber gleichzeitig stellt er wohl auch nicht dieses abschließende Stadium der Entwicklung dar, an das Keynes und Schumpeter (und vor ihnen große Denker wie Max Weber oder Werner Sombart) glaubten.[141] Klar ist: Es häufen sich die Krisen. Und sie werden immer heftiger. Aber trotzdem scheint es immer weiterzugehen. Weiter, weiter – immer weiter, immer höher, immer schneller. Von der »Flucht nach vorn« war zu Beginn des Buches die Rede, erinnern Sie sich? Diese Flucht ist noch nicht zu Ende. In all den Jahrhunderten, die der Kapitalismus brauchte, um sich aus bescheidenen Wurzeln im 13. Jahrhundert zur Hochleistungsökonomie zu wandeln, bewies er eine erstaunliche Anpassungsfähigkeit. Überlebte Pest und Cholera, Revolutionen, Finanzkrisen und zwei Weltkriege. Und als sei das nicht schon Prüfung genug gewesen, konnte ihm auch das große Gesellschaftsexperiment des real-existierenden Sozialismus im 20. Jahrhundert nichts anhaben. Im Gegenteil: Unmittelbar nach dessen vorzeitigem Abbruch geriet er erst so richtig außer Rand und Band, brachte die beiden Megathemen unseres aktuellen Jahrzehnts hervor: China und Google. Marxisten mögen sich die Haare raufen, aber der aktuelle Befund lautet nun mal: Der Kapitalismus ist nicht umzubringen. Obwohl sich wirklich schon viele an ihm versucht haben.

Nach den jüngsten Bankenpleiten ist das kein bisschen anders: Von wenigen Ausnahmen in den einschlägigen politischen Zirkeln abgesehen und dem üblichen Moralisieren da und dort, passiert im Grunde: nichts. Das Publikum ist zwar not amused, aber von genereller Infragestellung des Systems keine Spur. Trotz neuer Rekorde beim finanziellen Schaden für die Steuerzahler wie auch beim Zynismus der Banker. Vielleicht eine Art kollektives Stockholm-Syndrom? Oder die erfolgreiche Beschwichtigung der Massen durch eine rettungsbereite Politik? Die allgemeine Erleichterung darüber, dass die finanzielle Katastrophe sich nicht zu einer ebensolchen des Arbeitsmarktes entwickelt hat, weil massiv mit öffentlichen Mitteln dagegengehalten wurde? Wer weiß. Eine Schlussfolgerung lässt sich jedenfalls ziehen: Die Gesellschaft wird sich in absehbarer Zukunft nicht enttäuscht vom Kapitalismus abwenden, wie Schumpeter es prophezeite. Philosoph Jürgen

Habermas hatte recht: Er diagnostizierte in den 70ern, dass sich die Systemfrage so lange nicht stellen muss, wie die Ansprüche der meisten Beteiligten an die Marktwirtschaft erfüllt und negative Entwicklungen auf unbeeinflussbare Systemzwänge geschoben werden können.[142] Das scheint mir genau das Muster zu sein, das auch heute die Kommunikation bestimmt: Für die Krise können wir nichts, aber für die Folgen kommen wir auf. »Wir« meint in diesem Fall »wir alle« – sprich: der Staat. Eine Politik, die um die Zusammenhänge weiß, wird zwar nicht zugeben, dass sie diesem Schema folgt, aber sie wird gleichwohl genau so verfahren. Und damit ihren Teil dazu beitragen, dass Systemdiskussionen erst gar nicht aufkommen. Dass eine kreditgetriebene Marktwirtschaft einem Kettenbrief gleicht, dass Wohlstand ohne Kreditwachstum nicht zu haben ist: Diese Botschaft will man dem Wahlvolk ganz bestimmt nicht zumuten. Der Ball muss vielmehr im Spiel und die Show am Laufen gehalten werden. Und das ohne Rücksicht auf Ideologie und Parteiprogrammatik, wie sich am Verhalten der schwarz-gelben Bundesregierung zeigt: Auch Merkel und Westerwelle können angesichts der normativen Kraft der Fakten längst nicht so, wie sie sich das in ihren gemeinsamen Regierungsträumen vorgestellt haben. Die FDP, die mit ihren Steuersenkungsplänen bei den Wahlen noch brillierte, wurde damit angesichts von Rekorddefiziten zur peinlichen Provokation. Auch der kalkulierte Tabubruch, in Krisenzeiten üblicherweise ein Kassenschlager, änderte daran nichts: Westerwelles Rede von der »spätrömischen Dekadenz« im Zusammenhang mit Hartz IV mobilisierte zwar kurz die liberale Fankurve, zerlief aber schon wenig später in der unbestimmten Rhetorik zwischen »Gut-dass-das-mal-einer-gesagt-hat« und »So-habe-ich-das-alles-doch-nicht-gemeint«. Einen entsprechend zwiespältigen Eindruck hinterlässt die schwarz-gelbe Politik denn auch bei Freund und Feind.

Kehren wir zurück zu Schumpeter: Er befürchtete die Verdrängung des Unternehmers durch die Großkonzerne und die wachsende Dominanz der kapitalistischen Bürokratien.

Ihre Organisationsform sei jener der staatlichen Verwaltung sehr ähnlich und würde daher den Übergang zum Sozialismus erleichtern. Ja, sogar beschleunigen – so seine These. Die man etwas salopper auch so ausdrücken könnte: Wenn es hart auf hart kommt, dann sind sich die Bürokraten aus den Konzernen und jene in den Ministerien eben gleicher als gleich. Ist das vorstellbar? Natürlich. Manche behaupten ja: Das ist längst Realität. Wie nahe sich die Wirtschaft und die Politik bereits stehen, haben wir in den letzten Jahren mehrmals und sehr eindrucksvoll miterlebt: Emissäre aus den Konzernen, die an zentraler Stelle in den Gesetzgebungsprozess eingebunden wurden; Staatssekretäre des Finanzministeriums, die sich an der Seite von Bankenvertretern für private Verbriefungsplattformen starkmachten; Vorstandsvorsitzende von Banken, die auf Einladung der Kanzlerin in deren Amtsräumen Geburtstagsfeste ausrichten dürfen. Das sei alles gar nicht der Rede wert, so die Beschwichtigung auf allen Kanälen; das sei durchaus üblich. Ist es das wirklich? Oder steckt darin bereits eine erste Vorahnung dessen, was Publizist und Attac-Mitbegründer Christian Felber in einer düsteren Vision für die Welt im Jahr 2050 zum Ausdruck bringt: »Unter den 100 größten Wirtschaftseinheiten befindet sich noch eine Handvoll Staaten. Die globalen Konzerne, politisch zu Lobbys zusammengeschlossen, schreiben die Gesetze – in der WTO, in der EU und in den Nationalstaaten.«[143] Diese Oligopol-Kartelle würden nur noch so tun, als stünden sie im Wettbewerb, doch in Wahrheit hätten sie sich längst untereinander arrangiert. Die »freie Marktwirtschaft« sei nur noch eine Illusion, schreibt Felber. Und: Diese Entwicklungen hätten alle längst begonnen, er würde sie für seine Prognose nur etwas in die Zukunft fortschreiben.

Aber kann man das so einfach? Beweisen die letzten Jahrzehnte nicht eigentlich das Gegenteil? Zwar gab und gibt es tatsächlich einen Trend zum Großunternehmen, das lässt sich nicht bestreiten. Jedoch: Er verlief längst nicht so stetig, wie Schumpeter sich das ausmalte, und auch Felber unterstellt. Klar: Konzerne akquirierten und fusionierten, und bekannte

Manager wie Jürgen Schrempp von Daimler-Benz schraubten kräftig an ihren »Welt-AGs«. Aber ebenso oft gaben sie auch Unternehmensteile ab, ja, wurden von einer unerbittlichen Realität geradewegs dazu gezwungen. Daimler ist das beste Beispiel: Mit seinen hochfliegenden Plänen ist der Konzern kräftig auf die Nase gefallen, und so blieb am Schluss nur noch die Flucht zurück – in die gute alte Zeit von Mercedes-Benz. Einfach nur gute deutsche Autos bauen: vielleicht ja doch keine so schlechte Strategie? Auf der Strecke blieben imperiale Träume: Das Experiment Chrysler musste abgebrochen werden; bereits Jahre davor endete die Vision vom »integrierten Technologiekonzern«, die in den 80ern noch Managerherzen höher schlagen ließ, im Fiasko. Daimler steht nicht alleine. Der Finanzmarktkapitalismus zwang allen Big Players eine völlig neue Realität auf: Sie bestimmten nicht mehr die Spielregeln, sondern waren plötzlich der Spielball. Die Finanzmärkte interessierten sich nicht mehr für den Erfolg ihrer Waren, sondern sie selbst wurden zur Ware. Und als Ware wurde mit ihnen gehandelt, und nicht nur das: gelegentlich wurde mit ihnen richtiggehend geschachert. Der Strukturwandel beschleunigte sich, Zigtausende Tochterunternehmen, die nicht mehr zur globalen Strategie passten, fanden ihren Weg an die Börse oder in die Portfolios von Private-Equity-Fonds.

Meine These lautet: Das Kapital hat an globalen Monopolkonzernen, wie sie in düsteren Endzeitprognosen auftauchen, nur sehr begrenztes Interesse. In einer sich funktional ausdifferenzierenden Welt ist Größe nicht mehr das Entscheidende. Im Gegenteil: Sie wird eher zur Bürde. Zum Wertvernichter. Und damit zur Mutter von Investmentstrategien, die darauf abzielen, monolithische Großunternehmen in kleinere Einheiten aufzuspalten, um dadurch »Shareholder-Value« freizusetzen. Wie die letzten Jahre vor der Krise bewiesen haben, können sich selbst die großen DAX- und NYSE-Unternehmen dieser Logik nicht widersetzen. Angesichts der finanziellen Feuerkraft von Private-Equity-Fonds, die jederzeit zur Jagd auf einen von ihnen blasen konnten, nahmen sie ihr Schicksal lieber selbst in die Hand und strukturierten um: Ganze Konzernteile wurden abgespalten, was nicht mehr ins Renditekonzept passte, wurde verkauft. Ganz anders, als marxistisch inspirierte Autoren wie Schumpeter es erwarteten, galt plötzlich auch an der Börse: Small is beautiful!

Zweifelhaft scheint mir auch die These, wonach die Innovation zum Vorrecht der Großunternehmen wird. Natürlich stellen diese heute das Gros der Patentanmeldungen und Produktneuerscheinungen. Aber die wirklichen Innovationen, die echten, solche, die Strukturbrüche auslösen, entstehen die nicht eher bei den unzähligen Unternehmen des Mittelstands? Den so genannten »Hidden Champions«, die Hermann Simon in seinem gleichnamigen Bestseller präsentierte? Darin bringt er einen interessanten Vergleich: Das innovativste Großunternehmen der Welt im Zeitraum 1985–1991 war Siemens – mit rund 7000 Patentanmeldungen weltweit. Die führenden deutschen Mittelständler lagen da weit abgeschlagen, mit Ausnahme der Fischerwerke, die für ihre Dübeln immerhin 5500 Patente anmeldeten. Ein ganz anderes Bild erhält man aber, sobald man die Anzahl der Patente zu den jeweils Beschäftigten ins Verhältnis setzt: Während Siemens mit 10 Patenten pro 100 Mitarbeiter aufwarten kann, beträgt diese Zahl bei den Fischerwerken imposante 234 und bei einer ganzen Reihe von Hidden Champions immerhin noch zwischen 20 und 50.[144] Deren Innovationsleistung ist also ungleich größer, als es zunächst den Anschein hat.

Und dann gibt es natürlich auch noch Firmen wie Google, eBay oder Amazon: Sie schossen Ende der 90er aus dem Nichts an die Spitze. Binnen weniger Jahre. Während die Industriegiganten von damals, die Schumpeter bei seiner Prognose noch im Blick hatte, schon längst von der Bildfläche verschwunden waren. Zwei Jahrzehnte früher das Gleiche: Unternehmen wie Microsoft, SAP, Genzyme und viele andere wurden damals aus der Taufe gehoben. Weltfirmen, deren Gründer heute zu den reichsten Menschen des Planeten zählen. Aber damals, in den 70ern und beginnenden 80ern? Da waren sie Nobodys, bestenfalls Hoffnungswerte. Im Studentenwohnheim als »besoffene Idee« entstanden oder einen Takt nüchterner im Universitätsinstitut. So wie zuletzt Google: Die engagierte Algorithmen-Bastelei zweier Studenten namens Larry Page und Sergej Brin avancierte binnen weniger Jahre zu einem der wertvollsten Unternehmen der Welt. Google ist heute der Citizen Kane des World Wide Web: Hinter dem unschuldigen Firmenmotto »I'm feeling lucky« surren die mächtigsten Server der Menschheitsgeschichte und registrieren alles, was sich im Internet bewegt. Ein gigantischer Datenpool, dessen freundliche Fassade aus einer effizienten Suchmaschine und einer Reihe von Gratis-Diensten für die Web-Community besteht, während im Inneren eine Geschäftsstrategie am Werk ist, die vom Verlagswesen über den Mobilfunk bis zur Software-Industrie ganze Branchen ins Visier nimmt. Und dort keinen Stein auf dem anderen lässt. Selbst der bisherige König des Informationszeitalters, Microsoft-Gründer Bill Gates, muss unter dem Eindruck von Google um sein Reich fürchten.

Wenn Dirk Baecker recht damit hat, dass die Bedeutung des Computers nur verstehen könne, wer die Parallelen zur Erfindung der Schrift vor 3000 Jahren und des Buchdrucks vor 500 Jahren erkennt, dann wird die Geschichte auch einem Giganten namens Google kein Patent für die Ewigkeit ausstellen. Jedes Kommunikationsmedium stellt deutlich mehr Möglichkeiten bereit, als die Gesellschaft zunächst bewältigen kann.[145] Vor diesem Hintergrund ist das plötzliche Auftauchen einer radikal neuen Technik, die wiederum Google zum alten Eisen erklärt, nur eine Frage der Zeit. Vielleicht sind ihre Erfinder jetzt gerade im Kindesalter – und wachsen, anders als Brin und Page, nicht mehr mit Legosteinen auf, sondern mit Twitter und Facebook. Eines schönen Tages einen »Google-Killer« zu entwickeln, wird für sie womöglich nicht mehr als ein »Kinderspiel«.

Eine der Begleiterscheinungen des Finanzmarktkapitalismus war es, dass die Innovation das industrielle Spielfeld verlassen und sich neuen Gebieten zuwenden konnte, auf denen nicht die Großkonzerne das Sagen haben. Erfolg versprechende Ideen leiden heute nicht unter Geldmangel, Schumpeters kreative Zerstörer brauchen sich dafür noch nicht einmal mehr anzustellen. Wenn das Konzept überzeugt, der Mythos, von dem schon die Rede war, verfängt, dann stehen die Investoren Schlange. Seien es Neugründungen oder Abspaltungen bestehender Unternehmen: Die Renditeambitionen von Wagniskapital beruhen immer auf einer Logik der Innovation. Und zielen damit auf eine Welt außerhalb bestehender Produkte und Prozesse. Häufig werden Manager von ihren Investoren so gestellt wie Unternehmer im schumpeterschen Sinne – dass sie sich fortan nur noch als Angestellte betrachten, ist also keineswegs gesagt. Sollte Keynes recht damit behalten, dass sich mangels rentabler Investitionsmöglichkeiten der Druck auf das globale Anlagekapital verschärft, dann wird das die Position von Unternehmensgründern und Managern noch stärken. Denn wer sonst sollte dem Kapital zu Überrenditen verhelfen, wenn nicht sie? Alle anderen werden keine Profite erzielen, aber das Unternehmen, an dem wir beteiligt sind, schon: So die Hoffnung, mit der Investoren zu Werke gehen müssen. Eine andere haben sie nicht. Der Amerikaner Rick Rickertsen bringt es in ›Buyout‹, einer Fibel für Manager mit Unternehmer-Ambitionen, auf den Punkt: »Dieses Buch ist für alle Manager, die nach den Sternen greifen und Meister ihres eigenen Schicksals sein wollen. Und ich sage es aus vollem Herzen: Das ist die Dekade der Manager. Es gab zu keiner Zeit mehr Kapital, es wartet hinter jeder Ecke, um Sie und ihre Vision zu unterstützen.«[146]

Doch damit ist es nicht getan: Es zeichnet sich ab, dass auch der Staat zukünftig beim Thema Innovation stärker mit im Boot sein wird. Das ergibt sich einerseits aus der globalen Dimension einiger akuter Herausforderungen, denen sich die Menschheit gegenübersieht: im Bereich des Umwelt- und Klimaschutzes etwa, der alternativen Energieträger oder den so genannten Life Sciences. Andererseits liegt es auch im beschäftigungspolitischen Interesse, die Innovationskraft der heimischen Wirtschaft zu unterstützen und ihr bei der Durchsetzung neuer Produkte unter die Arme zu greifen. Unter diesem Aspekt war das Verbot der elektrischen Glühbirne in der Europäischen Union mindestens so sehr wirtschaftlich motiviert wie umweltpolitisch. Und auch bei der so genannten staatlichen »Umweltprämie«, die in 2009 für das Abwracken von Altautos bei gleichzeitiger Anschaffung eines Neuwagens gewährt wurde, ging es um nichts anderes als eine Hilfe für notleidende Automobilhersteller.

Die deutsche Regierung steht auf dem Gebiet der staatlichen Innovationsförderung allerdings nicht alleine da, und die Größe ihres Engagements ist auch nicht besonders erwähnenswert. Wie immer waren und sind es die USA, die die wahren Maßstäbe setzen. Und das nicht nur im Rahmen der militärischen Agenda, wie etwa dem gigantischen »Manhattan Project« zum Bau der Atombombe oder Ronald Reagans »Star-Wars«-Ambitionen in den 80ern. Der Innovations-Guru John Kao, in einem früheren Leben Keyboarder bei Rocklegende Frank Zappa und heute unternehmerisches Multitalent, schildert in seinem jüngsten Buch ›Innovation Nation‹ eine ganze Reihe bedeutender Initiativen der US-Regierung. Eine davon war das Sematech-Konsortium aus den späten 80er-Jahren: Von der Regierung gemeinsam mit mehreren Halbleiter-Herstellern ins Leben gerufen, sollte es die gegenüber der japanischen Konkurrenz zunehmend ins Hintertreffen geratenden Anbieter aus dem Silicon Valley vor dem Untergang retten. Die beteiligten Unternehmen legten im Rahmen dieser Initiative ab 1987 ihre Forschungs- und Entwicklungskapazitäten zusammen, die Regierung stellte öffentliche Mittel zur Verfügung, und mit vereinten Kräften nahm man jene Projekte in Angriff, für die jede einzelne Firma alleine zu schwach gewesen wäre. Bereits sieben Jahre später hatte die US-Halbleiterindustrie wieder zur alten Stärke zurückgefunden. Ein Erfolg, der weltweit Schule machte: Kao verweist so zum Beispiel auf die gewaltigen Anstrengungen Singapurs, zum Life-Science-Zentrum der Welt zu werden: Im staatlich gesponserten »Biopolis«-Komplex arbeiten bereits heute 2000 Forscher unter den liberalsten Bedingungen der Welt, in wenigen Jahren soll ihre Zahl auf 10 000 anwachsen. Der 300 Millionen Dollar teure Komplex vereint die Kräfte staatlicher Institute, mehrerer Biotech-Start-ups sowie internationaler Pharmariesen vom

Kaliber einer Glaxo-SmithKline oder einer Novartis. Vorbild für das Projekt war Silicon Valley.[147]

Was empfiehlt Kao, der sein Buch als Alarmsignal an die amerikanische Politik verstanden wissen will, seinen Landsleuten? Eine nationale Innovationsstrategie müsse her – und zwar dringend. Unter Führung eines »National Innovation Council« sollen 20 über das Land verteilte »Innovation Hubs« die unternehmerischen Kapazitäten der USA bündeln und auf jeweils ein »verzwicktes Thema« fokussieren. Die Regierung müsse die Anschubfinanzierung von 20 Milliarden Dollar stellen, so Kao, aber im Grunde würde das Vorhaben alle verfügbaren Ressourcen einschließen – den Staat, die Unternehmen, die Universitäten wie auch private Investoren. Kao verspricht sich von dem Plan das Entstehen mehrerer neuer Erfolgsregionen, die auf ihrem jeweiligen Gebiet zu dem werden, was das Silicon Valley in der Computerindustrie oder die Region um San Diego für die Biotechnologie bereits sind.[148]

Kaos Vision wird natürlich nicht auf die USA beschränkt bleiben. Die Regierungen aller westlichen Industrienationen werden früher oder später derartige Vorhaben ins Leben rufen, in denen private und öffentliche Interessen miteinander verschmelzen. Auf lokaler Ebene sind sie längst Realität, in der EU genauso wie in Indien oder China. Es wäre allerdings verfehlt, in dieser Vermengung staatlicher und unternehmerischer Interessen ein mögliches Ende des Kapitalismus zu erblicken: Mit Fernand Braudel sollte man vielmehr die Auffassung vertreten, ein solches Zusammenspiel sei für die kapitalistische Entwicklung symptomatisch. Braudels These: »So agierte der moderne Staat manchmal zugunsten und manchmal zuungunsten des Kapitalismus, den er nicht geschaffen, sondern geerbt hatte. Einmal ermöglichte er die Ausdehnung des Kapitalismus, ein andermal zerstörte er seine Triebkräfte. Der Kapitalismus triumphierte nur dann, wenn er mit dem Staat identifiziert wurde, wenn er der Staat war.«[149]

Es ist dieses wechselhafte Zusammenspiel mit dem Staat, dem der Kapitalismus seine verblüffende Überlebensfähigkeit verdankt, und nicht das vermeintlich »Natürliche« der liberalen Marktwirtschaft. Es wäre daher keinesfalls überraschend, wenn in Zukunft eine deutlich stärkere Verzahnung – oder besser: Vernetzung – unternehmerischer und gesellschaftlicher Ziele beobachtet wird. Die innovativen Unternehmen werden sich von der Selbstgewissheit verabschieden, dass sich ihr Schicksal ausschließlich auf Märkten entscheidet, auf denen sie mit Wettbewerbern um zahlungsfähige Kundschaft konkurrieren. Stattdessen werden sie lernen, dass sie es mit gesellschaftlichen Netzwerken zu tun haben, über die sie mit Politik, Wirtschaft, Wissenschaft, Erziehung, Kunst und Religion verbunden sind.[150] Diese Vernetzung werden sie zu ihrem Vorteil nutzen können – aber sie werden es nicht *nur* zu ihrem Vorteil können: Die Gesellschaft wird auf ihrem Anteil bestehen. Und das nicht nur in Gestalt des Wohlfahrtsstaates, sondern vor allem über die neuen Kommunikations- und Protestplattformen des Internets, derer sich die kollektive Forderung nach Teilhabe sehr effektiv bedienen kann.

Auf welche konkrete Art die »Vergesellschaftung« des Innovationsprozesses auch stattfinden wird: Da der Staat nicht denselben Zwängen ausgesetzt ist wie private Unternehmen, kann er große Investitionen unbeirrt von schwankenden Zukunftserwartungen vornehmen. Und damit die von ihr abhängige Beschäftigung stabilisieren. Keynes nannte das die »Sozialisierung der Investition«, was von den meisten Kommentatoren als Verstaatlichung von Großunternehmen missverstanden wurde. Doch das war damit nicht gemeint: Vielmehr scheint mir in Konzepten wie denen, über die Kao berichtet, eine realistische und Erfolg versprechende Realisierung der keynesschen Vision zu liegen.

Von den übrigen Prognosen des Briten sind wir hingegen so weit entfernt wie eh und je: Weder hat die Menschheit des 21. Jahrhunderts das »ökonomische Problem« gelöst und sich seither bei einer Wochenarbeitszeit von lediglich 15 Stunden dem *dolce far niente* hingegeben: dem süßen Nichtstun oder doch wenigstens erbaulicheren Aktivitäten als bloßem Gelderwerb; noch sind die Sparer je in Verlegenheit gekommen, ihr

Geld in Bausch und Bogen zu verjubeln, weil darauf keine vernünftigen Zinsen mehr zu verdienen waren. In beiden Punkten nahm die Realität einen ganz anderen Verlauf, als von dem
großen Ökonomen vorhergesagt. Warum?

So weit es die Erwerbsarbeit betrifft, konnte sich Keynes
als Mitglied der Aristokratie offenbar nicht vorstellen, dass
der Wettlauf zwischen den Bedürfnissen des modernen Menschen und seinem Einkommen stets mit der bitteren Nieder-
lage des Letzteren endet. Zwar haben wir in den westlichen
Wohlfahrtsstaaten die Versorgung mit elementaren Gütern
wie Essen, Kleidung, Unterkunft, medizinischer Versorgung
usw. tatsächlich in der Breite gelöst; aber damit in Wirklichkeit nur die Voraussetzung geschaffen für die vielen ideellen
Zwänge, die der Drang nach sozialer Anerkennung und eine
unaufhörlich auf uns einprasselnde Werbung erst hervorbringen. Unser Begriff von Wohlstand erfuhr so eine gravierende
Änderung: Nicht mehr das Einkommen und die damit ver-
bundenen Konsummöglichkeiten sind entscheidend, sondern
der Einkommensunterschied zu Individuen und Gruppen, mit
denen wir uns im Alltag vergleichen. Das tun wir alle, bewusst
wie unbewusst, von Kindesbeinen an bis ins hohe Alter, Männer wie Frauen: Mal wollen wir unbedingt »dazugehören«,
dann wieder auf keinen Fall »mit solchen Leuten auf einer
Stufe stehen«. Wir wollen »anders« sein. Auf jeden Fall aber
»oben« und nicht »unten«; »vorne« und nicht »hinten«. Funk-
tionalität rückt so in den Hintergrund zugunsten des richtigen
»Labels« – und etwas »Billigeres« kann man sich dann eben
unmöglich leisten. Unter den Abteilungsleitern des Landes
galt es nur so lange als chic, in Anzügen von Hugo Boss herum-
zulaufen, wie die Marke für Buchhalter und Schichtarbeiter
außer Reichweite war. Und die Dominikanische Republik war
vor 20 Jahren noch ein erstrebenswertes Reiseziel, aber nicht
mehr, seit Hausmeister und Friseurinnen dort ihren Urlaub
verbringen. Der Zeitgeist erledigt den Rest, indem er sicher-
stellt, dass das, was gestern noch »in« war, heute »out« ist.
Gestern konnten Sie mit dem Nokia-Handy auf offener Straße
noch telefonieren, aber heute lassen Sie sich damit bloß nicht

mehr erwischen: iPhone ist Pflicht! Und nur Gott (und Steve Jobs) weiß, was als Nächstes auf der Bildfläche erscheinen und als »ultimatives gadget« seine Runden drehen wird, das man daher einfach haben muss, wenn man nicht als Dorftrottel gelten will.

In einer solchen Konsumlandschaft muss man wirklich keine Angst haben, dass den Unternehmen eines Tages die Ideen für profitable Investitionen ausgehen könnten und die Verbraucher die Lust am Shoppen verlieren und Arbeit wie Einkommen zugunsten von Freizeit reduzieren. Zumal diese längst nicht mehr kostenlos zu haben ist, sondern von einer rasant wachsenden Lifestyle- und Entertainment-Industrie ja auch nur noch zu marktwirtschaftlichen Bedingungen angeboten wird. Und deshalb heißt es auch hier: Zum Bezahlen bitte erst an die Kasse! Falls Sie mit Ihrer Familie gerne in Erlebnis-, Märchen-, Wild- oder sonstigen Freizeitparks anzutreffen sind, werden Sie wissen, was ich meine. Kurzum: Die Chancen auf die Verwirklichung von Erich Fromms »Gesellschaft des Seins«, in der wir uns abgewöhnt haben, unser Glück als Besitz von immer mehr und immer neueren Dingen aufzufassen, stehen ziemlich schlecht. Da alles und jedes mittlerweile seinen Preis hat und uns damit nicht nur lieb, sondern auch teuer ist, werden wir um Geld nicht herumkommen, wenn wir es uns leisten wollen. Und dieses Geld will verdient sein.

Für den Anleger sind das zunächst einmal gute Nachrichten: An seinem Spargroschen besteht weiterhin Bedarf. Kapital hat seinen Knappheitswert nicht verloren, wie Keynes meinte – und mit ihm der zu Beginn des Buches zitierte Christoph Deutschmann. Der Rentier muss nicht seinem »sanften Tod« entgegensehen. Was allerdings nicht bedeutet, dass er seine Rendite stressfrei einstreichen wird: Der Preis für »dummes« Kapital wird angesichts eines Überangebots tatsächlich in den Keller gehen, der Nullzins für die breite Masse der 08/15-Investments zur Realität werden. Denn mit rasant steigenden Einkommen in Ländern wie China und Indien wird sich das Wachstum des weltweiten Finanzkapitals weiter beschleunigen. Und dann werden sich Heerscharen privater wie professioneller Anleger die Frage stellen: Wohin mit der ganzen Kohle? Wer sein überschüssiges Geld partout nicht für den Konsum verwenden will, der wird sich oft genug von absurden Anlageideen betören lassen, aus dem einzigen Grund, dass sie noch Rendite versprechen. Eigenheime für amerikanische Erwerbslose zum Beispiel – das war ja schon mal der Renner.

Vor diesem Hintergrund kann man mit guten Argumenten die These vertreten, dass die jüngsten Finanzkrisen weniger der allgemeinen Gier geschuldet waren als vielmehr bereits dem Anlagenotstand. Zumindest, soweit es die herkömmlichen Finanzanlagen betrifft, die bereits seit geraumer Zeit nicht mehr das abwerfen, was man in der Vergangenheit gewohnt war. Falls Sie eine Kapitallebensversicherung am Laufen haben, dann erhalten Sie wahrscheinlich seit Jahren die immergleichen Briefe wie ich, in denen sinngemäß steht: »Aufgrund der schlechten Ertragslage an den Finanzmärkten können wir Ihnen dieses Jahr nur die Mindestverzinsung gutschreiben.« Und das, obwohl Versicherungen zu den größten Investoren von Hedge- und Private-Equity-Fonds gehören, gerade weil sie sich davon eine höhere Rendite erwarten, als mit Anleihen und Aktien zu erzielen ist.

Mit anderen Worten: Auch im Lager der Geldanleger wird es nur einige wenige Gewinner geben, denen eine breite Masse von Verlierern gegenübersteht. Für Letztere gibt es eben nur den Marktdurchschnitt – und wenn der nach Abzug aller Spesen »null« beträgt, dann haben sie eben Pech gehabt. Doch selbst die Gewinner – das »Smart Money«, wie es sich selbst zu nennen pflegt – bezahlen für ihre Rendite einen Preis: in Form von erhöhtem Risiko. Wie lange sie sich daher an ihren Erträgen freuen können, bis erneut der große Crash kommt und ihre Guthaben ausradiert, bleibt fraglich. Jedoch: Wenn die Wetten nur groß genug sind, dann wird schon nichts passieren. Denn dann eilt wieder wer zu Hilfe? Genau: der Staat. Auf ihn ist Verlass. Er hat auch gar keine andere Wahl: Mit der »Demokratisierung« der Geldanlage seit den 80ern, mit den gigantischen Sparvolumina, die eine immer wohlhabendere Mittelschicht angehäuft hat, rückte das Kapital dorthin,

wo sich die Politik auch am liebsten aufhält: in die Mitte
der Gesellschaft. Die »Rentiers«, mit denen Keynes noch eine
Handvoll großbürgerlicher Familien assoziierte, stellen damit
einen wichtigen Teil der Wählerschaft. Für eine Regierung, die
wiedergewählt werden will, ein Faktum, an dem sie nicht vor-
beikann. Wenig überraschend daher, dass die Staaten des Westens in der jüngsten Krise eine umfassende und bedingungs-
lose Garantie für die Sparer abgegeben haben; und dass die
Weigerung Islands, nach gleichen Regeln zu spielen und den
englischen Sparern die Verluste zu ersetzen, die sie mit Anlagen bei isländischen Banken erlitten hatten, zu ernsthaften
diplomatischen Spannungen zwischen beiden Ländern führte.

Insofern liefert die aktuelle Krise einen deutlichen Hinweis
darauf, wie die mittelfristige Zukunft aussehen wird: Die Wirtschaft wird weiterhin unter finanzieller Instabilität leiden
und schwere Krisen durchleben; und der Staat wird zur Unterstützung eilen. Immer und immer wieder. Zumindest, solange
er kann. Doch in diesem Punkt kommt ihm die Globalisierung
auf kuriose Weise zu Hilfe: Da die Weltwirtschaft verzahnt
ist wie noch nie zuvor in der Geschichte, werden die unterschiedlichen Staaten praktisch alle zeitgleich von Einbrüchen
betroffen. Die »Splendid Isolation« bietet keinem mehr Zu-
flucht. Das bewirkt einen starken Anreiz zu koordiniertem
Handeln und zum gemeinsamen Schultern finanzieller Lasten. Die Gefahr von größeren Staatspleiten scheint damit so
gut wie ausgeschlossen: Sie besteht, wenn einzelne Staaten
übermäßig verschuldet sind; jedoch nicht, wenn *alle* Staaten
gleichzeitig überschuldet sind. Falls der Druck im Kessel eines
Tages dennoch zu groß wird und uns der Deckel um die Ohren
zu fliegen droht, dann wird man eine internationale Organisation damit beauftragen, Feuerwehr zu spielen: den Internationalen Währungsfonds, die Weltbank oder dergleichen. Diese
Feuerwehr erfüllt dann im planetaren Maßstab die Aufgabe,
die auf nationaler Ebene Regierungen und Zentralbanken
zufällt: die des »Lenders of last resort«, der mit Krediten ein-
springt, wenn bei den Banken wieder einmal Feuer am Dach
ist. Ihr Löschwasser wird diese Feuerwehr aus einem Teich

von gegenseitigen Garantien, multinationalen Anleihen und sonstigen Hilfen pumpen.

Wie muss man sich das im Detail vorstellen? Der deutsche Sachbuchautor Paul C. Martin brachte das Szenario Mitte der 80er prägnant auf den Punkt: »Alle Staaten werden für alle Staaten, alle Notenbanken für alle Notenbanken haften, einschließlich Währungsfonds und Weltbank und vielen anderen internationalen Institutionen. Und alle Staaten werden für alle Banken geradestehen, aber auch alle Notenbanken für alle Staaten und alle Staaten für alle Notenbanken. Alle, alle, alle werden für alle, alle, alle da sein. Und alle wissen, dass keinem von allen etwas passieren darf, weil dann allen etwas zustößt.«[151] Was stößt ihnen nach Ansicht von Martin zu? Das Gleiche, das wir im Rahmen dieses Buches auch in Aussicht gestellt haben: das Reißen des Kettenbriefs; der Einsturz gigantischer Kreditpyramiden; die Pleite von allen und jedem.

Einen ersten Ausblick auf das martinsche Szenario erhält man am Beispiel Griechenlands: An sich sollte ein für die Weltwirtschaft so unbedeutendes Land Bankrott erklären dürfen, ohne dass größerer Schaden zu beklagen wäre. Aber weit gefehlt: Für die übrigen Euroländer wäre das eine Katastrophe. Vor allem für diejenigen, deren finanzielle Situation nur unwesentlich besser ist als die der Hellenen: Länder wie Portugal, Spanien, Italien, Irland. Doch auch den finanziell potenten Eurostaaten wie Deutschland droht Gefahr. Denn bei der Finanzierung Griechenlands waren heimische Banken einmal mehr mittendrin statt nur dabei. Angesichts von Milliarden an griechischen Staatsschulden, die in den Bankbilanzen abgeschrieben werden müssten, wäre daher das nächste Rettungspaket auf Steuerzahlers Kosten nur eine Krisensitzung im Bundeskanzleramt weit entfernt. Das dem Wahlvolk zuzumuten, kann man von der Politik nicht verlangen. Einfacher erscheint es da, den Griechen finanziell unter die Arme zu greifen. Gute Miene zum bösen Spiel zu machen und auf bessere Zeiten zu hoffen. Waren es in den 90ern die gesetzlichen Renten, für deren Sicherheit sich Sozialminister Norbert Blüm ins Zeug legen musste, so sind es 20 Jahre später die Spareinlagen, die staatliche Bestandsgarantie erfahren. In leichter Abwandlung von Blüms seinerzeitigem Motto: »Die Renditen sind sicher!«.

Wie auch immer die Griechenland-Episode ausgehen mag: Das Beispiel wird Schule machen. Droht der Weltwirtschaft erneut eine Schieflage: Die großen Industriestaaten, der Internationale Währungsfonds und sämtliche Zentralbanken werden Gewehr bei Fuß stehen, um zu helfen. Nicht aus Selbstlosigkeit, sondern aus Eigeninteresse. Und wo die staatliche Krisenfeuerwehr an Überlastung zu scheitern droht, wird man irgendwelche neuen, supra-nationalen Organisationen aus dem Hut zaubern, um faule Schulden auf ihnen abladen zu können. Globale »Bad Banks« sozusagen.

Genauso wird man verfahren. Dann kann nichts mehr schiefgehen: Die Welt hat neues Kreditpotenzial erschlossen. Und damit Zeit gewonnen. Unter gewaltigen, gemeinsamen Anstrengungen, wie es in den Zeitungen und Tagesschauberichten heißen wird. Lohn der Mühe: Der Kettenbrief namens Kapitalismus muss nicht reißen. Der große Kollaps, der Kladderadatsch, wird erneut verschoben.

O.k., werden Sie jetzt vielleicht sagen: Und wenn eine derartige Lösung irgendwann auch nicht mehr reicht? Was kommt dann? Lassen Sie mich darauf mit einem abgewandelten Zitat des Philosophen Augustinus antworten: Dann kommen die Höllenschlünde, in die all diejenigen geworfen werden, die solche Fragen stellen!

With a little help from my friends

Dieses Buch wurzelt in der Inspiration und der Hilfe, die mir eine Reihe engagierter Menschen zuteil werden ließen:

Zunächst verdanke ich Gunnar Heinsohn die prinzipielle Idee: Ein Buch über das Primat der Finanzwirtschaft müsse man eigentlich mal schreiben, meinte er flüchtig, während eines Fußmarsches über den Campus der Uni Bremen. »Genau«, sagte ich mir da – der Geburtsmoment dieses Projekts. Frank Jakobs von der Agentur Eggers & Landwehr war mir eine große Hilfe beim Abfassen des Konzepts. Andrea Wörle vom Deutschen Taschenbuch Verlag musste sich nicht nur mit der Rohfassung des Textes herumschlagen, sondern auch mit meinen zahlreichen Änderungswünschen hinsichtlich Cover und Titel. Bei Christoph Deutschmann, Robert Misik, Erik Klär und Nils Minkmar bedanke ich mich für die konstruktive Kritik des Inhalts; bei den Kommentatoren des weissgarnix-Blogs für ihr wertvolles Feedback zu einzelnen Passagen. Und schließlich bei Frank Schirrmacher – dafür, dass er meinen publizistischen Ambitionen eine Welt jenseits meines Blogs eröffnet hat.

Mein größter Dank geht aber an meine Frau Eva-Maria und meine Kinder Anna und Sebastian: dafür, dass sie mich während all der Monate ertragen haben, die ich an diesem Buch arbeitete. Ich verspreche hiermit hoch und heilig, dass ich nie wieder auch nur eine Zeile während des gemeinsamen Urlaubs tippen werde.

Trotz des Beitrags aller oben Genannten zur Entstehung trage selbstverständlich ich alleine die Verantwortung für das Resultat.

Literaturverzeichnis

Akerlof George A. und Shiller, Robert J., Animal Spirits – Wie Wirtschaft wirklich funktioniert, Campus, Frankfurt/New York 2009 (Akerlof/Shiller)

Baecker, Dirk, Studien zur nächsten Gesellschaft, Suhrkamp, Frankfurt am Main (Baecker [2007])

Baecker, Dirk, Womit handeln Banken?, Suhrkamp, Frankfurt am Main 2008 (Baecker [2008])

Bellamy, Edward, »Das Jahr 2000 – Ein Rückblick auf das Jahr 1887«, Online-Fassung, http://nemesis. marxists.org/bellamy-das-jahr-2000.htm

Benjamin, Walter, Kapitalismus als Religion, in: Baecker, Dirk (Hrsg.), Kapitalismus als Religion, Kadmos, Berlin 2004 (Benjamin)

Binswanger, Hans Christoph, Die Wachstumsspirale, Metropolis, Marburg 2006 (Binswanger [2006])

Binswanger, Hans Christoph, Geld und Magie, Murmann, Hamburg 2009 (Binswanger [2009])

Braudel, Fernand, Die Dynamik des Kapitalismus, Klett-Cotta, Stuttgart 1997 (Braudel [1997])

Braudel, Fernand, Sozialgeschichte des 15.–18. Jahrhunderts, Band II – Der Handel, Kindler, München 1986 (Braudel II)

Braudel, Fernand, Sozialgeschichte des 15.–18. Jahrhunderts, Band III – Aufbruch zur Weltwirtschaft, Kindler, München 1986 (Braudel III)

Dalton, George, Barter, in: Journal of Economic Issues, Vol. XVI No.1, March 1982 (Dalton)

Deutschmann, Christoph, Die Verheißung absoluten Reichtums: Kapitalismus als Religion?, in: Baecker, Dirk (Hrsg.), Kapitalismus als Religion, Kadmos, Berlin 2004 (Deutschmann [2004])

Deutschmann, Christoph, Kapitalistische Dynamik – Eine gesellschaftstheoretische Perspektive, VS Verlag für Sozialwissenschaften, Wiesbaden 2008 (Deutschmann [2008])

Dostaler, Gil, Maris, Bernard, Dr. Freud and Mr. Keynes on money and capitalism, in: Smithin, John (Editor), What is Money?, Routledge, New York 2000 (Dostaler/Bernard)

El-Erian, Mohamed, When Markets collide, McGraw-Hill, New York 2008 (El-Erian)

Ferguson, Niall, Der Aufstieg des Geldes. Die Währung der Geschichte, Penguin 2008; Econ, Berlin 2009 (Ferguson [2008])

Ferguson, Niall, The House of Rothschild, The World's Banker 1849–1999, Viking Penguin, London/New York 1999 (Ferguson [1999])

Finley, Moses, The Ancient Economy, University of California Press, Berkeley/Los Angeles/London 1999, S.143 (Finley)

Flassbeck, Heiner, Gescheitert – Warum die Politik vor der Wirtschaft kapituliert, Westend, München 2009 (Flassbeck)

Förster, Heinz von, Entdecken oder Erfinden – Wie lässt sich das Verstehen verstehen?, in: Einführung in den Konstruktivismus, Piper, München 2009 (von Förster)

Fromm, Erich, Haben oder Sein, Carl Ueberreuter, Wien 2006 (Fromm)

Galbraith, John Kenneth, The Great Crash 1929, Mariner Books, Boston/New York 1997 (Galbraith)

Geisselhart, Christoph, Maximum Rock – Die Geschichte der verrücktesten Rockband der Welt, Band 1, Hannibal, Höfen 2008 (Geisselhart)

Habermas, Jürgen, Legitimationsprobleme im Spätkapitalismus, Suhrkamp, Frankfurt am Main 1973 (Habermas)

Heine, Heinrich, Werke und Briefe, Band 6, Aufbau, Berlin und Weimar 1980 (Heine)

Heinsohn, Gunnar, Die nächste Blase schwillt schon an, in: Schirrmacher, Frank (Hrsg.), Strobl, Thomas (Hrsg.), Zukunft des Kapitalismus, Suhrkamp, Berlin 2010 (Heinsohn [2010])

Heinsohn, Gunnar, Steiger, Otto, Eigentum, Zins und Geld, Metropolis, Marburg 2006 (Heinsohn, Steiger)

Hilferding, Rudolf, Das Finanzkapital, JHW Dietz Nf., Berlin 1947 (Hilferding)

Hobbes, Thomas, Leviathan, Reclams Universal-Bibliothek Nr. 8348, Stuttgart 1970 (Hobbes)

Ingham, Geoffrey, Capitalism, Polity Press, Cambridge 2008 (Ingham)

Kalecki, Michael, Selected Essays on the Dynamics of the Capitalist Economy 1933–1970, Cambridge University Press, London/New York 1971 (Kalecki)

Kaminer, Wladimir, Meine russischen Nachbarn, Manhattan, München 2009 (Kaminer)

Keynes, John Maynard, Economic Possibilities for our Grandchildren, in: Pecchi, Lorenzo (Editor), Piga, Gustavo (Editor), Revisiting Keynes, The MIT Press, Cambridge/London 2008 (Keynes [2008])

Keynes, John Maynard, The General Theory of Employment, Interest, and Money, Prometheus Books, New York 1997 (Keynes [1997])

Kindleberger, Charles P., Die Weltwirtschaftskrise, Deutscher Taschenbuch Verlag, München 1979 (Kindleberger [1979])

Kopper, Christoph, Hjalmar Schacht – Aufstieg und Fall von Hitlers mächtigstem Bankier, Hanser, München/Wien 2006 (Kopper)

Kramar, Konrad, Stuiber, Petra, Habsburgs leere Kassen: Schulden, Pleiten, Steuertricks einer Dynastie, Ueberreuter, Wien 2001 (Kramar, Stuiber)

Kregel, Jan A., Die Erneuerung der Politischen Ökonomie – Eine Einführung in die postkeynesianische Ökonomie, Metropolis, Marbug 1988 (Kregel)

Kroll, Gerhard, Von der Weltwirtschaftskrise zur Staatskonjunktur, Duncker & Humblot, Berlin 1958 (Kroll)

Luhmann, Niklas, Die Wirtschaft der Gesellschaft, Suhrkamp, Frankfurt am Main 1994 (Luhmann [1994])

Luhmann, Niklas, Die Moral der Gesellschaft, Suhrkamp, Frankfurt am Main 1994 (Luhmann [2008])

Mann, Thomas, Buddenbrooks, S. Fischer, Frankfurt am Main 1974 (Buddenbrooks)

Martin, Paul C., Cash – Strategie gegen den Crash, Ullstein, Berlin 1987 (Martin [1987])

Martin, Paul C., Der Kapitalismus – Ein System, das funktioniert, Ullstein, Berlin 1990 (Martin [1990])

Marx, Karl, Das Kapital – Kritik der politischen Ökonomie, Band I, Karl Dietz Verlag, Berlin 2007 (Marx I)

Marx, Karl, Das Kapital – Kritik der Politischen Ökonomie, Band II, Karl Dietz, Berlin 2003 (Marx II)

Marx, Karl, Engels, Friedrich, Das Kommunistische Manifest, Argument, Hamburg 2005 (Marx, Engels)

McCraw, Thomas, Joseph A. Schumpeter – Eine Biographie, Murmann, Hamburg 2008 (McCraw)

Michéa, Jean-Claude, The Real of Lesser Evil, Polity Press, Cambridge 2009 (Michéa)

Minsky, Hymann P., Frank Hahn's Money and Inflation: a review article, Journal of Post Keynesian Economics, Vol. VI, No 3, 1984 (Minsky [1984])

Minsky, Hyman P., John Maynard Keynes, Metropolis, Marburg 1990 (Minsky [1990])

Minsky, Hyman P., Schumpeter: Finance and Evolution, in: Heertje, Arnold (Editor), Perlman, Mark (Editor), Evolving Technology and Market Structure: Studies in Schumpeterian Economics (The International Schumpeter Society Series), University of Michigan Press, 1991 (Minsky [1991])

Minsky, Hyman P., Stabilizing an Unstable Economy, McGraw-Hill, New York, 2008 (Minsky [2008])

Nassehi, Armin, Mit ästhetischer Erziehung aus der Finanzkrise?, in: Schirrmacher, Frank (Hrsg.), Strobl, Thomas (Hrsg.), Zukunft des Kapitalismus, Suhrkamp, Berlin 2010 (Nassehi)

Negri, Antonio, Hardt, Michael, Empire – Die neue Weltordnung, Campus, Frankfurt/Main 2003, (Negri, Hardt)

Pearson, Heath, Homo Economicus Goes Native, 1859–1945: The Rise and Fall of Primitive Economics, in: History of Political Economy 2000 32(4): p. 933-990 (Pearson)

Popper, Karl R., Auf der Suche nach einer besseren Welt, Piper, München 2009 (Popper)

Pritzkoleit, Kurt, Bosse, Banken, Börsen, Verlag Kurt Desch, München 1954 (Pritzkoleit)

Rasch, William, Schuld als Religion, in: Baecker, Dirk (Hrsg.), Kapitalismus als Religion, Kadmos, Berlin 2004 (Rasch)

Rickertsen, Rick, Buyout, AMACOM, New York 2001 (Rickertsen)

Röpke, Wilhelm, Die derzeitige Geld- und Finanzkrisis (1932), in: Hennecke, Hans Jörg (Hrsg.), Marktwirtschaft ist nicht genug – Gesammelte Aufsätze, Manuscriptum, Waltrop und Leipzig 2009 (Röpke 1932)

Röpke, Wilhelm, Die Laufbahn der Sozialen Marktwirtschaft (1961), in: Hennecke, Hans Jörg (Hrsg.), Marktwirtschaft ist nicht genug – Gesammelte Aufsätze, Manuscriptum, Waltrop und Leipzig 2009 (Röpke 1961)

Schumpeter, Joseph A., Capitalism, Socialism and Democracy, Harper Perennial, New York 1976 (Schumpeter [1976])

Schumpeter, Joseph A., Theorie der wirtschaftlichen Entwicklung – Eine Untersuchung über Unternehmergewinn, Kapital, Kredit, Zins und den Konjunkturzyklus, Duncker & Humblot, Berlin 1997 (Schumpeter [1997])

Schumpeter, Joseph A., Kapitalismus, Sozialismus und Demokratie, A. Francke, Tübingen 2005 (Schumpeter [2005])

Schumpeter, Joseph A., Geschichte der ökonomischen Analyse, Vandenhoeck & Ruprecht, Göttingen 2009 (Schumpeter [2009])

Shackle, G. L. S, The Years of High Theory, Cambridge University Press, London 1967 (Shackle)

Simmel, Georg, Philosophie des Geldes, Suhrkamp, Frankfurt am Main 1989 (Simmel)

Simon, Herrmann, Hidden Champions – Erfolgsstrategien unbekannter Weltmarktführer, Begleitheft zur Serie »Europäischer Wirtschaftsdialog« der BfG Bank AG (Simon H.)

Simon, Fritz B., Einführung in die systemische Wirtschaftstheorie, Carl-Auer-Systeme Verlag, Heidelberg 2009 (Simon [2009])

Skidelsky, Robert, John Maynard Keynes, Pan Books, London 2004 (Skidelsky)

Sloterdijk, Peter, Zorn und Zeit, Suhrkamp, Frankfurt am Main 2008 (Sloterdijk 2008)

Smith, Adam, Der Wohlstand der Nationen, dtv, München 2009, (Smith)

Stewart, James B., Club der Diebe, Ullstein, Frankfurt am Main/Berlin 1992 (Stewart)

Stiglitz, Joseph E., Toward a General Theory of Consumerism, in: Pecchi, Lorenzo (Editor), Piga, Gustavo (Editor), Revisiting Keynes, The MIT Press, Cambridge/London 2008 (Stiglitz)

Taleb, Nassim Nicholas, Der Schwarze Schwan. Die Macht höchst unwahrscheinlicher Ereignisse, dtv, München 2010 (Taleb)

Tobin, James, Inflation and Unemployment, in: The American Economic Review, Vol. 62, No. 1/2 (Tobin)

Wagenknecht, Sahra, Wahnsinn mit Methode – Finanzcrash und Weltwirtschaft, Das Neue Berlin, Berlin 2008 (Wagenknecht)

Wasik, John F., The Merchant of Power – Sam Insull, Thomas Edison, and the Creation of the Modern Metropolis, Palgrave Macmillan, New York 2006 (Wasik)

Zizek, Slavoj, Auf verlorenem Posten, Suhrkamp, Frankfurt am Main 2009 (Zizek)

Anmerkungen

1 Geisselhart, S. 242
2 Geisselhart, Schutzumschlag
3 Marx I, S.117
4 Geisselhart, S. 272
5 Deutschmann [2008], S. 44
6 Röpke [1956], S. 303
7 Röpke [1956], S. 312
8 Popper, S. 169 f.
9 Marx, Engels, S. 44 f.
10 Geisselhart, S. 289
11 Ferguson [2008], S. 26
12 Heinsohn, Steiger, S. 273
13 Ferguson, »The Age of Obligation«, http://www.niallferguson.com/site/FERG/Templates/Articleltem.aspx?pageid=200
14 Finley, S.141
15 Spengler, S. 1175
16 Buddenbrooks, S. 172
17 Buddenbrooks, S. 264 f.
18 http://online.wsj.com/article/SB10001424052748704471504574445470989162030.html
19 Der Erste, der meines Wissens den Ausdruck im deutschen Sprachraum popularisierte, war der Sachbuchautor Paul C. Martin Mitte der 80er-Jahre
20 Flassbeck, S. 206
21 Röpke [1932], S. 58 f.
22 Benjamin, S. 13 f.
23 Sloterdijk, S. 49
24 Binswanger [2006], S. 303
25 Zizek, S. 9 f.
26 G8 startet 20-Milliarden-Plan gegen Hunger, http://www.spiegel.de/politik/ausland/0,1518,635453,00.html
27 Zizek, S. 10
28 Stiglitz, S. 39 f.
29 Ferguson [2008], S. 272
30 Buddenbrooks, S. 452
31 Andresen, Karen, Thomas Mann und sein Morgenland, Spiegel Online vom 04.10.2005, http://www.spiegel.de/spiegelspecial/0,1518,378328,00.html
32 Minsky [1991], S. 64
33 Rezitiert nach Braudel II, S. 417
34 Braudel II, S. 416 f.
35 Braudel II, S. 420 f.
36 Faust II, S. 41
37 Kramar, Stuiber, S. 68 f.
38 Heinsohn, Steiger, S. 273
39 Minsky [1991], S. 65
40 Heine, S. 105
41 Ferguson [1999], S. xxi ff.
42 Ingham, S. 224
43 Die Rede ist von Karl Bosch, ehemaliger Vorstandsvorsitzender der IG Farben, zitiert nach Pritzkoleit, S. 26
44 Deutschmann [2008], S. 170 f.
45 Stewart, S. 546
46 Stewart, S. 526 ff.
47 http://www.faz.net/s/RubFDD3C7AC2DA84A62B07572E50A34044D/Doc~EBDB05F8B461F402D927EDAB79C56F36B~ATpl~Ecommon~Sspezial.html
48 Turner, David, Credit crunch failure explained to Queen, http://www.ft.com/cms/s/0/7e44cbce-79fd-11de-b86f-00144feabdc0.html
49 Krugman, Paul, How did Economists get it so wrong?, http://www.nytimes.com/2009/09/06/magazine/06Economic-t.html
50 Buiter Willem, The unfortunate uselessness of most »state of the art« academic monetary economics, http://blogs.ft.com/maverecon/2009/03/the-unfortunate-uselessness-of-most-state-of-the-art-academic-monetary-economics/
51 Smith, S. 17
52 Heinsohn, Steiger, S. 22 f.
53 Taleb, S. 38
54 Galbraith, S. 166
55 McCraw, S. 375
56 Taleb, S. 105
57 McCraw, S. 133
58 Ingham, S. 37
59 McCraw, S. 559
60 McCraw, S. 320
61 Taleb, S. 120 ff.
62 Keynes [1997], S. 14
63 McCraw, S. 545
64 Schumpeter [1976], S. 59
65 von Förster, S. 54
66 Nassehi, S. 76

67 Kregel, S. 192 f.
68 Binswanger [2009], S. 11
69 Simon [2009], S. 45 ff.
70 Binswanger [2009], S. 47
71 Binswanger [2009], S. 11
72 Dalton, S. 186
73 Rezitiert nach Heinsohn, Steiger, S. 40
74 Pearson, S. 963
75 Smith, S. 48
76 Shackle, S. 288
77 Minsky [1984], S. 447
78 Tobin, S. 3
79 Hahn, S. 32
80 Hilferding, S. 366
81 More holiday shoppers may go cash only, no credit cards, USA Today vom 17.11.2009, http://www.usatoday.com/money/industries/retail/2009–11–16-holiday-shoppers-cards_N.htm, deutsche Übersetzung durch den Autor
82 Shafir, Diamond, Tversky, S. 345
83 Shafir, Diamond, Tversky, S. 348
84 Akerlof, Shiller, S. 79 ff.
85 Binswanger [2009], S. 23
86 Simmel, S. 137 ff.
87 Kaminer, S. 167
88 Luhmann [1994], S. 129
89 Hobbes, S. 218
90 Minsky [2008], S. 156
91 Marx, Engels, S. 45 ff.
92 Marx II, S.330
93 Dieses und alle weiteren »Gedankenexperimente« orientieren sich an der Verteilungsökonomie von Michael Kalecki, nachzulesen insbesondere in Kalecki, S. 76 ff., und Minsky [2009], S. 155 ff.
94 Kindleberger [2005], S. 109
95 Citigroup chief stays bullish on buy-outs, http://www.ft.com/cms/s/0/80e2987a-2-e50–11dc-821c-0000779fd2ac.html?nclick_check=1
96 Heinsohn [2010], S. 39
97 Binswanger [2006], S. 115
98 Luhmann [1994], S. 155 f.
99 Schumpeter [1926], S. 146
100 Minsky [2008], S. 161
101 Rasch, S. 254 f.
102 Baecker [2008], S. 47
103 Marx, Karl, Der französische Crédit mobilier, http://www.mlwerke.de/me/me12/me12_020.htm
104 Ferguson [1999], S. 54 ff.
105 Luhmann [2008], S. 194
106 Michéa, S. 73
107 Zu Tom & Jerry sowie anderen Metaphern aus dem Comic-Genre im Zusammenhang mit kapitalistischen Krisen vgl. insbesondere Slavoj Zizek
108 Baecker [2008], S. 175 f.
109 Minsky [1990], S. 90
110 Minsky [2008], S. 206
111 Schumpeter [1997], S. 128
112 Deutschmann [2008], S. 32
113 Rezitiert nach Financial Times Deutschland vom 9.11.2009, http://www.ftd.de/unternehmen/finanzdienstleister/:imagekampagne-fuer-banker-goldman-chef-verrichtet-gottes-werk/50034852.html?page=2
114 Spiegel Online, Griechenland zahlte 300 Millionen Dollar an Goldman Sachs, http://www.spiegel.de/wirtschaft/soziales/0,1518,677750,00.html
115 http://www.faz.net/s/Rub645F7F4386534 4D198A672E313F3D2C3/Doc~E8C27C09 54C9F4C1B85781225E94E77C6~ATpl~E common~Scontent.html
116 In Anlehnung an Wasik S. 163 ff. und 192 ff.
117 Minsky (2008). S. 228
118 Baecker [2008], S. iii
119 Minsky (2008). S. 232
120 Braudel II, S. 600
121 Braudel II, S. 600
122 Braudel II, S. 601
123 Röpke [1932], S. 49
124 Kindleberger [1979], S. 75 f.
125 Kopper, S. 123
126 Kindleberger [1979], S. 76 f.
127 Kroll, S. 40
128 The Economist, August 8th-14th 2009, deutsche Übersetzung durch den Autor
129 Posen, Adam S., »Exportweltmeister – na und?«, DIE WELT ONLINE, 17.02.2007, http://www.welt.de/wirtschaft/article720781/Exportweltmeister_na_und.html
130 Alle als Zitate hervorgehobene Textstellen stammen aus der deutschen Fassung »Das Jahr 2000 – Ein Rückblick auf das Jahr 1887«, online verfügbar unter http://nemesis.marxists.org/bellamy-das-jahr-2001.htm
131 Negri, Hardt, insbesondere S. 398 ff.
132 Schumpeter [2005], S. 216
133 Marx, Karl, Die deutsche Ideologie, http://www.zeno.org/Philosophie/M/Marx,+Karl/Die+deutsche+Ideologie/I.+Band:+ %5BKri-

tik+der+neuesten+deutschen+Philoso-
phie+in+ihren+Repr %C3%A4sentanten+
Feuerbach, +B.+Bauer+und+Stirner %5D/
I.+Feuerbach/A.+Die+Ideologie+ %C3 %BC
berhaupt,+namentlich+die+deutsche/%5B1.
%5D+Geschichte

134 Keynes [2008], S. 19
135 Keynes [1997], S. 370f.
136 Dostaler, Maris, S. 240f.
137 Dostaler, Maris, S. 244
138 Fromm, S. 233
139 Sloterdijk [2008]

140 Schumpeter [2005], S. 352
141 Braudel III, S. 699
142 Habermas, S. 102
143 Felber, S. 50
144 Simon, H., S. 22ff.
145 Baecker [2007], S. 12
146 Rickertsen, S. 230
147 Kao, S. 53ff.
148 Kao, S. 181ff.
149 Braudel [1997], S. 58
150 Baecker [2007], S. 20ff.
151 Martin [1987], S. 74

Personenregister